普通高等教育“十四五”创业管理系列教材

U0800209

创业基础与管理

肖忠海　主　编

廖祖伟　赖贵全　周季明　副主编

中国铁道出版社有限公司

CHINA RAILWAY PUBLISHING HOUSE CO., LTD.

内 容 简 介

本书旨在探讨创业的基础、准备、关键环节和创业的可持续发展。本书着眼于创业的定义、意义、价值和趋势，展示创业精神的重要性；关注市场调研、产品定位、商业模式设计等，提供创业前期的实用指南；探讨资金与融资、团队建设、市场营销与品牌建设等关键环节的策略与方法；聚焦创新、扩张、风险管理和案例分析，引导创业者实现长期发展与成功。通过深入分析每个章节的内容，读者将获得全面的创业知识与实践指导，助力其在创业道路上取得成功。

本书可作为高等院校各专业学生学习创业基础知识的教材，也可作为从事网上创业、网络服务及创业教育等人员的参考用书。

图书在版编目（CIP）数据

创业基础与管理 / 肖忠海主编 . -- 北京 : 中国铁道出版社有限公司 , 2025. 8. --（普通高等教育“十四五”创业管理系列教材）. -- ISBN 978-7-113-32446-9

Ⅰ. G647.38

中国国家版本馆 CIP 数据核字第 2025DK5711 号

书　　名：创业基础与管理
作　　者：肖忠海

策　　划：潘星泉　　　　编辑部电话：（010）51873090
责任编辑：潘星泉　贾淑媛
封面设计：郑春鹏
责任校对：刘　畅
责任印制：赵星辰

出版发行：中国铁道出版社有限公司（100054，北京市西城区右安门西街 8 号）
网　　址：https://www.tdpress.com/51eds
印　　刷：河北京平诚乾印刷有限公司
版　　次：2025 年 8 月第 1 版　2025 年 8 月第 1 次印刷
开　　本：787 mm×1 092 mm　1/16　印张：13.25　字数：337 千
书　　号：ISBN 978-7-113-32446-9
定　　价：52.00 元

前言

在创业浪潮中探索无限可能

这是一个属于创业者的黄金时代。

当人工智能重构商业逻辑、全球化市场打破地域壁垒、新技术以指数级速度重塑产业格局时，创业已不再是少数人的冒险，而成为每个渴望改变者的共同语言。从硅谷车库里的颠覆性创意，到乡村直播间里的新农人经济，创业的形态从未如此多元，创业的机遇从未如此触手可及。

但这也是一片暗流涌动的海域。

《全球创业观察报告》显示，超 60% 的初创企业在成立三年内消失，而幸存者中仅有 12% 能实现可持续增长。资金断裂、市场误判、团队崩解、模式僵化……每一个失败的案例都在警示：创业需要的不只是激情，更需要系统化的认知框架与科学化的“作战”工具。这正是《创业基础与管理》编写的意义——我们致力于为创业者打造一艘兼具导航系统与抗风浪能力的航船，帮助创业者在不确定性的海洋中精准定位、破浪前行。

本书特点如下：

1. 全景式知识图谱——构建创业底层逻辑

本书突破传统创业教材“碎片化知识堆砌”的局限，以“认知—工具—实践”三阶模型重构学习路径：

第一阶【本质洞察】：从“创业时代”的哲学思考（第一章），到政策、技术、经济环境的立体解构（第二章），帮助创业者建立对商业生态的宏观认知。

第二阶【工具武装】：商业模式画布、SWOT 战略矩阵、PEST 框架、六顶思考帽等全球主流管理工具（第三章），沿着市场调研与产品定位的工作流程，结合 Netflix 数据驱动决策思维（第四章），以及 Airbnb 客户移情图（第五章）等企业级应用案例，深度思考商业模式的设计及其战略（第六章、第七章），实现“方法论—场景化”无缝衔接。

第三阶【实战进化】：涵盖融资路径（第八章）、团队股权设计（第九章）、企业品牌建设（第十章）等硬核技能，以及人工智能技术带给创业扩张及创业风险的理性思考，进一步介绍团队治理的平衡艺术、技术变革的预判能力、风险管控的系统思维。

2. 双螺旋内容设计——平衡理论深度与落地效能

理论锚点：融合熊彼特“创造性破坏”理论、德鲁克创新管理思想、蓝海战略等经典学术体系，揭示创业规律的本质。

实战基因：针对市场调研、产品定位、融资策略等痛点，提供具体解决方案，扩展未来视野：探讨人工智能、国际化扩张等新兴趋势，助力企业持续创新。书中每一章均以“问题驱动”展开，通过“理论解析＋工具应用＋案例复盘”的三维结构，帮助读者既知其然，更知其所以然。

3. 未来导向思维——决胜下一个十年

技术赋能：详解人工智能在客户洞察（第十一章）、供应链优化中的落地场景，破解“技术泡沫”迷思。

全球化视野：对比新加坡营商制度创新（第二章），为中国创业者提供跨境“作战地图”。

可持续发展：引入社会企业、绿色创业模型（第十二章），回应 ESG 时代［指以环境（enviromental）、社会（social）和公司治理（governance）为核心要素的可持续发展理念逐渐成为全球商业、投资的主流范式的时期］的企业责任命题。

4. 写给所有不甘平庸的变革者

创业者与初创团队：本书是读者的“创业地图”，帮助读者规避风险、把握机遇。

企业管理者与创新部门：通过商业模式重构与战略工具应用，激活组织活力。

高校师生与创业教育者：提供理论与实践结合的教学资源，培养系统性创业思维。

对创业怀有热情的每一个人：无论处于哪个阶段，本书都将为读者打开一扇洞察商业本质的窗口。

本书的完成离不开众多企业家、学者与实践者的智慧贡献，离不开每一位在创业路上砥砺前行的探索者！是他们的故事让这本书充满了真实的温度与力量。

创业没有标准答案，但科学的方法与持续的学习能显著提高成功的概率。希望这本书能成为读者创业旅程中的可靠伙伴，陪伴读者在不确定性中寻找确定性，在挑战中孕育机遇。

由于编者水平有限，书中不妥之处在所难免，恳请广大读者批评指正。

最后，愿每一位读者都能在创业的星辰大海中找到属于自己的航道。

编　者

2025 年 3 月

目录

第一章 创业时代

不能等别人为你铺好路，而是自己去走，去犯错，而后，创造一条自己的路。

——罗伯特·凯利

我们正处在一个前所未有的创业时代，一个充满变革与创新的时代。这个时代不仅为创业者提供了前所未有的机遇，也带来了前所未有的挑战。在波澜壮阔的创业时代，每一个人都有可能成为改变世界的先锋。创业，这个充满魔力的词汇，不仅代表着个人的勇气和智慧，更象征着一种不屈不挠、勇往直前的精神。本章节将深入探讨创业的定义和意义，剖析创业的独特特征，阐述创业精神与特质的内涵，以及把握当前创业趋势的动向。

创业，是一场充满挑战和机遇的旅程。它不仅是实现个人梦想和价值的途径，更是推动社会进步和经济发展的重要力量。每一个创业者都是时代的弄潮儿，他们敢于冒险、勇于创新，用智慧和汗水书写着属于自己的传奇。从初创企业的艰难起步，到逐渐在市场站稳脚跟，再到业务版图的不断拓展，创业者的每一步都充满了艰辛与挑战。

创业的特征在于其多样性和创新性。创业者们敢于挑战传统，勇于探索未知，他们不仅是风险的承担者，更是创新的引领者。正是这种敢于冒险、勇于创新的精神，让创业者能够在激烈的市场竞争中脱颖而出，实现企业的跨越式发展。

创业精神与特质是创业者的核心素质。从坚韧不拔的毅力到追求卓越的品质，再到不断学习和适应市场变化的能力，这些精神特质共同塑造了创业者的独特魅力。正是这种精神特质，让创业者能够在逆境中崛起，在挫折中成长，最终实现企业的辉煌成就。

随着科技的飞速发展和市场环境的不断变化，创业趋势也在不断演变。从互联网创业的兴起到智能制造、绿色经济等领域的崛起，每一次创业浪潮都为社会带来了新的发展机遇和挑战。在这个充满变革与创新的创业时代，我们需要更加深入地了解创业的内涵和外延，把握创业趋势的脉搏，以更好地应对未来的挑战和机遇。

本章节将带领读者深入了解创业时代的特征，感受创业者的激情与智慧，把握创业趋势的脉搏。

第一节 创业定义、框架及意义

一、创业的定义

创业是跨越多学科的一个多面现象，涉及变革、创新、技术与环境的变化、新产品开发、小企业管理、企业与创业家个体和产业发展等问题，研究学科主要包括心理学、社会学、经济学、管理学、人类学和历史学等。

早在二三百年前，“创业”一词就出现在经济文献中，到20世纪80年代，“创业”开始作为一个学术研究领域出现。但由于学者们对创业内涵的阐释各有侧重，到目前为止学术界尚未就创业的定义达成共识。从本质上看，创业的核心是创新。熊彼特（Schumpeter）指出创业是实现创新的过程，创新是创业的本质和手段。创业者的功能是实现生产要素的新组合。这种新组合可以包括产品创新和服务创新、生产工艺创新和业务流程创新、企业组织创新、企业制度创新等方面。德鲁克进一步指出，仅仅是开一家“既没有创造出新的令人满意的服务，也没有创造出新的消费需求”的熟食店，不是创业，只有那些能够创造出一些新的、与众不同的事情，并能创造价值的活动才是创业。美国学者莫里斯对近几年欧美地区创业核心期刊的文章和主要教科书进行了文献检索，发现其中的77个创业定义中，出现频率最高的关键词主要有：开创新事业，创建新组织；创造资源的新组合，创新；捕捉机会；风险承担；价值创造。国内学者雷家骕认为，创新是“建立一种新的生产函数”，而创业本质上就是建立新的生产函数加上建立新的组织，是创新的载体和实现形式。

本书将创业定义为商业行为者在一定的创业环境中如何识别机会并利用机会、动员资源、创建新组织和开展新业务的活动。创业研究的概念框架应该包括创业家个性与心理特质、创业机会（发现机会与利用机会）、创建新组织与开展新业务及创业环境。

二、创业框架

创业实质是动态过程，可以分为创业机会、创业环境、创业家个性与心理特质、创建新组织开展新业务等四个核心模块。

（1）创业机会：创业机会是创业者创建新组织与开展新业务的行动起点。而创业机会的发现和利用需要创业者不断学习、创新和调整，适应不断变化的市场环境和竞争压力。

（2）创业环境：创业环境对于创业者的个性特质、创业机会的发现与利用，以及新组织的创建与新业务的开展都具有重要影响。创业环境的变化会影响创业者的行动意愿和创业机会的可行性，创业环境的好坏会直接影响创业者的创新动机、风险偏好和发展空间。

（3）创业家个性与心理特质：创业家的个性与心理特质对于创业过程起着重要作用。具有创业精神的个性特质，如冒险精神、创新意识、自信心和坚韧不拔的品质，通常有利于创业者的成功。创业家个性与心理特质对于发现和利用创业机会至关重要。具有敏锐的洞察力、创造力和决策能力的创业者更容易发现潜在的创业机会，并能够有效地利用这些机会。

（4）创建新组织与开展新业务：创业机会的发现和利用最终目的是创建新组织或开展新业务。创业家通过将创业机会转化为商业计划，并实施行动，从而建立起新的组织结构，开展新的商业活动。

由图 1-1 可知，创业机会是核心枢纽，由创业者的个性与心理特质（内在）和创业环境（外在）共同作用而被识别和评估。创业环境为机会提供可行性框架，同时影响创业者的决策（如政策限制或市场开放度）。创业者通过创建新组织（架构支撑）和开展新业务（执行落地），将机会转化为实际成果。

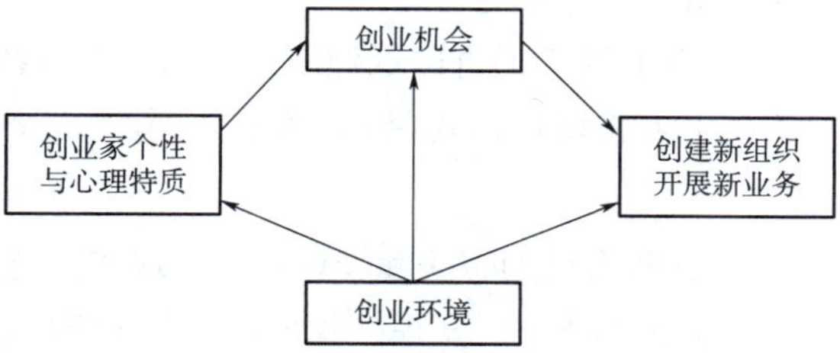

图 1-1　创业概念框架

整个创业过程是动态循环：新业务的反馈可能催生新机会，环境变化如技术变革、人口结构以及政策与规制变化也可能推动组织调整、孕育新的竞争机会。这是一个从机会识别到行动落地的创业生态系统，强调内外部因素的协同作用与动态平衡。

因此，创业者需要具备适应环境变化的个性特质，在一定的环境中发现并利用创业机会，实现新组织和新业务的成功发展。

三、创业的意义

（一）社会方面

（1）创造就业机会：创业者通过创立新企业来创造就业机会。新成立的企业通常需要招聘员工来支持业务运营和发展。同时，创业者在创办新企业或开展新业务的过程中，往往会带动整个产业链的发展。从供应商到分销商，再到服务提供商，创业者的活动可以创造更多的就业机会。

（2）技术进步：创业者通常具有创新精神和创造力，他们引领行业的创新和技术进步，推动新技术、新产品的研发和应用，为社会带来更多的便利和发展机会。同时，他们的成功和经验会激励更多人投身创业，并培养创业文化和创业精神。这种创业氛围的建立进一步促进社会的创新和进步。

（3）解决社会问题：创业者可以通过创新的商业模式和解决方案，解决社会存在的问题。例如，环境保护、教育改革、医疗服务等领域的创业项目，可以为社会的可持续发展和公共福利做出贡献。

（4）创造社会价值：创业者创造的产品和服务能满足人们的需求，提高生活质量，为社会创造更多的价值和福祉。例如，社交媒体平台的创立改变了人们的交流方式，电子商务的兴起改变了购物方式，都为社会带来了实实在在的影响。

（二）经济方面

（1）经济增长的引擎：创业活动是经济发展的基本推动力之一，创办企业提供了相当比例的就业机会，并且在社会发展中起着创新发动机的作用，推动了技术创新。创业活动在促进经济增长和保持经济活力方面的重要作用日益凸显，因而被誉为知识经济时代经济增长的引擎。

（2）资源优化配置：创业活动促进了人才、资本和技术等资源向更高效率用途的流动。通过市场机制，资源得以更合理地分配，提高了整体经济的生产效率。

（3）政策法规环境改革：为了支持创业，政府可能需要对现有的政策和法规进行改革，以创造一个更加有利于创业和创新的环境。这种政策的适应和改革有助于提升国家的治理能力和经济竞争力。

（4）国际竞争力提升：创业有助于培育具有国际视野的企业，这些企业通过参与全球市场竞争，有助于提升国家的国际地位和经济影响力。

（5）区域经济发展平衡：创业有助于促进区域经济的均衡发展，特别是在经济欠发达地区，通过创业可以带动当地产业升级和经济增长，减少地区发展差距。

（三）个人方面

（1）自我实现：创业允许个人将自己的想法和梦想转化为现实。通过创业，个人可以根据自己的价值观和愿景来规划和建立自己的事业，实现自我价值和职业满足。

（2）职业自由与自主性：作为企业主，创业者可以自主决定工作时间、地点以及工作方式，享有更大的职业自由。这种自主性能激发个人的积极性和创造力，提高工作满意度。

（3）财富积累：成功的创业项目可以为创业者带来显著的经济回报。通过企业增值、股份分红或出售企业，创业者有机会积累财富，提高个人及家庭的生活水平。

（4）技能提升：创业过程中，创业者需要面对各种挑战，如市场分析、财务规划、团队管理等，这有助于提升个人的多方面能力，包括领导力、决策力和问题解决能力。

（5）适应变化：市场和技术的快速变化要求创业者持续学习新知识、新技能。这种持续学习的态度有助于个人适应快速变化的世界，保持竞争力。

（6）网络资源的积累：在创业过程中，创业者会建立起广泛的人际关系和资源关系，这些资源在未来的事业发展中可能会发挥重要作用。

（7）社会地位认可：成功的创业者通常会获得社会的尊重和认可。他们的成就和对社会的贡献可以提高个人的社会地位，增强社会影响力。

表 1-1 所示为“社会—经济—个人”创业价值比较。

表 1-1 “社会—经济—个人”创业价值比较

分　类	核心价值	主要内容	关键事项
社会领域	创造就业机会	新企业直接招聘员工，并带动产业链（供应商、分销商、服务商）发展	聚焦宏观贡献（就业、技术、社会问题、价值创造）
	技术进步	推动新技术 / 产品研发，激励创业文化，促进社会创新	
	解决社会问题	通过创新模式应对环保、教育、医疗等领域的挑战	
	创造社会价值	提升生活质量（如社交媒体、电商）	
经济领域	经济增长的引擎	提供就业机会，推动技术创新与知识经济发展	强调资源配置、政策改革、竞争力提升
	资源优化配置	促进人才、资本、技术向高效用途流动	
	政策法规环境改革	推动政府优化治理与创业支持政策	
	国际竞争力提升	培育国际化企业，增强国家经济影响力	
	区域经济发展平衡	缩小地区差距，促进欠发达地区产业升级	
个人价值	自我实现	将创意转化为事业，实现个人价值	体现自我实现、能力提升与社会认可
	职业自由与自主性	自主决策工作时间、地点与方式	
	财富积累	通过成功创业获取经济回报，改善生活水平	

续表

分　类	核心价值	主要内容	关键事项
个人价值	技能提升	增强领导力、决策力、问题解决能力	体现自我实现、能力提升与社会认可
	适应变化	持续学习以应对市场与技术变革	
	网络资源积累	建立广泛的人际关系与资源关系	
	社会地位认可	通过成就获得社会尊重与影响力	

第二节　创业特征及其类型

一、创业的主要特征

创业作为经济发展和社会进步的重要驱动力，具有一系列特征和特点。

（一）高风险性

创业活动伴随着高风险性。新企业面临激烈的市场竞争、资金短缺、技术变革和法规变化等挑战。创业者必须具备风险评估和管理能力，以应对不确定性和潜在的失败。

（二）创新性

创新是创业的核心特征之一。创业者通过引入新产品、服务、技术或商业模式，满足市场需求或创造新的市场机会。创新不仅包括技术创新，还包括管理创新、市场创新和组织创新等。

（三）自主性

创业者通常具有较高的自主性，能够自主决策企业的发展方向、战略规划和日常运营。这种自主性激发了创业者的创造力和主动性，使他们能够快速响应市场变化。

（四）动态性

创业是一个动态的过程，涉及不断的学习和适应。创业者需要持续地获取新知识、新技能，以适应市场和技术的快速变化。创业也是一个不断试错和调整的过程。

二、创业类型

创业活动可根据不同的标准划分为不同的类型，现根据创业目的，将创业分为盈利型创业、社会型创业、技术型创业及文化创业。

（一）盈利型创业

盈利型创业是以实现经济利润为主要目标的创业活动。创业者通过提供产品或服务，在市场中获取商业收入和利润。

盈利型创业者通常致力于开发具有市场需求的产品或服务，以实现盈利为主要目标；他们注重商业模式的可行性和盈利能力；风险和回报通常较高，需要不断创新和市场拓展。

（二）社会型创业

社会型创业是以解决社会问题、推动社会变革或促进社会发展为主要目标的创业活动。创业者在经营企业的同时，关注社会责任和社会效益的实现。

社会型创业者注重社会使命和社会影响，追求社会价值创造和可持续发展；他们的商业模式常常结合了社会责任和商业利益；在实现经济利润的同时，也关注社会环境、公益事业等方面的效益。

（三）技术型创业

技术型创业是以技术创新和应用为核心，开发和推广新技术产品或服务的创业活动。创业者通过技术创新来实现商业成功和市场竞争力。

技术型创业者通常具有强大的技术背景和研发能力，致力于推动科技进步和产业升级；他们关注产品技术的创新和市场应用，不断追求技术领先优势；在技术研发和市场推广方面投入较高。

（四）文化创业

文化创业是以文化产品和创意产业为核心，推动文化创意产业发展和文化价值的创业活动。创业者在推广文化产品的同时，关注文化传承和创意表现。

文化创业者注重文化传统和文化创意的结合，推动文化产业的发展和创意经济的繁荣；他们关注文化产品的创新和市场营销，同时也重视文化传承和文化价值的传播；文化创业常常具有艺术性和创意性。

创业者可以根据自身的目标和价值取向选择适合的创业类型，开展符合自己理念和目标的创业活动。

第三节　创业精神与特质

一、创业精神的概念

Entrepreneurship，有的翻译成“创业精神”，也有翻译成“企业家精神”，但是它的本质着重于一种创新活动的行为过程，就是创业者通过创新手段将资源更有效地利用，为市场创造出新的价值。虽然创业常常是以开办新公司的方式产生，但创业精神不一定只存在于新事业。一些成熟的组织只要有旺盛的创新活动，依旧具备创业精神。

创业精神有三个层面的内涵：哲学层次的创业思想和创业观念，是人们对于创业的理性认识；心理学层次的创业个性和创业意志，是人们创业的心理基础；行为学层次的创业作风和创业品质，是人们创业的行为模式。

创业精神这个概念最早出现于 18 世纪，其含义一直在不断演化。很多人仅把它等同于创办个人工商企业。但大多数经济学家认为，创业精神的含义要广泛得多。

对某些经济学家来说，创业者（entrepreneur）是指在有盈利机会的情况下自愿承担风险创业的人。另一些经济学家则强调，创业者是一个推销自己新产品的创新者。还有一些经济学家认为，创业者是那种将有市场需求却尚无供应的新产品和新工艺开发出来的人。

20 世纪的经济学家熊彼特专门研究了创业者创新和求进步的积极性所导致的动荡和变化。熊彼特将创业精神看作一股“创造性的破坏”力量。创业者采用的“新组合”使旧产业遭到淘汰。原有的经营方式被新的、更好的方式所摧毁。

管理学专家彼得 · 德鲁克将这一理念推进了一步，称创业者是主动寻求变化、对变化作出反应并将变化视为机会的人。

今天的大多数经济学家都认为，创业精神是在各类社会中刺激经济增长和创造就业机会的一个必要因素。在发展中国家，成功的小企业是创造就业机会、增加收入和减少贫困的主要动力。因此，政府对创业的支持是促进经济发展的一项极为重要的策略。

二、创业者的精神特质

特质，是指人拥有的、影响行为的品质或特性。它们作为一般化、稳定而持久的行为倾向而起作用。特质被看作一种神经心理结构，使个体以相对一贯的方式对刺激作出反应。

根据美国“卡鲁创业企业家协会”对 75 位创业企业家所做的研究，创业企业家心理素质特征大体可以归纳为 11 个方面：健康的身体；控制及指挥的欲望；自信；急迫感；广泛的知识；脚踏实地；超人的能力；崇高的理想；客观的人际关系态度；情绪稳定；迎接挑战。

创业企业家心理素质正是在创业者不断的创业实践中得以完善的。多数学者研究认为，成功的创业者在心理特征方面与常人确实存在许多不同的地方。同时他们也认为创业者应当具有某些相对稳定的心理特征，显示这些特征的个人特别有可能产生创业行为。古典平衡理论认为，市场机会对所有人都是公平的，要不要把握机会，关键在于当事人。也就是说当事人的创业精神决定创业机会的发掘与实现。不具创业精神的人不愿承担风险，没有成为创业企业家的企图，因此创业机会对于他们是不具有意义的。而只要具有创业精神，则发掘机会根本就不是问题。心理学家则进一步主张成就感、控制欲望、冒险精神、积极进取的个性等因素会决定一个人是否具有创业精神。因此创业企业家的人格特质才是影响创业机会的关键因素。

（一）成就动机

成就动机，实际上就是一种生活的目标，一种人生的理想。成就动机是创业企业家的第一人格特质。追求高成就需求的人，往往愿意主动去解决问题，他们喜欢自己设定目标，努力去达成，并获得回报，同时他们也乐意接受适度的风险。创业者的欲望往往超出他们的现实，往往需要打破他们现在的立足点，实现他们的目标。创业者成功的欲望许多是直接来自生活的刺激，在外在的这种刺激下，使他们做出一种“超常规”的行动，焕发起“超常规”的能力。

（二）风险偏好

创业者很清楚，要实现他们的理想和奋斗目标，就要敢于承担风险，这样才能获得巨大的成功。有研究指出，企业经营者为追求成功就必须承担合理、计算过的风险，所追求的利润越高，风险则越大，甚至冒着失败的风险以追求预期利润。在创业时，创业者要面临许多的选择与挫折，冒险是在所难免的，但创业不等于赌博，在每一次决策的背后，创业者必须做好十足的准备去避免风险、面对风险，而不是凭一时之兴致。所以对待风险的态度成为成功与否的又一决定因素。成功的企业家规避风险，面对风险，迎难而上。

（三）内外控倾向

内外控倾向实际是反映了一个人对待生活的态度，即面对挫折和困难时的态度、对待失败的归因问题。内控倾向的人渴望并愿意直接去影响结果，自己承担风险享受成果；而外控倾向的人则遇到问题寄希望于他人，并将失败归因于他人、社会及其他外部因素。显然，勇于承担创业风险，实现创业理想的人，似乎比较近似内控倾向，相信他们的努力将会换得创业成功的美好果实。从理性上分析，内控导向要比外控导向更具有创业精神。

（四）对不确定性的容忍力

“艰难困苦，玉汝于成”和“筚路蓝缕”都是说创业的不易。当今世界充满了不确定性和变革，能够忍受不确定性的个体更能高效工作。这种环境紊乱和快速变革，对于期望、业绩标准、工作内容等都缺乏明确性。比较而言，不能忍受不确定性的个体将在紊乱、不确定性和变革中应对乏力。这些人容易感到有压力，而且当环境中存在高度不确定性时，还会产生一种挫折感。而能够容忍不确定性的人则可以在快速变革时应付自如。

第四节　就业的选择：雇员或雇主或自雇

在当今技术变革的浪潮中，劳动力流动愈发频繁，就业模式也日益多元化。雇员、雇主和自雇成为劳动者实现自身价值的重要选择。下面从环境变革、创业机会和就业模式比较三个方面，探讨不同就业选择的利弊与发展前景。

一、环境变革：技术进步与就业形态的重塑

技术变革深刻改变了就业环境，推动了就业形态的多元化发展。随着数字技术的普及，新就业形态应运而生，其主要特征包括劳动关系灵活、工作内容多样、工作时间弹性以及创业机会互联。互联网平台的兴起使得劳动者可以通过远程工作、零工经济等方式实现就业，打破了传统就业的时空限制，就业市场的主要特征如下：

（1）低门槛创业：互联网平台（如电商、自媒体）降低了创业成本，个人可通过抖音、Shopify 等工具快速触达市场。

（2）技能变现便捷化：自由职业平台（Upwork、猪八戒网）使专业技能（设计、编程）可直接对接全球需求。

（3）就业模式多元化：传统“全职雇员”模式占比下降，灵活就业（零工、自雇）规模扩大。据国际劳工组织数据，全球零工经济从业者已超 2 亿人。

（4）政策与市场双重驱动：一是政策支持，各国推出税收优惠、创业补贴（如中国的职业培训补贴、一次性创业补贴等）；二是资本倾斜，风险投资更关注轻资产、数字化创业项目（如 SaaS、内容创作）等。

因此，技术进步促使劳动力市场结构正在发生变化。制造业的零工化趋势明显，技能要求低、就业稳定性低的岗位增多；同时，高技能人才的需求也在不断增长，推动了劳动者向更高层次的职业流动。表 1-2 所示为雇员、雇主与自雇就业特征的比较。

表 1-2　雇员、雇主与自雇就业特征的比较

比较维度	雇　员	雇主（创业者）	自雇（自由职业 / 零工）
收入稳定性	高（固定薪资）	低（依赖企业盈利）	中（项目制收入波动）
风险承担	低（企业承担主要风险）	高（需承担市场、资金风险）	中（依赖个人能力与市场供需）
自主性	低（受限于企业制度）	高（自主决策业务方向）	中（选择客户但受合同约束）
资源需求	无（企业提供资源）	高（需团队、资金、技术）	低（依赖个人技能与工具）
社会价值	执行者（完成岗位职责）	创造者（推动创新与就业）	连接者（填补灵活用工缺口）
适宜人群	希望稳定工作、享受福利的人群	具备创新精神和资源整合能力的人群	喜欢自由职业、具备自我管理能力的人群

备注：三种就业模式在收入、风险、自主性等维度上存在显著差异，需结合个人目标与资源条件选择。

二、创业机会：技术赋能与市场拓展

技术变革为创业带来了前所未有的机遇。数字化平台降低了创业门槛，使得创业者能够更高效地获取资源、对接市场。例如，电子商务平台为创业者提供了全球化的销售渠道，降低了运营成本。同时，新技术的普及也催生了大量新兴产业，如人工智能、大数据、新能源等，为创业者提供了广阔的发展空间，主要体现在：跨境电商、虚拟产品（NFT、数字内容）等数字经济内容，新能源技术、碳交易服务等绿色经济领域，技能共享平台、协同办公工具等共享经济赛道，远程医疗、个性化健康管理等健康经济模式。

创业也面临诸多挑战。技术更新换代快，创业者需要不断投入资源以保持竞争力。此外，市场竞争激烈，创业失败率较高，创业者需要具备较强的抗风险能力和资源整合能力。

表 1-3 所示为创业机会与挑战。

表 1-3　创业机会与挑战

机　会	挑　战
数字化平台降低创业门槛	技术更新快，需持续投入
新兴产业带来广阔市场	市场竞争激烈，失败率高
全球化销售渠道	资源整合能力要求高

三、就业模式比较：雇员、雇主与自雇

在当今充满机遇与挑战的创业时代，成为一名雇员仍然是许多人的首选职业之一。随着经济的不断发展和社会的进步，雇员模式作为创业生态中不可或缺的一环，影响着个人的生活选择、职业发展以及企业的人力资源战略。

（一）雇员

1. 成为一名雇员的原因

（1）稳定的收入与福利待遇：相比于创业者可能面临的收入不稳定和福利待遇不完善等问题，成为一名雇员通常能够享受到稳定的薪资和完善的福利待遇，如医疗保险、养老金等。这为个人提供了经济保障，减少了生活和工作的不确定性。

（2）职业发展机会：许多大型企业提供丰富的职业发展机会和晋升通道，通过内部培训和岗位轮换等方式，雇员有机会不断提升自己的专业能力和职业素养，实现个人的职业目标和发展愿景。

（3）工作稳定性：与创业者可能面临的项目失败、市场波动等风险相比，成为一名雇员通常意味着更高的工作稳定性和就业保障。这种稳定性为个人提供了安全感，减少了对未来的担忧和焦虑。

（4）工作与生活平衡：一些企业注重员工的工作与生活平衡，提供灵活的工作时间和假期安排，让雇员能够更好地平衡工作和生活，减轻工作压力，提高生活质量。

2. 雇员模式的影响因素

（1）经济环境：经济形势的稳定与发展对雇员模式有着直接的影响。在经济繁荣时期，企业通常会加大招聘力度，提供更多的就业机会，吸引更多人选择成为雇员。而在经济衰退时期，企业可能会裁员降低成本，导致雇员选择创业或自雇的比例增加。

（2）社会价值观：随着社会观念的变化，越来越多的人开始重视工作与生活的平衡、稳定的

收入来源以及职业发展的机会。这些价值观的转变影响着人们的职业选择，使得成为一名雇员成为更受欢迎的选择之一。

（3）教育水平提升：随着教育水平的不断提高，人们的职业意识和职业素养也得到了提升。越来越多的人意识到职业发展的重要性，选择成为雇员并通过不断学习和提升自己的能力来实现个人价值。

（二）雇主

随着创业文化的兴起和经济环境的变化，越来越多的人选择成为雇主，创办自己的企业或创业项目。雇主模式作为创业生态中的重要组成部分，不仅影响着个人的职业发展，也对经济和社会结构产生着深远影响。

1. 成为一名雇主的原因

（1）追求自由与自主：许多人选择创业成为雇主是出于追求自由和自主的愿望。与传统的工作相比，创业者可以自由安排工作时间、选择工作地点，拥有更大的决策权和控制权，实现自己的职业和生活目标。

（2）实现梦想与抱负：创业者通常有着强烈的梦想和抱负，希望通过自己的努力和创新，打造出一家具有影响力和竞争力的企业，实现个人的事业目标和社会价值。

（3）创造价值与财富：创业者有机会创造更多的价值和财富，实现个人的财务自由和经济独立。通过创业，他们可以将自己的想法和创意转化为产品或服务，为社会创造就业机会，推动经济的发展。

（4）解决问题与创新：许多创业者被解决社会问题和行业痛点的愿景所吸引，希望通过创新和创业，为社会带来积极的变革和影响。他们愿意承担风险，迎接挑战，不断探索新的商业模式和发展路径。

2. 雇主模式的影响因素

（1）创业环境和政策支持：良好的创业环境和政策支持是创业者的重要保障和动力。政府和社会组织的政策扶持、创业培训和资金支持等措施，为创业者提供了更多的机会和资源，促进了雇主模式的发展。

（2）技术和市场变革：科技的进步和市场的变革不断推动着创新和创业的发展。新兴技术的应用和产业结构的调整为创业者提供了更多的商业机会和发展空间，激发了他们的创业激情和创新意识。

（3）个人素质和能力：创业者的个人素质和能力也是影响雇主模式的重要因素。具备优秀的创业意识、领导能力、团队合作精神和风险承受能力的人更容易成为成功的雇主，推动雇主模式的发展。

（三）自雇

1. 选择自雇的原因

（1）追求自由和灵活性：自雇者可以自由安排工作时间和工作地点，不受传统雇佣关系的束缚，享受到更大的自由和灵活性。他们可以根据个人的喜好和生活节奏灵活调整工作安排，实现工作与生活的平衡。

（2）创造就业机会：自雇者通常是小型企业的创始人或个体经营者，他们的创业活动为社会创造了就业机会，推动了经济的发展。通过自主创业，他们可以为社会提供多样化的产品和服务，满足不同人群的需求。

（3）应对就业不确定性：在当前经济环境下，就业市场的竞争激烈，就业不确定性增加。许多人选择自主创业是为了应对就业不确定性，寻求稳定的收入来源和职业发展途径。

2. 自雇模式的影响因素

（1）技术进步和数字化转型：随着数字化技术的普及和互联网经济的兴起，自雇模式得到了进一步推动。数字化技术为个体创业者提供了更多的商业机会和发展空间，降低了创业的成本和风险。

（2）共享经济和平台经济：共享经济和平台经济的发展为自雇者提供了更多的就业选择和创业机会。通过共享经济平台，个体创业者可以将自己的技能和资源转化为收入来源，实现自我就业和自我增值。

（3）社会文化和价值观念：社会文化和价值观念的变化也影响着自雇模式的发展。越来越多的人重视个人的价值和自我实现，倾向于追求自主创业和自主就业，实现个人的职业和生活目标。

未来，随着技术的进一步发展和就业环境的不断变化，就业模式将更加多元化。劳动者需要不断提升自身技能，增强适应能力，以应对快速变化的就业市场。

思考题

1. 如何理解创业的定义？创业的动态过程包含哪些核心模块？这些模块之间是如何相互作用的？

2. 创业对社会、经济和个人分别具有哪些重要意义？请分别举例说明这些意义在实际中的体现。

3. 创业的主要特征有哪些？请结合实际案例，分析不同类型的创业活动（如盈利型、社会型、技术型、文化创业）是如何体现这些特征的。

4. 创业精神包含哪些内涵？创业者需要具备哪些关键的精神特质？这些特质如何帮助创业者应对创业过程中的挑战？

5. 在当今技术变革的背景下，雇员、雇主和自雇这三种就业模式各有哪些利弊？你认为个人在选择就业模式时应考虑哪些因素？

第二章

创业环境

与其预测环境变化，不如构建不可逆的趋势。

——亚马逊创始人杰夫·贝索斯

创业是一场在不断变化的环境中进行的探险。一个有利的创业环境能够激发创新，促进企业成长，而一个不利的环境则可能成为创业路上的障碍。接下来将从政策环境、技术环境、经济环境及营商环境四方面了解创业环境。

（1）政策环境，作为创业的重要背景，对创业者的决策和行动产生着深远的影响。政府的各项政策、法规以及监管措施，都在为创业者塑造着一个既有机遇又有挑战的环境。了解并适应政策环境，将是创业者迈向成功的关键一步。

（2）技术环境，是创业领域中最具活力和变革力量的因素。科技的飞速发展，不仅催生了无数的创业机会，也在不断地改变着创业的方式和手段。在这个日新月异的时代，创业者需要保持对技术的敏感度，不断学习和创新，才能在激烈的市场竞争中立于不败之地。

（3）经济环境，是创业过程中不可或缺的重要考量。宏观经济形势的波动、市场需求的变迁、消费者购买力的变化，都会对创业者的经营策略和企业发展产生直接的影响。因此，创业者需要密切关注经济动态，灵活调整战略，以适应不断变化的市场环境。

（4）营商环境，是创业者在日常运营中必须面对的实际问题。从注册流程到税务政策，从人才招聘到市场监管，营商环境的优劣直接关系到创业者的创业效率和经营成本。为此，需要不断优化营商环境，为创业者创造更加宽松、便捷的创业条件。

最后，本章节将通过国际案例的对比分析，揭示不同国家营商环境的差异及其对创业活动的影响。这将有助于我们借鉴国际先进经验，进一步完善和优化我国的创业环境。

第一节 政策环境

一、政策环境的概念

政策环境，广义上指决定或影响政策制定和实施的自然条件和社会条件的总和，包括公共政策系统以外的一切与之相关的因素。狭义指影响公共政策产生、存在和发展的一切自然因素和社会因素的总和。政策环境因素都具有复杂性、多样性、差异性、动态性的特征。自然环境、社会经济环境、制度与文化环境、国际环境等因素是最为重要的政策环境。

二、政策环境对创业活动的影响

创业活动是促进社会经济增长和技术进步的关键因素，无论是地区还是国家都希望通过制定和实施有效的创业政策来促进创业，创造就业机会，推动社会经济发展。但关于创业政策影响创业活动的作用机理，学术界存在两种截然不同的观点。一种观点认为创业是创业者采取的自发行为，不受创业政策的影响；而另一种观点则认为创业者的创业行为要受到制度的约束。因此，我们把这两种观点分别称为创业自发观和制度影响观。

（一）创业自发观

传统的经济学分析把完全理性作为一个重要的前提假设，认为所有的市场主体都具有完备的知识和明确的目标，每个企业都会选择能使利润最大化的生产组合，市场在每个市场主体的最优选择下达到均衡状态。只要外界环境不变，这种最优选择就不会改变；如果环境发生变化，则每个市场主体就会重新根据最优选择做出调整。经济学分析模型中的理性选择和完全信息使能动的创业者失去了立足之地，企业仿佛是在自动运行。同样，由于经济学分析主要关注市场均衡的结果而不是趋向均衡的动态过程，因此，在这样的前提下，创业者无须对市场保持警觉、主动做出反应，也不必承担风险；在完善的信贷市场上，人们完全可以从外部获得足够的资金，于是，创业也不存在融资难的问题；经济中也几乎不存在创业者的立足之地。尽管后来有经济学家肯定了创业者在社会经济运行中的作用，如柯兹纳把创业者放在了市场活动的核心位置，认为创业者是使市场趋向均衡的重要因素；熊彼特把创业者视为创新者和领导者；马歇尔把创业者看作促进社会生产和流通的驱动因素，并且认为他们具有协调市场供求以及劳资关系的作用，而且还承担了与生产相关的风险，对企业运营履行领导和管理职能。但正如鲍莫尔所指出的那样，所有这些关于创业者的观点无一例外地认为创业者是天生就存在的，都忽略了有利于创业者产生的政策因素。

（二）制度影响观

从创业研究主题的演变可以看出，已有文献主要关注创业者的个人特质对创建新企业的影响，其内在逻辑正是基于创业活动的自发性。后来的组织生态理论和制度理论表明，环境因素会对新企业的创立和成长产生显著的影响。组织生态理论并没有否认创业者的个人特质在创业过程中所起的作用，只是强调环境对新企业的创建和成长产生重要的影响。很多研究表明，顺畅的融资渠道、便利的技术支持、到位的培训和咨询服务以及税收和其他方面的激励，不仅能够提高新企业的创办率，而且也有助于新企业的生存和发展。与组织生态理论相比，制度理论则从更具体的制度环境角度来解释组织行为与环境的关系，认为组织通过遵守外在环境所固有的规范和准则来获得对自己有利的合法地位。潜在的创业群体最终是否决定创业并付诸实施，在很大程度上取决于他们对创业是否可行和创业是否值得的判断，而政策因素与创业者的判断密切相关。鲍莫尔针对创业现象提出的制度决定理论就更加强调制度对创业活动的影响。鲍莫尔认为尽管任何社会都存在创业者，但他们能否发挥作用取决于经济制度为他们提供的回报。创业者的创业决策在很大程度上取决于相关的游戏规则，即经济制度中的奖励机制。制度和规则变迁会影响创业资源的配置，从而影响社会经济发展的走向。制度和规则以及其他外在因素的变化，不仅会影响创业者的数量，而且还会改变创业者群体的内部结构。

综上所述，根据传统的经济学理论，创业是自发产生的，主要受市场供求关系和价格的影响。因此，对于政府来说，要做的就是提供面向全社会的公共服务，如完善的交通、通信、教育等基础设施，而不是出台专门针对创业活动的具体政策。但是，从组织生态理论和制度理论的观点来看，我们还应该关注社会、经济、文化等因素对新企业创建和成长的影响，正如著名学者奥尔德里奇所指出的那样，新企业必然带有它们所处时代和环境的技术和社会特征的印记。对创业者而言，从事创业活动要受包括政策因素在内的外部环境的影响。同样，在新企业创立之后，仅仅追求经营效率最大化并不足以保证企业的生存，还应当考虑政府规制、社会、文化等因素对经营活动的影响。既然政策环境是创业环境的重要组成部分，政策对创业活动的影响就不应该被忽视。对政府而言，创业政策就成为完善创业环境、促进创业活动、最终达到经济增长目的的重要手段。

第二节　技术环境

一、技术环境的概念

技术环境是一个涵盖广泛因素的复杂体系，它决定了技术发展和应用的可能性与方向。这包括了硬件和软件的基础设施、行业标准和规范、技术发展趋势、人才储备、研发实力、知识产权保护、政策法规支持、市场需求以及社会文化背景等关键要素。这些要素相互作用，共同塑造了一个组织或个人在技术领域中操作和发展的背景。一个健康的技术环境能够促进创新，提高效率，并为技术人才提供成长和发展的空间。

创业者必须对技术环境进行细致的分析和适应，以便制定出符合当前市场和技术发展趋势的战略。这涉及对新兴技术的跟踪、对行业标准的遵守、对政策法规的响应以及对市场需求的敏感度。只有通过不断地评估和调整，创业者才能在快速变化的技术环境中保持竞争力，实现可持续的增长和发展。

二、技术环境现状及趋势

随着信息和通信技术的快速发展，媒体不断发展，信息获取方式深刻变革。传统媒体机构正经历着数字化转型，不再局限于传统的广播、报纸和杂志，而是通过官方网站、社交媒体账号和移动应用程序等新媒体平台，拓宽与观众的互动。新兴媒体平台正在迅速崛起，以其高度互动性和个性化内容满足用户多样化的信息需求。这种媒体融合趋势，即传统媒体与新兴媒体的相互融合，形成了新的媒体形态，使信息获取的平等性和普遍性得到了提升。

这种环境趋势让信息差逐渐消失，促进了信息获取成本的显著降低和信息传播速度的加快，人们可以更加便捷地获取和分享信息。这极大地改变了社会运行方式，深深影响着创业活动。

三、信息差消失对创业的影响

信息差的消失对创业活动产生了多方面的影响，既带来了机遇也带来了挑战。

（一）机遇方面

1. 降低创业门槛

信息差的消失降低了创业的进入门槛，使更多人有机会参与到创业活动中来。过去，创业者需要花费大量的时间和精力去收集信息，而现在可以轻松地通过互联网获取所需的信息，并极大地降低了创业成本。

2. 提高创业效率

信息差的消失提高了创业效率。创业者可以通过互联网获取市场信息、了解竞争对手情况、寻找合作伙伴等，这可以帮助他们更快地做出决策，提高创业效率。

3. 扩大市场范围

信息差的消失扩大了创业者的市场范围。创业者可以通过互联网将产品或服务推广到更广阔的市场。创业者可以通过建立官方网站、入驻电商平台、开展社交媒体营销等方式，将产品或服务推向更广泛的消费者群体。同时，线上销售还可以降低中间环节的成本，提高产品的竞争力。

（二）挑战方面

1. 加剧市场竞争

信息差的消失加剧了市场竞争的激烈程度。由于信息的广泛传播，竞争者也会迅速得知这些机会，这导致市场竞争变得更加激烈。创业者需要更加敏锐地捕捉市场机会，以在竞争中脱颖而出。同时，他们也需要不断提升自身的核心竞争力，以应对市场的快速变化。

2. 提高创业难度

随着信息差的消失，创业者的创新难度也加大了。由于信息获取和传播的速度加快，创业者的创意和商业模式很容易被模仿和复制。因此，创业者需要不断创新，保持竞争优势，以应对市场的快速变化。他们需要不断探索新的商业模式和创意，以满足消费者的需求和期望。同时，创业者需要具备更强的信息分析能力和决策能力，才能在信息爆炸的时代做出正确的选择。

3. 增加创业风险

信息差的消失增加了创业风险。创业者需要更加谨慎地评估市场风险，制订合理的创业计划，才能降低创业失败的概率。

创业者需要充分认识到技术环境的发展趋势，并采取相应的策略应对挑战，抓住机遇，才能在竞争中取得成功。

第三节　经济环境

一、经济环境的概念

经济环境是指影响一个国家、地区或全球经济活动的各种外部条件和因素的总和。它包括宏观经济指标、市场结构、政策法律、社会文化背景、技术进步、自然资源以及国际经济关系等多个方面。经济环境对企业的战略规划、运营决策、市场表现和长期发展具有深远的影响。

中国的创业经济环境呈现出多元化和活跃的特点，政府的政策支持、科技创新的推动、数字经济的发展以及国际合作的深化，都为创业者提供了广阔的发展空间。同时，创业者也需要关注市场动态，把握政策导向，以适应快速变化的经济环境。

二、供大于求的现状及影响

当前在许多行业中出现了产能过剩的问题。随着生产技术的进步和企业规模的扩大，大量商品和服务供给到市场，但市场需求并未同步增长。以制造业为例，在经济发展相对缓慢的时期，很多企业为了扩大市场份额，盲目扩张产能，结果造成了供给远远大于需求的局面。这种供大于求的现象在钢铁、水泥、汽车等行业尤为突出。

其次，消费者的议价能力不断提高。在供给充足的情况下，消费者有更多的选择余地，可以更有选择性地挑选产品和服务。这使得企业之间的竞争更加激烈，利润空间也受到挤压。一些传统行业甚至出现了从“卖方市场”向“买方市场”的转变。比如电子商务的兴起，使得消费者可以更便利地比价选购，大大增强了消费者的话语权。

此外，在宏观经济增速放缓的背景下，就业市场竞争也变得更加激烈。许多人选择创业、自主就业，但由于市场饱和，新企业面临较大困难，生存率较低。这种供给大于需求的情况，加剧了创业环境的不确定性，增加了创业者的经营风险。

三、如何应对供大于求

（一）提高产品 / 服务的差异化和竞争力

创业者需要深入了解市场需求，不断优化产品或服务，提高用户体验和满意度。同时，应加强研发创新，开发出具有独特优势的产品或服务，与同行区隔开来。此外，还要优化生产和运营管理，提高效率，降低成本，增强价格竞争力。只有产品 / 服务具备明显的差异化优势，才能在竞争激烈的市场中脱颖而出。

（二）拓展多元化的销售渠道

在供给充足的市场环境下，创业者需要利用互联网等新兴渠道，扩大销售触角，提高产品 / 服务的可见度。同时，要建立稳定的销售网络和客户关系，提高客户黏性。此外，探索线上线下结合的营销模式，通过多元化的销售渠道提高市场覆盖率，增强企业的市场竞争力。

（三）优化融资策略

面对融资难的挑战，创业者需要积极寻找政府补贴、天使投资、风险投资等多元化融资渠道。同时，要提高融资方案的可行性和吸引力，充分展现企业的发展潜力。此外，还要合理规划资金使用，提高资金使用效率，降低融资成本，确保资金需求可以得到有效满足。

（四）提高企业的适应性和韧性

在供给大于需求的环境下，创业者需要保持警惕，密切关注市场变化，迅速调整经营策略。同时，要建立灵活高效的组织架构和管理体系，提高决策响应速度。此外，还要培养员工的学习能力和创新意识，增强企业的应变能力，提高企业在复杂多变环境下的生存和发展能力。

第四节 营商环境

一、营商环境的概念

营商环境是指政府、市场和社会各方面为企业提供的发展条件和外部环境。它包括政策法规环境、基础设施条件、市场环境、金融服务环境以及劳动力市场等多个方面。

政策法规环境涉及政府出台的与企业经营相关的法律法规、政策措施，以及行政管理和司法环境，为企业的生产经营活动提供制度保障。基础设施条件则包括交通、通信、能源等方面，良好的基础设施有助于降低企业运营成本，提高经营效率。此外，市场供给、需求、竞争格局、消费偏好等因素构成了市场环境，为企业带来商业机遇；企业融资渠道、支付结算效率、风险管理措施等构成了金融服务环境，直接影响企业的经营效益；而获得人才、劳动者权益保护等则属于劳动力市场环境。综合来看，营商环境是一个多层面、多要素的综合概念，反映了政府、市场、社会各方面为企业提供的发展条件。

二、我国营商环境

近年来，我国不断优化营商环境，取得了显著进展。在政策法规方面，政府出台了一系列鼓励创新创业的措施，如简化审批流程、减税降费等，同时法治建设不断加强，营造了更加公平公正的法治环境。在基础设施建设方面，持续加大交通、能源、通信等领域的投入，高速公路、高铁网络不断扩张，5G 网络覆盖加快，为企业经营提供了良好的硬件条件。

同时，我国也在不断深化市场化改革，放宽市场准入，促进公平竞争，营造了更加规范有序的市场环境。在金融服务方面，政府出台多项支持中小企业融资的政策，融资渠道日益丰富。此外，随着教育事业和职业培训的不断发展，我国拥有了庞大的高素质人才队伍，为企业发展提供了良好的人力资源环境。总体来说，我国营商环境正在不断优化，为企业特别是创业企业创造了更加有利的发展条件。

三、机遇与挑战

我国当前的营商环境为创业企业带来了一些重要的机遇，同时也面临着不少挑战。

（一）机遇方面

1. 政策支持

随着政府对创业领域的重视，各种针对创业者的政策支持力度不断加大。这些政策不仅为创业者提供了资金扶持、税收优惠等实质性的帮助，还为他们创造了更加宽松和便捷的创业环境。政策支持是创业者的重要推动力，有助于他们降低创业风险，提高创业成功率。

2. 基础设施完善

基础设施的完善是创业活动顺利开展的重要保障。近年来，中国在交通、通信、能源等领域持续加大投入，基础设施水平不断提升。为创业企业的生产经营活动提供了良好的硬件条件，提高了运营效率，创业者能够更加便捷地获取资源、交流信息和拓展市场。这为创业者提供了更多的商业机会和发展空间，有助于他们实现快速增长。

3. 市场潜力巨大

庞大的人口规模和日益增长的消费需求，为创业企业带来广阔的市场空间。同时，新兴技术的应用也为创业带来了新的机会。我国作为世界上最大的市场之一，拥有庞大的消费群体和巨大的市场潜力。对于创业者来说，这意味着无限的可能性和广阔的发展空间。只要能够精准定位市场需求，创新产品和服务，就有可能在这个巨大的市场中脱颖而出。

4. 人才环境优化

人才是推动创业创新的核心力量。随着教育水平的提高和人才政策的优化，我国的人才环境正在持续优化。中国的教育事业和职业培训不断发展，为创业企业提供了充足的高素质人才。同时，灵活就业政策也有利于吸引人才加入创业团队。越来越多的高素质人才选择创业，为创业领域注入了新的活力和动力。同时，各种人才交流平台的建立也使得创业者能够更加便捷地招募到合适的人才。

（二）挑战

1. 市场竞争日趋激烈

随着创业热潮持续升温，同质化竞争加剧，市场饱和度较高。创业者需要面对来自各行各业的竞争者，争夺有限的市场份额。为了在竞争中脱颖而出，创业者需要不断提升产品 / 服务的创新性和差异化、提升服务质量、降低成本，这对他们的经营能力和市场洞察力提出了更高的要求。

2. 融资渠道仍有限

尽管政府和社会各界对创业领域的支持力度不断加大，但融资渠道仍然有限。很多创业者由于缺乏资金而无法开展业务或扩大规模。因此，创业者需要积极寻找各种融资渠道，如天使投资、风险投资、银行贷款等，以解决资金问题。

3. 政策执行效果存在差异

地区间在政策落地和服务质量上存在一定差异。部分地区营商环境仍需进一步优化。虽然政府出台了一系列支持创业的政策，但在具体执行过程中，由于地域、部门、人员等因素的差异，政策执行效果往往存在差异。这可能导致一些创业者无法享受到应有的政策支持，增加了他们的创业难度。

4. 知识产权保护亟待加强

知识产权是创业者的核心资产之一。然而，由于知识产权保护意识不强等原因，知识产权侵权现象时有发生。这不仅损害了创业者的合法权益，也影响了他们的创新积极性和市场竞争力。因此，加强知识产权保护是创业领域亟待解决的问题之一。

总的来说，我国的营商环境为创业企业提供了更加有利的发展条件，但创业者仍需应对激烈的市场竞争、融资困难、区域差异等挑战。未来，我国将进一步优化营商环境，为创业创新提供更好的支持。

第五节　营商环境的国际比较

为构建高水平社会主义市场经济体制，我国在努力营造高效便捷、公平有序的营商环境的同时，也需要借鉴国际上的先进经验。下面以美国和新加坡的营商环境为例进行说明。

一、美国的营商环境

美国的创业生态系统较健全，包括发达的风险投资市场、优质的教育资源、灵活的劳动力市场等，为创业者提供了丰富的资源和发展机会。与此同时，美国政府通过减税、简化手续等措施，为创业者创造了有利的政策环境。同时，其健全的法治体系和有力的知识产权保护，也为创新创业提供了有力保障。然而，这一生态系统也存在明显挑战：高昂的创业与运营成本以及复杂的合规负担构成了显著的准入门槛；严苛的移民政策为依赖国际人才的初创公司设置了障碍；风险资本和教育机会的分配不均、巨头垄断对新兴创新构成的压力，以及融资市场可能诱发的短期导向和泡沫风险，都反映了其存在的结构性问题和不平等挑战。因此，尽管美国提供了优异的创业平台，但创业者仍需在资源获取、市场竞争和可持续发展等方面应对诸多难题。

二、新加坡的营商环境

作为一个城市国家，新加坡的营商环境非常优良。其高效透明的政府行政、完善的基础设施、开放包容的移民政策等，为创业者创造了非常有利的发展条件。同时，新加坡也非常重视创新创业人才的培养，并为创业企业提供全方位的服务支持。此外，新加坡的法规体系灵活，知识产权保护到位，进一步增强了创业者的信心。可见，新加坡的营商环境建设在多方面都表现出色，为创业者创造了非常有利的发展空间。然而，其面临的挑战也不容忽视：全球顶尖的高昂运营成本（尤其是房租和人力成本）对初创企业构成了巨大的财务压力；狭小的本土市场迫使企业必须直面国际竞争和拓展的复杂性；国内市场规模有限和成熟巨头环伺的环境也在一定程度上压缩了创新的空间和试错机会。因此，尽管新加坡是创业的沃土，但企业也需要为应对高成本、小市场和国际依赖性等结构性挑战做好充分准备。

思考题

1. 政策环境对创业活动有哪些影响？请结合实际案例，分析政策环境的变化如何影响创业者的决策和行动。

2. 技术环境是创业领域中最具活力和变革力量的因素。请分析当前技术环境现状及趋势，以及信息差消失对创业的影响。

3. 在供大于求的经济环境下，创业者面临着哪些挑战？请结合实际情况，探讨创业者应如何应对这些挑战。

4. 不同国家的营商环境对创业活动有着不同的影响。请对比分析美国、新加坡等国家的营商环境特点及其对创业活动的影响，思考我国可以从中借鉴哪些经验来进一步优化创业环境。

第三章 创业工具

工欲善其事，必先利其器。

——《论语·卫灵公》

在创业的征途上，每一位创业者都需要一套强大的工具来辅助他们分析市场、制定策略、规避风险。有效的工具和方法能够帮助创业者系统地分析市场环境、评估自身优势和劣势，以及制定明智的战略决策。本章将介绍几种常用的创业工具，包括画布理论、SWOT 分析、PEST 分析和六顶思考帽法。这些工具不仅能够帮助创业者全面了解市场、竞争和外部环境，还能促进团队内部的深入讨论和决策制定过程。通过运用这些工具，创业者可以更加系统和有针对性地规划和实施创业策略，提高成功的机会并有效应对挑战。这些工具不仅是创业者手中的利器，更是他们在复杂多变的商业环境中稳健前行的保障。

第一节　画布理论

一、商业模式画布的概念和构成

商业模式画布，是一款在设计、分析、优化商业模式方面都非常实用的工具。2008 年，商业模式创新作家、商业顾问亚历山大·奥斯特瓦德提出了商业模式画布的概念。它是一种能够帮助创业者催生创意、降低猜测，确保他们找对目标客户和合理解决问题的工具。商业模式画布不仅能够提供灵活多变的计划，而且容易满足客户的需求。更重要的是，它可以将商业模式中的元素标准化，并强调元素间的相互作用。

商业模式画布由九个篇章所构成，涵盖了商业体的四个主要部分——客户、产品或服务、基础设施以及金融能力，展示了一家企业追求利润的逻辑过程，如图 3-1 所示。我们可以把左边理解为价值创造的过程，右边理解为价值传递的过程，画布的下半部则代表财务结构，也就是价值获取的过程。

商业模式画布最好的用法是在大的背景上投影出来，这样一群人便可以用便利贴或马克笔共同绘制、讨论商业模式的不同组成部分。这是一种可以促进理解、讨论、创意和分析的实操工具。

图 3-1　商业模式画布

二、从四个视角分析商业模式画布

（一）提供什么

这个视角延展出第一个板块“价值主张”。

价值主张是整个商业模式的核心，它能够解决客户的问题或满足其需求，是满足细分客户的需求、解决他们的问题以创造价值的一系列产品或服务。价值主张可以是创新性的，带来全新的、革命性的产品，也可以是与既有产品或服务相似的，但增添了新特点和属性。

该板块的功能是：①明确传递怎样的价值；②明确在客户面对的问题中要解决哪一个；③明确需要满足客户的哪些需求；④面向不同的客户群体，明确用什么样的产品或服务组合。

（二）为谁提供

这个视角产生了第二个板块“客户细分”。

各户细分描述了企业想要获得的和期望的不同的目标人群与机构，该板块的功能是：①明确我们在为谁创造价值：②明确谁才是我们的重要客户。

除了选择哪种类型的客户，还值得思考的一个问题是能不能把所瞄准的客户再细分一下，找出他们的共性。找共性很容易被忽视，但共性一旦被清晰地描述出来，产品或服务就拥有精准的目标客户群，需求满足的精度大大提高。

（三）如何提供

企业通过“渠道通路”，将价值传递到客户的手上。

渠道通路是企业与客户交流、分销和销售渠道构成的交互体系，该板块描述了企业如何与客户群体达成沟通并建立联系，用何种方式向对方传递自身的价值主张。

该板块的功能是：①明确客户希望以何种渠道与我们建立联系；②明确我们现在如何去建

立这种联系；③明确我们渠道构建的方式，确定哪个渠道最有效；④明确哪些渠道更节约成本；⑤明确如何将这些渠道与日常客户工作整合在一起。

为了创造价值，需要经常执行某项重要的业务活动，因此产生了“关键业务”。“关键业务”是企业保障其商业模式正常运行所需做的重要的事情，主要包括：①明确企业的价值主张需要哪些关键业务；②明确分销渠道需要哪些关键业务；③明确维系客户关系需要哪些关键业务；④明确收入来源需要哪些关键业务。

“核心资源”是企业创造和提供价值主张并获得市场，是保证商业模式顺利运行所需要的最重要资产，主要包括：①明确企业的价值主张需要哪些核心资源；②明确分销渠道需要哪些核心资源；③明确维系客户关系需要哪些核心资源；④明确收入来源需要哪些核心资源。

要执行这些活动，企业需要关键的“核心资源”来支持企业完成这些活动。但有些活动不需要由企业来执行，有些资源不一定存在于企业内部，因此可以寻找合作伙伴来执行，就产生“重要合作”。

企业需要建立“重要合作”关系来优化自身商业模式、降低风险以及获得资源，保证企业商业模式顺利运行所需要的供应商和合作伙伴网络，目的在于：①明确谁是企业的关键合作伙伴；②明确谁是企业的关键供应商；③明确企业从合作伙伴那里获得了哪些核心资源；④明确企业的合作伙伴参与了哪些关键业务。

（四）成本与收入

前面三个视角产生了成本与收入。

“成本结构”指的是运营商业模式所发生的全部成本。这个模块的主要任务是：①明确什么是该商业模式中的固定成本；②明确最昂贵的核心资源是什么；③明确最昂贵的关键业务是什么。

“收入来源”描述了企业从每一个客户群体获得的现金收益，一般有两种类型：一次性支付；持续收入。这个模块需要：①明确何种价值让客户买单；②明确客户正在买单的价值主张有哪些；③明确客户的支付方式是什么；④明确客户愿意使用的支付方式是什么：⑤明确每种收益来源对于总体收益贡献的占比是多少。

交易的过程中则产生了“客户关系”，即企业对每一个客户群体准备建立怎样的关系。客户关系可能会在企业的以下动机中驱动：①开发新的客户；②留住原有客户；③增加销量（或单价）。目的在于：①明确每个客户群体期待与我们建立何种类型的关系；②明确已经建立了哪些类型的关系；③明确这些关系的成本如何；④明确客户关系类型单价。

三、商业模式画布的使用价值

商业模式画布理论之所以能发挥作用，是因为它提供了一种全面而系统的方式来描述和设计企业的商业模式。该理论通过九个关键要素，详细阐述了企业如何创造价值、传递价值和获取价值的逻辑框架。关于商业模式画布的使用价值可以从以下四个方面展开：

第一，商业模式画布理论帮助企业清晰地理解和描述其商业模式，从而提供一个全面的概览。这有助于企业了解自己的核心竞争优势、市场定位以及如何为客户创造价值。这种清晰的理解使得企业能够更好地把握市场机会，制定符合自身实际情况的战略规划。

第二，商业模式画布理论帮助企业进行创新和战略规划。通过填写商业模式画布，企业可以识别出现有商业模式的弱点和潜在机会，从而进行改进和创新。它激发创新思维，帮助企业寻找突破点和新的商业机会。这种创新和战略规划的能力使得企业能够在激烈的市场竞争中脱颖而出。

第三，商业模式画布理论促进内部协作和沟通。通过共同填写商业模式画布，各个部门和团队可以更好地理解彼此的角色和价值，加强团队之间的协作和合作。这种内部协作和沟通的能力提高了企业的运营效率，使得企业能够更加快速地响应市场变化。

最后，商业模式画布理论帮助企业与外部利益相关者进行交流和合作。它提供了一个清晰的框架，可以简洁地传达企业的商业模式和价值主张，有助于吸引投资者、合作伙伴和客户的兴趣和信任。这种外部交流和合作的能力为企业的发展提供了更多的资源和机会。

综上，商业模式画布理论通过帮助企业清晰地理解和描述商业模式、进行创新和战略规划、促进内部协作和沟通，以及与外部利益相关者进行交流和合作，使得企业能够更好地创造价值、传递价值和获取价值。这种理论框架对于企业的战略规划和决策制定具有重要的指导作用。

四、商业模式画布的使用条件与应用场景

（一）使用条件

商业模式画布理论的使用条件主要涉及对企业或产品的全面理解和分析。这一理论框架要求使用者首先明确客户细分，即确定目标客户群体以及他们的需求和行为特点。接下来，需要确定价值主张，明确产品或服务能为客户带来的独特价值和优势。此外，还要确定渠道，即产品或服务的销售渠道和与客户沟通的方式。同时，客户关系也是重要的一环，需要明确企业与客户之间建立和维护关系的策略。最后，关键资源的确定也是必不可少的，这涉及企业运营所需的人力、物力、财力等各方面的资源。

商业模式画布理论的使用条件还要求企业具备一定的灵活性和创新思维。因为在使用商业模式画布进行分析时，企业可能会发现新的商业机会或突破点，需要及时调整和优化商业模式以适应市场变化。

（二）应用场景

商业模式画布是一种强大的工具，它能够帮助企业在不同场景下有效地创造、传递和获取价值。这个理论框架不仅提供了全面的视角来审视商业模式，还通过可视化的方式促进了团队成员之间的共识和协作。

在具体的使用场景中，商业模式画布可以应用于多个方面。

第一，在制订商业计划时，它可以帮助企业梳理商业思路，明确发展方向和目标。而当企业面临市场机会分析时，商业模式画布能够协助发现潜在的商业机会，为企业的战略决策提供有力支持。第二，在产品或服务设计阶段，它也可以用来深入了解客户需求和痛点，从而优化企业的价值主张。第三，商业模式画布还可以用于风险评估和战略规划。通过分析画布上的信息，企业可以预测潜在的风险和挑战，进而提前做好应对措施。第四，它有助于企业明确未来的战略规划，包括关键成功因素和竞争策略。在合作洽谈中，商业模式画布同样能发挥重要作用。它能够清晰地展示企业的业务模式和合作价值，帮助企业在与其他企业或组织洽谈合作时更加有说服力。

总的来说，商业模式画布是一个灵活多变的工具，适用于企业运营管理的各个环节。它不仅

能够提供全面的商业视角，还能够促进团队成员之间的沟通和协作，为企业的长期发展奠定坚实基础。

案例分析 Airbnb 在商业模式画布各个要素上的运用

Airbnb 作为全球知名的共享住宿平台，成功利用商业模式画布（business model canvas）来构建其独特的商业模式，实现了快速增长和市场领导地位。以下详细讨论了 Airbnb 在商业模式画布各个要素上的具体运用：

客户细分（customer segments）：Airbnb 明确定位于旅行者和房屋所有者两大主要客户群体。旅行者寻求独特和本地化的住宿体验，而房屋所有者则希望通过出租房屋获取额外收入。

价值主张（value propositions）：Airbnb 提供个性化的住宿选择和本地化体验，与传统酒店不同，旨在让旅行者感受当地文化和社区。这种价值主张吸引了寻求独特住宿体验的用户群体。

渠道（channels）：Airbnb 主要通过其在线平台和移动应用程序作为主要渠道，连接旅行者和房屋所有者。这些渠道使得用户可以方便地浏览、预订和管理其住宿。

客户关系（customer relationships）：Airbnb 建立了基于社区和信任的客户关系。平台通过评论系统、安全保障措施和客户支持团队来增强用户之间的信任感。

收入来源（revenue streams）：Airbnb 的主要收入来源是从房屋出租中获取的佣金费用，通常为每次交易的一部分。此外，还可能收取服务费用和额外服务费用。

关键资源（key resources）：技术平台、用户数据和品牌声誉是 Airbnb 的关键资源。技术平台支持平台的运作和用户体验，而用户数据则帮助平台优化服务和个性化推荐。

关键活动（key activities）：Airbnb 的关键活动包括市场推广、房屋清洁和维护、安全保障措施的执行以及技术平台的开发和维护。

关键合作伙伴（key partnerships）：Airbnb 与房屋所有者、地方政府、旅游服务提供商等建立了关键合作伙伴关系，以确保平台的可持续发展和用户体验。

成本结构（cost structure）：Airbnb 的成本结构包括技术开发和维护、市场推广、客户服务支持、法律和合规成本等。这些成本要素必须控制在合理范围内，以确保平台的盈利性和可持续性。

通过商业模式画布的应用，Airbnb 能够清晰地定义其商业模式各个要素，并有效地优化资源配置和市场策略。这种系统化的方法帮助 Airbnb 在全球范围内迅速扩展，并在竞争激烈的市场中保持领先地位，为用户和合作伙伴创造持续价值。

第二节　SWOT 工具

一、SWOT 分析理论

SWOT 分析是一种在战略管理领域中被广泛运用的战略分析方法，最早由 Edmund P.Leamed 等人于 1969 年提出，而由 K.J.Andrens 于 1971 年在《公司战略概念》中给出了制定战略过程中的 SWOT 分析框架。

战略决策过程中的关键是对信息的精确分析和恰当处理，SWOT 分析通过对企业内、外部的条件进行综合和概括，对战略决策需要的信息做了两个区分：内外区分（即关于企业自身的信息和所处环境的信息）与利害区分（即对企业有利的信息和有害的信息），分析企业的优势（strength）、劣势（weakness）、机遇（opportunity）、威胁（threat）（SWOT就是来自这四个词首字母），进而为战略制定和战略规划提供依据。可见，SWOT分析是为决策情境提供系统方法和支持而分析内外部环境的一种常用工具，SWOT分析是在战略规划过程早期进行的重要分析，其结果是一系列关于战略计划情形的因素序列。其中：

Strengths（优势）：企业内部具有的资源、能力，如独特的技术、专利、品牌声誉、创新能力、高效的供应链等。这些优势可以增强企业的竞争力和市场地位。

Weaknesses（劣势）：企业内部存在的不足和弱点，如财务状况、缺乏核心技术、管理薄弱、供应链不稳定等。识别和解决劣势是提升企业竞争力的关键。

Opportunities（机会）：外部环境中为企业带来的潜在机会，如市场增长、技术变革、政策支持等。抓住机会可以帮助企业发展壮大。

Threats（威胁）：外部环境中对企业构成的潜在威胁，如竞争加剧、市场饱和、政策变化等。及时应对威胁可以降低风险和挑战。

图3-2所示为SWOT模型图。

图3-2　SWOT模型图

SWOT模型直观、易于操作、分析客观，已被广泛应用于学校、医院、政府机构，甚至个人自我分析等多个领域。

二、SWOT分析的使用价值

SWOT分析作为一种广泛应用于战略管理领域的工具，它通过系统性地评估企业、项目或个人的内部和外部环境，帮助制定有效的战略决策。通过对SWOT分析理论的深入剖析，可以得出其使用价值。

第一，SWOT 分析的主要价值在于其能够全面而系统地评估一个实体的内外部环境。通过分析实体的优势（strengths）和劣势（weaknesses），我们可以深入了解其内部资源和能力，包括人力、资金、技术等方面的优势，以及可能存在的管理缺陷或资源短缺。这种内部诊断有助于企业或个人在制定战略时充分利用优势、解决劣势。

第二，SWOT 分析还能够识别外部环境中的机会（opportunities）和威胁（threats）。机会可能来自市场趋势、竞争对手的动向或新兴技术，而威胁则可能源自经济波动、法律变更或技术进步带来的挑战。通过分析外部环境，实体可以及时调整战略以应对变化，把握机会，降低风险。

第三，SWOT 分析不仅限于企业战略，它在个人和团队层面同样有着重要应用。个人可以运用 SWOT 分析来评估自身的职业发展路径，分析自己的技能优势和发展空间，识别外部职业市场的机会与挑战，从而制定更有效的职业发展策略。团队也可以借助 SWOT 分析，评估团队成员的能力和团队内部的合作模式，找出优化团队绩效的方法。

最后，SWOT 分析的使用还能帮助不同行业的决策者进行战略规划和决策制定。从市场营销到产品开发，从项目管理到风险评估，SWOT 分析都能为决策者提供实用的数据和见解，支持他们做出基于事实的决策。

总结而言，SWOT 分析通过其系统性和全面性，为企业、个人和团队提供了一种有效的战略评估工具。它不仅能够揭示实体内外部的关键因素，还能帮助制定基于客观数据的战略决策，是现代管理和决策制定中不可或缺的重要工具。

三、SWOT 之间的转换方式

在企业战略规划中，SWOT 分析被广泛用于评估内部优势和劣势，以及外部机会和威胁。然而，这种分析常常被静态地视为一次性的评估工具，而真正的竞争优势往往来自如何动态地处理和转化劣势。接下来将探讨如何通过创新、战略合作、市场定位和人才管理等策略，将劣势转化为持久的优势。

（一）创新与改进

创新是企业成功的关键驱动力之一。对于面临技术或产品劣势的企业来说，投资于研发和技术创新是改变现状的关键。通过引入新技术或改进现有技术，企业可以弥补技术上的短板，并提升产品或服务的竞争力。例如，一家传统制造企业可能面临生产设备老化的问题，通过引入自动化技术和智能制造解决方案，不仅提高生产效率，还能降低成本、增强市场竞争力。

（二）战略合作与联盟

在全球化和复杂化的市场环境下，单打独斗已经不再是最有效的竞争策略。企业可以通过建立战略性联盟和合作关系，共享资源、技术和市场渠道，迅速弥补自身劣势。跨行业合作尤其重要，因为它不仅可以带来新的视角和创新，还能够共同开发跨行业的解决方案。例如，一家面临市场份额下降的汽车制造商可以与新兴的电动车技术公司合作，共同开发未来市场的电动车解决方案。

（三）市场定位与创新

市场定位与创新是另一种有效的策略，它通过重新定义产品或服务的市场定位，找到未被竞争对手覆盖的市场细分，从而避免直接的价格竞争。企业可以通过定位与创新来满足特定客户群体的需求，打造具有高度个性化和差异化竞争优势的产品或服务。例如，一家面临市场份额下降的传统银行可以通过数字银行和智能投资平台来吸引年轻一代客户，重新定位其服务范围和市场定位。

（四）人才管理与培训

人才是企业发展和创新的重要驱动力。通过吸引和培养具有创新能力和技术专长的人才，企业可以引入新的视角和能力，从而推动劣势到优势的转变。领导力发展和持续的专业培训能够帮助企业团队在竞争激烈的市场环境中保持敏捷和灵活性。例如，一家传统的家电制造商可以通过招聘具有互联网和智能技术背景的高级管理人员，加速其在智能家居市场的布局和发展。

（五）案例引入：Netflix 的市场定位创新

Netflix 是一个成功将劣势转化为优势的典型例子。在其成立初期，Netflix 是一家邮寄 DVD 租赁服务的公司，面临着激烈的竞争和电子商务的兴起。这被视为其在 SWOT 分析中的劣势：传统的租赁模式和高昂的邮寄成本。

Netflix 的主要策略执行步骤如下：

（1）数字化转型和流媒体服务：Netflix 意识到未来的趋势是数字化媒体和流媒体服务，因此迅速转型，推出了在线视频流媒体服务。这一转变不仅帮助 Netflix 避开了传统租赁模式的劣势，还使其成为领先的流媒体平台之一。

（2）全球市场扩展：Netflix 利用数字化平台的优势，迅速扩展到全球市场。通过提供多语种的内容和地区化的推广策略，Netflix 能够满足全球不同地区用户的需求，建立了强大的全球品牌。

（3）原创内容和用户体验：Netflix 通过投资于原创内容，并采用个性化推荐算法，不断提升用户体验和忠诚度。这种策略使 Netflix 在竞争激烈的流媒体市场中保持了领先地位。

通过这些策略，Netflix 成功地将其最初的劣势，即传统租赁模式和高邮寄成本，转化为数字化媒体的优势和全球市场的领导地位，从威胁中发现机会，从而赢得了商业上的巨大成功。

（六）结论

通过以上策略和实例，我们可以看到，将劣势转化为优势不仅仅是一种理论上的概念，而是通过持续的创新、战略合作、市场定位和人才发展等实际行动来实现的。在竞争日益激烈和市场变化迅速的环境中，企业需要从静态的 SWOT 分析转向动态的战略执行，不断寻找和利用机会，化解和改变劣势，以保持竞争优势和持续增长。

四、SWOT 的使用条件与应用场景

（一）使用条件

企业需要对自身的内外部环境进行全面的分析，这是进行 SWOT 分析的前提条件。内部环境包括企业的资源、能力、技术等方面，外部环境则包括市场、竞争对手、政策等因素。

企业需要识别自身的优势和劣势，这是 SWOT 分析的核心内容之一。优势是指企业在某些方面表现出的突出能力或资源，劣势则是指企业在某些方面存在的不足或缺陷。通过识别优势和劣势，企业可以更好地了解自身的竞争能力和市场地位。

企业需要寻找面临的机会和威胁，这是 SWOT 分析的另一核心内容。机会是指市场中存在的潜在机会和增长点，威胁则是指市场中存在的风险和挑战。通过寻找机会和威胁，企业可以更好地把握市场趋势和发展方向。

其中关于优势、劣势、机会、威胁这四个方面的具体内容已在“SWOT 分析理论”中有过解释，故不再赘述。

（二）应用场景

1. 企业战略制定

SWOT 分析可以帮助企业评估自身的竞争能力和市场地位，从而制定出更加合理的战略和行动计划。在企业战略制定过程中，SWOT 分析可以作为一种重要的决策工具，帮助企业把握市场机会、规避风险。

2. 竞争对手分析

SWOT 分析也可以用于竞争对手的分析。通过对竞争对手的优势、劣势、机会和威胁进行分析，企业可以更好地了解竞争对手的实力和市场策略，从而制定出更加有效的竞争策略。

3. 新产品或服务推出前评估

在推出新产品或服务之前，企业可以使用 SWOT 分析来评估新产品或服务的市场潜力和风险。这有助于企业在新产品或服务推出前做出更加明智的决策，从而提高新产品或服务的成功率。

案例分析　基于 SWOT 模型分析的民办幼儿园发展对策

由于不同的环境需要有不同的活动与之匹配，当环境发生变化时，民办幼儿园就应该改变办园理念，制定适应新环境的发展策略。而当民办幼儿园的发展策略改变后，其自身能力也必须随之发生变化，才能保证发展策略的实施。根据上述对民办幼儿园环境的分析，可以得出其如表 3-1 所示的 SWOT 分析矩阵。

表 3-1　民办幼儿园环境的 SWOT 分析矩阵

		内部环境	
		S：优势 1. 自主性强； 2. 组织内分工细密、任务明确； 3. 用人机制灵活； 4. 服务意识强	W：劣势 1. 管理体系不健全； 2. 师资队伍不稳定； 3. 收费标准不规范； 4. 课程设置不合理
内部环境	O：机会 1. 良好的宏观政策条件； 2. 流动和留守儿童比例的增加； 3. 学前适龄人口的持续增长； 4. 社会对学前教育需求的增加	SO 策略 1. 继续支持民办幼儿教育事业的规范发展，不断提高民办幼儿园的社会地位； 2. 民办幼儿园应及时进行市场需求分析，有的放矢地调整自身的发展规划； 3. 合理布局并引领民办幼儿园的发展方向	WO 策略 1. 民办幼儿园应了解国家和地方政府关于民办学前教育事业发展的相关政策，主动争取各部门的大力支持； 2. 保障民办幼儿园教师的合法权益，减少师资频繁流动的比例； 3. 规范民办幼儿园内部管理，保证幼儿园良性发展
	T：威胁 1. 相关法律、法规不健全； 2. 资金有限，来源单一； 3. 幼儿园间的竞争日趋激烈； 4. 公办幼儿园的长期挑战	ST 策略 1. 完善对民办幼儿园的扶持政策，降低民办幼儿园的办园成本； 2. 实施竞合战略，协调公办园与民办园的关系，加强公办园与民办园的协作； 3. 以提升保教质量为发展重心，提高民办幼儿园的核心竞争力和社会公信力	WT 策略 1. 进一步制定、完善和细化相关的发展政策，为民办幼儿园提供可持续发展的政策支持； 2. 资源共享，建立民办教育联盟； 3. 与高师院校共建幼儿园教师发展学校

1. 增长型发展策略（SO 策略）

当民办幼儿园处于优势条件和机会环境状态时，政府及幼儿园的管理者应最大限度地利用外部环境所提供的多种发展机会发挥幼儿园内部优势。

2. 转型升级发展策略（WO 策略）

当民办幼儿园处于劣势和机会环境状态时，政府及幼儿园的管理者应最大限度地利用外部环境中的机会来弥补幼儿园自身的缺失。

3. 多元化发展策略（ST 策略）

当民办幼儿园处于优势条件和威胁环境状态时，各地方政府及幼儿园管理者应以其自身的实力来正面回击外部环境中的威胁，并慎重而有限度地利用幼儿园自身的优势。

4. 防御式发展策略（WT 策略）

当民办幼儿园处于劣势条件和威胁环境状态时，各地方政府及幼儿园的管理者在制定发展策略时，要尽量降低威胁和自身弱点带给幼儿园的负面影响。

第三节　PEST 工具

一、PEST 分析理论

PEST 分析理论是一种广泛应用于商业战略制定的工具，用于评估影响行业或企业的外部宏观环境因素。该理论由美国学者约翰逊与斯科尔斯于 1999 年提出，PEST 代表政治、经济、社会和技术四个维度。PEST 为企业所处宏观环境分析模型。企业外部环境一般不受企业掌握，PEST 模型分析就是从政治（politics）、经济（economy）、社会（society）和技术（technology）4 个方面对影响企业的主要外部环境因素进行分析，如图 3-3 所示。从战略角度分析企业面临的外部宏观环境，把握环境的现状及变化趋势，利用有利于企业发展的机会，避开环境可能带来的威胁，是企业谋求生存和发展的首要问题。

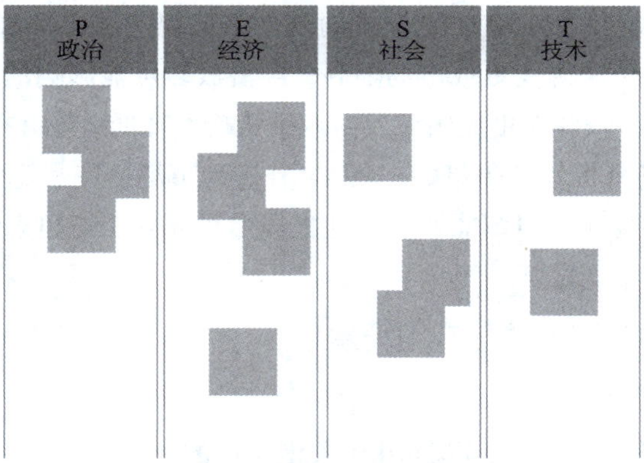

图 3-3　PEST 模型图

（1）Politics（政治）：政治要素，是指政府的决策、法律的约束等对企业的经营活动所造成的影响。一个企业在竞争中必须仔细研究政府在所经营的业务方面的政策以及未来的政策趋势，同时也应了解与企业相关的一些贸易规则和产权法规。与经营业务相关的法律法规及政策能够深切地影响到企业的经营状况以及营业利润。

（2）Economy（经济）：经济要素，是指一系列经济要素对企业的发展造成的影响，如经济制度、经济结构以及一个国家的整体发展水平等。目前，经济全球化增强了各个国家经济业务之间的联系，企业在制定战略时不止要关注本国的经济状况，还要对其他国家经济状况可能对本企业造成的影响进行评估。

（3）Society（社会）：社会要素，包括人口密度，自然环境等。而在这众多的因素中，不同的自然环境对企业发展的影响不可小觑。我国是一个疆土广阔的国家，东西和南北跨度都非常大，因此这种影响对于我国尤其明显，同一款商品在我国的不同地区的销售战略应该有很大的差别，但是很多企业在制定战略的时候都会忽略这一点影响。

（4）Technology（技术）：技术要素，是指与企业生产经营相关的技术要素对企业所造成的影响，如新技术、新发明等。技术领域在过去的半个多世纪里也发生着空前的变化，各种技术革新层出不穷，各种新技术的出现对人们的生活方式造成了很大的影响，改变了人们的生活方式。

二、PEST 分析的使用价值

PEST 分析的使用价值主要体现在其能够帮助组织或个人全面评估外部环境中的关键因素，从而有效指导战略制定和决策执行。具体而言，PEST 分析的价值包括以下几个方面：

第一，全面性评估外部环境。PEST 分析通过分析政治、经济、社会和技术等多个维度，帮助组织全面了解外部环境的动态变化和影响因素。这种全面性评估有助于提前预知潜在的市场风险和机遇，为战略决策提供坚实的基础。

第二，识别关键趋势和变化。分析政治稳定性、经济增长趋势、社会文化变迁以及技术创新进展，有助于识别并理解外部环境中的关键趋势。这些趋势对市场需求、消费者行为和竞争态势产生深远影响，帮助组织做出及时的调整和反应。

第三，指导战略决策和业务规划。PEST 分析为战略决策提供了重要的参考依据。通过深入了解外部环境的影响因素，组织能够制定符合市场趋势和发展方向的战略计划，并优化资源配置和业务运营策略。

第四，预测风险与机遇。基于 PEST 分析的结果，组织能够更准确地预测市场风险和机遇。例如，政治不稳定可能导致法规变更或市场限制，经济放缓可能影响消费者购买力，技术进步可能改变产品竞争优势。这些预测有助于组织及时调整策略，降低风险并抓住市场机会。

第五，支持战略市场分析和竞争策略。PEST 分析为市场研究和竞争分析提供了重要数据支持。通过了解外部环境的变化，组织能够更好地把握市场需求、竞争态势和消费者行为，制定有针对性的市场营销策略和竞争对策。

三、PEST 分析的使用条件与应用场景

（一）PEST 分析的使用条件

PEST 分析的有效性和适用性受到以下几个关键条件的影响：

1. 全面性的信息收集

PEST 分析要求对政治、经济、社会和技术环境的变化有深入的了解。因此，进行分析之前，必须确保能够收集到全面、及时和准确的相关信息。这可能涉及政策文件、经济统计数据、社会趋势报告和技术发展趋势等多方面信息的收集和分析。

2. 专业知识和理解

对每个 PEST 因素的理解和专业知识是进行有效分析的关键。政治因素涉及法律法规、政府政策和政治稳定性；经济因素涉及通货膨胀率、利率和经济增长率；社会因素涉及人口结构、文化价值观和社会偏好；技术因素涉及科技创新、信息技术发展和行业趋势等。分析人员需要具备跨学科的知识和综合分析能力，才能准确评估每个因素对企业或组织的影响程度和潜在风险。

3. 环境的动态性和不确定性

PEST 分析适用于复杂和快速变化的环境。企业面临的外部环境通常是动态和不确定的，因此需要定期更新分析，以及根据新的政策、经济指标或社会趋势做出调整。这种动态的分析能力对于应对快速变化的市场和竞争环境至关重要。

（二）PEST 分析的应用场景

PEST 分析在多种战略决策和市场分析的场景中具有广泛的应用。

1. 市场进入策略

对新市场的进入策略和风险评估中，PEST 分析可以帮助企业了解目标市场的政治稳定性、经济发展趋势、社会文化背景和技术发展状况，从而制定适合的市场进入策略。

2. 战略规划和业务发展

在企业长期战略规划中，PEST 分析有助于识别外部环境的关键因素和潜在的机会与威胁。企业可以根据分析结果调整战略重点和资源配置，以适应外部环境的变化和挑战。

3. 风险管理和政策监测

PEST 分析也可以用于风险管理和政策监测。企业可以通过持续跟踪政治、经济、社会和技术因素的变化，及时识别和应对潜在的风险和机会。

4. 行业竞争分析

在竞争激烈的行业中，PEST 分析可以帮助企业了解竞争对手所面临的外部环境条件，识别行业未来发展的关键趋势和变化，以制定更具竞争力的策略。

（三）如何有效利用 PEST 分析

为了确保PEST分析的有效性和实用性，以下几点建议可以帮助企业和组织更好地利用这一工具。

1. 多维度分析

不仅仅是表面上的政治、经济、社会和技术因素，还应考虑这些因素之间的相互作用和影响。

2. 定量和定性数据结合

结合定量数据（如统计数据和经济指标）和定性数据（如市场趋势分析和社会文化调查），以全面评估各种因素对组织的影响。

3. 持续更新和监控

外部环境的变化是动态的，因此定期更新 PEST 分析，持续监控外部环境的变化，及时调整企业的战略和策略。

4. 战略思维和应变能力

PEST 分析不仅是一种工具，更是一种战略思维方式。企业需要培养敏锐的市场感知力和灵活的应变能力，以有效应对快速变化的外部环境。

案例分析　农业电子商务在中国的快速发展

农业电子商务在中国的快速发展为传统农业市场带来了新的机遇和挑战。通过 PEST 分析工具，可以从政治、经济、社会和技术四方面来探讨中国农业电子商务的竞争环境，以及它如何改善农业市场流通环节的突出矛盾，如图 3-4 所示。

农业电子商务作为一种先进的商业模式，能够有效改善中国农业市场流通环节的突出矛盾。通过 PEST 分析，看到在政治、经济、社会和技术四个方面的因素共同推动了农业电子商务的发展。尽管中国农业电子商务仍处于发展的初期阶段，但其潜力巨大，未来的发展需要企业在提升自身竞争力的同时，积极应对外部环境变化，以实现可持续发展。

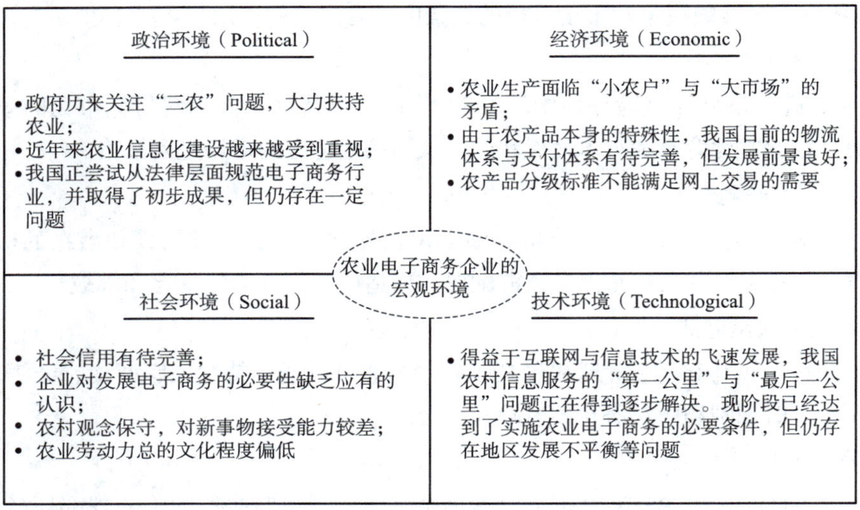

图 3-4　农业电子商务企业的宏观环境

根据分析结果，我们认为中国农业电子商务企业的发展战略应该考虑以下几个方面：

（1）企业应以国家政策为依托，在提供农业电子商务服务方面做出大胆尝试。

（2）企业应因地制宜，选择适合中国国情的农业电子商务模式。

（3）在一些国家规范尚不完善的领域，企业应以自身的努力来弥补。

（4）企业应加强宣传，引导农民用户转变传统的观念。

第四节　六顶思考帽法

“六顶思考帽”思维方式引入讨论式教学并非模式的创新，该思维方式早已被许多国家在学校教育领域内设为教学课程。同时，也被世界许多著名商业组织所采用，作为创造组织合力和创造力的通用工具。

“六顶思考帽”的思维方式已经在实践中逐渐验证了其可行性和实效性，所给出的思维方法和交流空间正是大学课堂教学所追求的旨向与核心，也是学生创造性培养的重要来源。鉴于教学思维模式的转化，相应的教学方法亦需要与之配合。如 PBL（problem based learning，基于问题的学习）教学法，是一种以学生为主体的典型教学方法，强调把学习置于复杂的有意义的问题情境中，让学习者以小组合作的形式共同解决。这样可以打破现行教学中的单一模式，促进学生思维方式的改变和习得知识策略的改变。

六顶思考帽法是一个全面思考问题的模型。它提供了“平行思维”的工具，避免将时间浪费在互相争执上。运用六顶思考帽法，将会使混乱的思考变得更清晰，使团体中无意义的争论变成集思广益的创造，使每个人变得富有创造性。

一、六顶思考帽的内涵

六顶思考帽是指使用六种不同颜色的帽子代表六种不同的思维模式，任何人都有能力使用这六种基本思维模式，六顶思考帽思维模型对照表见表 3-2。

表 3-2 六顶思考帽思维模型对照表

帽子颜色	象征意义	思维模式	核心功能	典型问题 / 行为
白色	中立与客观	事实导向型思维	收集数据、验证信息	“现有数据是什么？”“需要哪些事实支撑？”
绿色	创造力与可能性	发散性思维	创新提案、突破常规	“有没有其他可能性？”“如何打破现状？”
黄色	乐观与建设性	正向价值思维	评估收益、挖掘价值	“这个方案的优点是什么？”“潜在机会在哪？”
黑色	谨慎与风险意识	批判性思维	识别缺陷、防范风险	“可能存在哪些问题？”“逻辑漏洞在哪里？”
红色	情感与直觉	感性直觉思维	捕捉情绪、表达感受	“直觉告诉我什么？”“此刻的感受如何？”
蓝色	控制与组织	过程管理思维	流程规划、总结结论	“下一步该用什么帽子？”“如何达成共识？”

（1）白色思考帽。白色是中立而客观的。戴上白色思考帽，人们思考的是关注客观的事实和数据。

（2）绿色思考帽。绿色代表茵茵芳草，象征勃勃生机。绿色思考帽寓意创造力和想象力。具有创造性思考、头脑风暴、求异思维等功能。

（3）黄色思考帽。黄色代表价值与肯定。戴上黄色思考帽，人们从正面考虑问题，表达乐观的、满怀希望的、建设性的观点。

（4）黑色思考帽。戴上黑色思考帽，人们可以运用否定、怀疑、质疑的看法，合乎逻辑地进行批判，尽情发表负面的意见，找出逻辑上的错误。

（5）红色思考帽。红色是情感的色彩。戴上红色思考帽，人们可以表达自己的情绪，人们还可以表达直觉、感受、预感等方面的看法。

（6）蓝色思考帽。蓝色思考帽负责控制和调节思维过程。负责控制各种思考帽的使用顺序，规划和管理整个思考过程，并负责做出结论。

在决策过程中，蓝色帽子（管理）帮助我们从整体上把握决策的方向和结构。通过理性分析（白色+黑色+黄色），可以确保决策基于客观事实，充分评估风险和价值；通过感性表达（红色），可以更好地理解决策的情感影响；通过创新突破（绿色），可以探索新的可能性，寻找更优的解决方案。六顶思考帽决策流程是蓝色帽子首先规划讨论框架，按需调用其他颜色帽子（典型顺序：白→红→黄→黑→绿），最终由蓝色帽子整合结论。

在决策过程中，蓝色帽子（管理）起到指挥和总结的作用，帮助我们从整体上把握决策的结构和方向，如图 3-5 所示。

以下是基于蓝色帽子的决策维度分析框架，涵盖理性分析、感性表达、创新突破和总结四个方面。

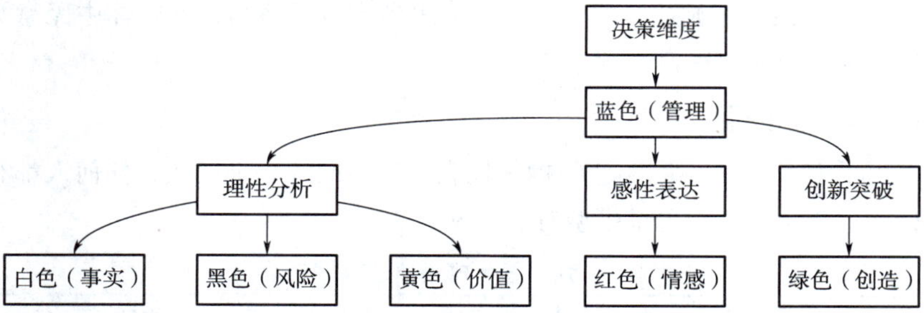

图 3-5　六顶思考帽决策维度

1. 理性分析→白色（事实）+ 黑色（风险）+ 黄色（价值）

理性分析是决策的基础，它要求人们从客观事实出发，全面评估风险和潜在价值。

（1）白色（事实）：基于客观数据和信息，明确决策的目标和背景（定义问题），获取与决策相关的事实和信息（收集数据），了解当前的环境和条件（分析现状）。

（2）黑色（风险）：评估潜在风险，找出可能影响决策的因素（识别风险），分析风险的严重性和可能性（评估风险），为潜在风险制定应对措施（制定预案）。

（3）黄色（价值）：挖掘潜在价值，分析决策可能带来的积极影响（评估机会），比较不同选择的优劣（权衡利弊），根据价值和风险，确定决策的优先顺序（确定优先级）。

2. 感性表达→红色（情感）

感性表达关注决策过程中的情感因素，帮助更好地理解决策对个人和他人的情感影响。

了解自己和他人在决策中的情感诉求（识别情感需求），评估决策对团队或个人的士气、满意度和动力的影响（考虑情感影响），在理性分析的基础上，考虑情感因素，确保决策既符合逻辑，又能获得支持（平衡理性与感性）。

3. 创新突破→绿色（创造）

创新突破是决策中的创造性环节，鼓励我们跳出传统思维，寻找新的解决方案。通过头脑风暴、逆向思维等方式，挖掘新的可能性（激发创造力），结合理性分析，评估创新方案的可行性和潜在价值。

4. 总结→蓝色（管理）

在决策过程中，蓝色帽子（管理）帮助从整体上把握决策的方向和结构。通过理性分析（白色 + 黑色 + 黄色），可以确保决策基于客观事实，充分评估风险和价值；通过感性表达（红色），可以更好地理解决策的情感影响；通过创新突破（绿色），可以探索新的可能性，寻找更优的解决方案。

最终，蓝色帽子的作用是将这些维度整合起来，确保决策过程既全面又高效，帮助做出更加明智的选择。

二、六顶思考帽的用处

六顶思考帽是一个操作简单、经过反复验证的思维工具，给人以热情，勇气和创造力，让每一次会议，每一次讨论，每一份报告，每一个决策都充满新意和生命力。这个工具能够帮助人们：

（1）提出建设性的观点。

（2）聆听别人的观点。

（3）从不同角度思考同一个问题，从而创造高效能的解决方案。

（4）用“平行思维”取代批判式思维和垂直思维。

（5）提高团队成员的集思广益能力，为统合综效提供操作工具。

三、六顶思考帽的操作要点

六顶思考帽的应用关键在于使用者用何种方式去排列帽子的顺序，也就是组织思考的流程。只有掌握了如何编织思考的流程，才能说是真正掌握了六顶思考帽的应用方法。对六顶思考帽理解的最大误区就是仅仅把思维分成六个不同颜色。

帽子顺序非常重要，我们可以想象一个人写文章的时候需要事先计划自己的结构提纲，才不会写得混乱；一个程序员在编制大段程序之前也需要先设计整个程序的模块流程。思维同样是这个道理。

在会议中的典型的应用步骤：

（1）陈述问题（白帽）；

（2）提出解决问题的方案（绿帽）；

（3）评估该方案的优点（黄帽）；

（4）列举该方案的缺点（黑帽）；

（5）对该方案进行直觉判断（红帽）；

（6）总结陈述，做出决策（蓝帽）。

六顶思考帽作为一种全面思考问题的模型，为我们提供了一种极具实用价值的思维工具。以下是一些建议，帮助我们在实际生活和工作中更有效地利用这一工具：

明确目标与问题。在使用六顶思考帽之前，首先要明确目标是什么，以及面临的具体问题是什么。这将有助于确定需要使用哪些思考帽，以及如何组合使用它们。

选择合适的思考帽。根据问题的性质和目标的需求，选择合适的思考帽。例如，如果需要分析一个复杂问题的潜在风险，那么黑色思考帽将是一个不错的选择；而如果需要激发创意，那么绿色思考帽将能提供帮助。

组合使用多顶思考帽。在实际应用中，往往需要组合使用多顶思考帽。可以根据问题的复杂性和需求，灵活搭配不同的思考帽。例如，可以先用白色思考帽收集事实和数据，再用绿色思考帽提出创新的解决方案，最后用黄色思考帽评估方案的可行性和价值。

培养团队和个人使用习惯。要有效利用六顶思考帽，需要培养团队和个人使用这一工具的习惯和能力。可以在团队讨论、项目规划等场合中引入六顶思考帽，让团队成员逐渐熟悉并掌握这一工具。同时，也可以在个人思考过程中运用六顶思考帽，提高自己的思维能力和决策水平。

保持开放与灵活。在使用六顶思考帽时，要保持开放和灵活的心态。不要拘泥于固定的思维模式和框架，而是要根据实际情况和需求，灵活运用各种思考帽。同时，也要鼓励团队成员提出不同的观点和想法，激发团队的创造力和创新精神。

四、六顶思考帽的应用场景

六顶思考帽的使用并不受限于特定的条件，它可以在各种情境下灵活运用。无论是单独使用某一顶帽子解决特定问题，还是组合使用多顶帽子应对复杂挑战，关键在于明确当前的目标和需求。蓝色思考帽在这一过程中扮演着至关重要的角色，它需要根据实际情况，选择合适的思考帽，引导团队或个人进行有效的思考。

六顶思考帽的应用场景主要体现在以下几个方面：

1. 项目规划

在项目规划阶段，团队成员可以分别戴上不同颜色的思考帽，全面考虑项目的目标、资源、风险、机会等各个方面。这种方法有助于避免思维盲区，确保项目规划的全面性和前瞻性。

2. 团队讨论

在团队讨论中，轮流戴不同颜色的思考帽，可以鼓励每个成员从不同的角度发表观点。这有助于打破思维定式，激发创新思维，促进团队共识的形成。

3. 解决冲突

在处理冲突时，运用红帽和黑帽思考帽，可以让争执双方坦诚地表达感受和立场，理性地分析问题和风险。这有助于化解矛盾，找到双方都能接受的解决方案。

4. 创新工作坊

在创新工作坊中，绿帽思考帽是激发创意的利器。通过戴上绿帽，参与者可以自由地发散思维，提出各种新颖的解决方案。这有助于激发团队的创造力，推动创新成果的产生。

综上所述，要有效利用六顶思考帽，需要明确目标与问题、选择合适的思考帽、组合使用多顶思考帽、培养团队和个人使用习惯以及保持开放与灵活的心态。通过不断实践和运用，将能够充分发挥六顶思考帽的作用，提高自己和团队的思维能力和决策水平。

案例分析　六顶思考帽关于就业模式选择的决策应用

1. 蓝色帽子（指挥）：技术变革与就业模式的选择

在当今技术变革的浪潮中，就业模式正发生深刻变化。劳动者面临雇员、雇主和自雇等多种选择，每种模式都有其独特的优势与挑战。本文将从环境变革、创业机会和就业模式三个方面展开分析，探讨技术变革对就业的影响，并为劳动者提供选择建议。

2. 白色帽子（陈述问题与事实）：环境变革与就业趋势

技术变革尤其是数字技术的发展，正在重塑就业环境。数字化技术推动了智慧城市建设，创造了大量新的就业机会。同时，数字经济催生了新产业、新业态和新商业模式，如直播带货、预制菜配送、精酿啤酒等，这些领域为劳动者提供了灵活的就业选择。

然而，技术变革也带来了挑战。自动化和人工智能的发展导致部分传统岗位被替代，就业结构呈现“两极化”趋势：高技能岗位需求增加，低技能岗位逐渐减少。

3. 红色帽子（直觉 / 情感判断该方案）：创业机会的机遇与挑战

数字经济为创业带来了前所未有的机遇。数字平台降低了创业门槛，提供了全球化的市场渠道，使得创业者能够更高效地获取资源和对接市场。例如，直播带货和短视频带货成为热门轻资产创业项目，适合网感好且执行力强的创业者。

此外，政府也在积极推动创业支持政策，通过创业孵化体系和资源对接平台，帮助创业者克服资金和技术难题。

然而，创业也面临诸多挑战。技术更新换代快，创业者需要不断投入资源以保持竞争力。同时，市场竞争激烈，创业失败率较高，创业者需要具备较强的抗风险能力和资源整合能力。

4. 黄色帽子（评估该方案优势）：不同就业模式的优势

雇员模式。雇员模式的优势在于稳定性和福利保障。劳动者能够获得固定的收入、系统的培训和职业发展机会。这种模式适合追求稳定工作的人群。

自雇模式。自雇模式的优势在于灵活性和自主性。劳动者可以根据自身兴趣和能力选择工作内容和时间。这种模式适合喜欢自由职业、具备自我管理能力的人群。

雇主模式。雇主模式的优势在于经济回报高和自主性强。创业者能够充分发挥个人的创造力和资源整合能力。这种模式适合具备创新精神和资源整合能力的人群。

5. 黑色帽子（列举该方案缺点与风险）：不同就业模式的风险

雇员模式。雇员模式的缺点在于职业发展可能受限于企业的组织架构，缺乏自主性。此外，随着技术变革，传统岗位被替代的风险也在增加。

自雇模式。自雇模式的缺点在于收入不稳定，缺乏福利保障。劳动者需要不断提升技能以适应市场变化。

雇主模式。雇主模式的缺点在于创业风险高，市场竞争激烈。创业者需要面对资金短缺、技术更新快等问题。

6. 绿色帽子（提出解决方案与创新）：未来就业趋势与劳动者选择

未来，随着技术的进一步发展，就业模式将更加多元化。劳动者需要不断提升自身技能，增强适应能力。例如，数字化技术对从业者的技能要求不断提高，劳动者需要掌握数字技能、数据分析能力和跨学科知识。此外，劳动者还需要树立终身学习的理念，以应对快速变化的就业市场。

7. 蓝色帽子（总结）：技术变革下的就业选择

在技术变革的背景下，劳动者面临着多样化的就业选择。雇员模式适合追求稳定和福利保障的人群；自雇模式适合喜欢自由职业、具备自我管理能力的人群；雇主模式适合具备创新精神和资源整合能力的创业者。劳动者应根据自身兴趣、能力和市场需求，选择适合自己的就业模式，以实现自身价值的最大化。

注：蓝色帽子代表的是对思考过程的控制和管理，其定位主要是发挥指挥和引导的作用。

思考题

1. 商业模式画布的九个构成要素分别是什么？请以你熟悉的一个企业为例，分析其商业模式画布的各个部分。

2. SWOT 分析的四个核心要素是什么？请结合实际案例，分析一个企业如何利用 SWOT 分析制定战略。

3. PEST 分析的四个维度分别指什么？请从政治、经济、社会和技术四个方面，分析一个行业或企业的宏观环境。

4. 六顶思考帽法的六种颜色分别代表什么思维模式？请以一个具体的创业项目为例，运用六顶思考帽法进行分析和决策。

5. 请比较商业模式画布、SWOT 分析、PEST 分析和六顶思考帽法这四种工具的使用场景和价值，说明在什么情况下你会选择使用哪一种工具。

第四章

市场调研与产品定位

如果你不了解市场，你就不了解企业。
——杰克·韦尔奇（通用电气公司前 CEO）

在商业的广阔天地中，每一个成功的企业背后，都离不开对市场的深刻洞察和对产品的精准定位。市场调研与产品定位不仅是企业战略规划的起点，更是企业与消费者心灵相通的桥梁。这一章，我们将深入探讨如何通过细致的市场调研来捕捉消费者的真实需求，如何通过精准的产品定位来满足这些需求，并在激烈的市场竞争中脱颖而出。

市场调研是洞察市场脉动的窗口，它帮助我们理解消费者的行为、偏好和未被满足的需求。通过市场调研，企业能够收集到宝贵的数据和信息，这些数据和信息是制定有效营销策略和产品开发计划的基础。而产品定位则是将这些洞察转化为具体行动的指南，它决定了产品如何在消费者心中占据一席之地，如何在众多竞争对手中被识别和选择。

第一节　市场调研概述

一、市场调研的概念

市场调研（marketing research）是运用科学的方法，有目的、有计划地收集、整理、分析有关供求、资源的各种情报、信息、资料。它把握供求现状和发展趋势，为制定营销策略和企业决策提供正确依据。

市场调研的源起可以追溯到 20 世纪初期，随着营销理论研究在美国的逐渐兴起，市场调研开始作为一项重要的研究内容得到重视。特别是柏林写出了具有里程碑意义的《销售机会》一书。他率先把市场调研理论和实践结合起来，为市场调研的后续发展奠定了坚实的基础。进入 20 世纪 30 年代，随着美国营销理论研究和实践的快速发展，市场调研理论得到了进一步的完善。一批有影响力的市场调研著作开始产生，这些著作不仅丰富了市场调研的理论体系，还为企业制定科学的促销策略和生产经营策略提供了重要的指导。此后，市场调研逐渐成为企业自觉的行为，越来越多的企业开始重视通过收集市场信息，特别是消费者信息，来指导企业的营销活动。这一转变不仅推动了市场调研业的快速发展，还使得市场调研理论在全球范围内得到了广泛的传播和应用。

二、市场调研的重要作用

市场调研在创业过程中非常重要，其主要作用如下：

（一）了解市场需求和趋势

市场调研可以帮助创业者了解目标市场的需求和趋势，包括消费者偏好、产品需求、市场规模和增长趋势等。这有助于创业者根据市场需求调整产品策略，抓住市场机会。

（二）评估市场竞争和格局

市场调研可以帮助创业者全面了解竞争对手的情况和市场格局，包括竞争对手的产品特点、定价策略、市场份额等。这有助于创业者制定竞争策略，提高竞争力。

（三）指导产品定位和开发

市场调研可以帮助创业者确定产品的定位和市场定位，明确产品的目标用户和核心竞争力。这有助于创业者更好地开发产品，满足市场需求。

（四）支持营销推广和销售

市场调研可以为营销推广和销售活动提供重要支持，包括确定营销目标、选择营销渠道、制定销售策略等。这有助于创业者提高市场知名度和销售额。

（五）降低商业风险

市场调研可以帮助创业者全面评估市场环境和商业机会，及时发现潜在风险和问题，提前做好准备和规避措施，降低商业风险。

（六）优化资源配置和投资决策

市场调研可以帮助创业者更科学地配置资源和制定投资决策，避免资源的浪费和投资的盲目性。这有助于提高投资的效益和回报率。

（七）提高商业成功的机会

总地来说，市场调研可以帮助创业者更好地了解市场情况，制定更合理的商业战略和方案，降低商业风险，提高商业成功的概率。

三、市场调研的类型

市场调研是企业获取市场信息、制定营销策略的重要手段。根据不同的划分标准，市场调研可以分为多种类型。

（一）按调研方法划分

1. 定量调研

通过标准化的问卷、电话调研等方式，向大量受访者收集数据，进行统计分析，以得出结论。这种调研方法能够收集到客观、量化的数据，便于统计分析和比较，但可能无法深入了解受访者的真实想法。

2. 定性调研

通过访谈、观察等方式，从开放性的问题了解受访者的看法和体验，获取详细、深入的信息。这种调研方法能够深入了解受访者的真实想法和感受，但受样本量和主观因素的影响较大。

（二）按调研目的划分

1. 消费者需求调研

了解消费者对产品的需求、偏好和购买行为，为企业制定产品策略和营销策略提供依据。

2. 市场竞争调研

了解竞争对手的产品、价格、渠道、促销等策略，为企业制定竞争策略提供参考。

（三）按调研对象划分

1. 消费者调研

针对消费者进行的调研，了解他们的需求、态度和行为。

2. 行业调研

针对整个行业进行的调研，了解行业的发展趋势、市场规模和竞争格局。

（四）按调研范围划分

1. 全面调研

对整个市场或所有消费者进行的调研，以获取全面的市场信息。

2. 抽样调研

从总体中抽取一部分样本进行调研，以推断总体的特征。这种方法可以节省成本和时间，但需要注意样本的代表性和偏差。

（五）按调研时间划分

1. 横断面调研

在某个时间点对市场或消费者进行的调研，了解当时的市场状况或消费者需求。

2. 追踪调研

在一段时间内对市场或消费者进行持续的调研，了解市场的变化趋势或消费者需求的变化。

总之，市场调研的类型多种多样，企业应根据自身的需求和目的选择合适的调研类型和方法。同时，在进行市场调研时，也应注重调研过程的科学性和严谨性，确保调研结果的可靠性和有效性。

第二节 市场调研程序

一、确定调研目标

市场调研的第一个阶段是要确定调研目标。在不同的调查背景下，确定调研目标的工作难度是不同的。调研目标是调研项目进展的指导方针，是评价调研质量的尺度。因此，必须如实搞清所要调研的目标是什么，即在对调研目标的背景资料进行分析之后，为了保证调研结果的实用性和正确性，确定具体的调研目标。

二、设计调研方案

调研方案是调研项目实施的行动纲领，为回答具体问题提供了框架结构，保证了调研工作的顺利进行。调研方案将调研目标转化为具体的操作计划和实施步骤，确保调研工作能够有条不紊地进行。通过合理的调研方案设计，可以在对调研工作进行合理的规划和安排、充分利用有限的资源和时间的同时保证调研过程中各个环节的衔接和协调，最终实现调研目标。一份完整的调研方案通常包括以下内容：

1. 确定资料来源

制订项目调研计划必须考虑资料的来源。调研资料按其来源不同，可分为第一手资料和第二手资料。第一手资料是指为了一定的目的采集所得的原始资料。采用第一手资料的费用比较高，但是资料的价值相当大。这种资料常常来自现场的调研。第二手资料是指为了其他目的而采集的现成资料。在现代的项目调研中，往往采用第二手资料。因为二手资料比较方便获取，而且成本比较低。

2. 设计具体调研内容

设计具体调研内容指的是根据市场调研的目标和需求，系统地确定需要调研的具体问题、主题和领域。通过设计具体的调研内容，可以确保调研工作与实际需求相契合，有针对性地解决问题和获取信息，提高调研的有效性。

3. 设定调研的时间表

设计调研的时间表指的是制定调研工作的时间安排和计划，明确各项调研任务的开始时间、持续时间和完成时间。通过设计时间表，可以合理安排调研工作的流程和顺序，明确各项任务的执行顺序和关联关系，确保调研工作按时完成。

4. 确定调研对象和调研人员

调研对象指的是需要接受调研的个体或群体，即调研的目标群体。调研对象可以是消费者、客户、企业、行业机构、专家学者等，取决于调研的具体目的和内容。调研人员指的是参与调研工作的人员，他们需要具备相应的调研能力和技能，负责实施调研工作、收集数据、分析信息，并撰写调研报告。

5. 说明调研预算

项目调研需要一定的费用支出，这样便要合理地制定费用预算，以确保调研费用支出小于调研后产生的收益。

6. 确定调研类型

（1）探索性调研设计。是指在没有特定的结构并且是非正式的方法下进行的调研设计，通常被用于深入了解并界定问题或追踪和寻求市场机会。探索性研究的目的是要获得对所研究问题及调查对象的初步印象和感性认识，以便为此后更周密、更深入的研究提供基础和方向。

（2）描述性调研设计。是指以描述研究对象的特征、功能、属性等为目的而进行的调研设计，研究范围包括：研究对象的态度、行为、对企业的评价，以及竞争者的一些基本情况。

（3）因果性调研设计。是指通过多种因素的研究来确定问题产生的原因而进行的调研设计。调研人员需要考察一个变量是否影响另一变量，以及变量之间是否存在某种相关关系。

7. 选择调研方法

（1）文案法：是指通过查阅收集历史和现实的各种信息情报资料，并经过甄别统计分析得到的调研者想要得到的各种资料的一种调研方法。

（2）问卷法：是指调研者通过统一设计的问卷来向被调研者了解情况、征询意见的一种资料收集方法。

（3）访问法：是指将所拟调研的事项以当面、电话或书面方式向被调研者提出询问，以获得所需资料的调研方法。

（4）观察法：观察法是一种单向调研行为，主要是由项目调研人员通过直接观察进行实地记录，以获取所需的资料。

（5）实验法：市场调研者有目的、有意识地改变一个或几个影响因素来观察市场现象在这些因素影响下的变动情况，以认识市场现象的本质特征和发展规律。

在选择调研方法时，需要考虑调研对象的特点、调研环境的实际情况以及所需数据的类型和精度。同时，还需要评估所选方法能否有效收集到所需信息，并满足调研目的和需求。

三、方案的测试与完善

在市场调研方案设计完成后，进行方案的测试与完善是确保调研质量和成果可靠性的关键步骤。通过系统性的测试和反馈机制，可以有效提高调研的实施效率和结果的可信度，确保调研过程中的数据质量和分析的有效性。

（一）方案测试的关键步骤

1. 预测试

在正式实施市场调研之前，进行预测试是必不可少的步骤。预测试的主要目的是验证调研工具和方法的有效性，发现可能存在的问题并及时调整。通常，预测试选择小样本进行，通过模拟实际调研环境，评估问卷设计的清晰度、问题的理解性以及整体调研流程的顺畅性。通过预测试，可以有效减少在正式调研中可能遇到的错误和偏差，确保调研工具和方法的科学性和操作性。

2. 数据质量控制与分析

在实际数据收集过程中，数据质量控制是确保调研结果可信度的重要保障。包括逻辑验证、数据清洗和校验机制等措施，帮助识别和纠正数据中的问题和错误，确保最终数据的完整性和准确性。数据分析阶段，通过统计方法和质量评估，对收集到的数据进行深入分析，揭示市场趋势和消费者行为，为后续决策提供可靠的数据支持。

（二）方案完善的策略和实施

1. 复审与修改

根据预测试的结果，复审调研工具和方法，进行必要的修改和优化。通过综合分析预测试收集的数据和反馈意见，评估问卷设计的准确性和完整性，调整问题顺序和语言表达。以确保调研工具和方法在正式实施时能够有效获取所需信息，并减少误解或偏差。

2. 团队讨论和审查

团队讨论和审查是完善市场调研方案的重要环节。通过邀请相关专家和团队成员参与讨论，评估调研方案的科学性和实施计划的合理性。在讨论中，可以提出不同的见解和建议，从多角度审视调研设计和方法的优缺点，优化调研流程和数据收集策略，确保调研过程中的全面性和系统性。

3. 实地测试和调整

在正式实施市场调研之前，进行实地测试和调整是确保调研方案有效性的关键步骤。通过选择小规模的样本群体，测试调研工具和方法在实际操作中的可行性和实用性。实地测试可以发现和解决实施过程中可能遇到的挑战和问题，优化数据收集和分析流程，确保调研结果的科学性和客观性。

市场调研是一个动态过程，调研方案的持续优化和改进至关重要。随着市场环境和消费者行为的变化，调研方法和工具需要不断调整和更新，以适应新的挑战和机遇。通过系统性的反馈和学习，不断改进调研方案的设计和实施，提升调研效果和结果的质量，为企业的战略决策和业务发展提供有力支持。

四、正式调研

（一）准备工作

1. 确定调研目标和问题

在进入正式调研阶段之前，确认和明确调研的具体目标和核心问题至关重要。调研目标应与企业战略和决策紧密对接，问题设计应能够全面、系统地探索市场环境、竞争态势和消费者需求。

2. 确定样本和数据收集方式

根据预定的调研目标和问题，确定适合的样本规模和数据收集方式。样本的选择应具备代表性和统计学意义，数据收集方式可以包括问卷调研、深度访谈、焦点小组讨论等，以确保能够获取多样化和全面的信息。

3. 确保调研工具和流程的准备

在调研正式开始前，确保所有调研工具（如问卷、访谈指南）和调研流程已经准备就绪。调研工具应清晰、简洁，并经过预测试和修订，以确保调研过程中的顺畅和信息的有效获取。

（二）实施调研

1. 数据收集和记录

根据预定的调研计划和流程，开始数据的收集和记录工作。确保在实地调研中严格按照预定的步骤和方法进行操作，保证数据的完整性和准确性。在数据收集过程中，及时记录关键信息和观察结果，为后续数据分析和报告撰写做好准备。

2. 管理和监控调研进展

有效的调研管理和监控是保障调研质量的关键环节。通过设立调研进展的监控机制，及时发现和解决调研过程中可能出现的问题和挑战。确保数据收集的进度符合预期，并在必要时进行调整和优化，以确保调研工作的高效完成。

五、完成数据采集

数据收集指的是在市场调研过程中，采集和获取相关数据和信息的过程。这些数据和信息可以有不同的来源，如问卷调研、访谈、观察、文献研究、统计资料等，用于支持调研目标的实现和问题的解决。我们知道，产品功能与市场定位是创业成败的关键环节之一，必须通过市场调研获取各类数据，刻画消费者的特征及其需求痛点，了解竞品的优势、劣势等情况，进而对产品进行定位，彰显产品价值，参见图 4-1 所示。通过调研发现，“90 后”妈妈关注成分安全的价值诉求，决定了“无添加”母婴产品的价值定位。

图 4-1　数据采集与产品定位链路

数据资料的收集阶段往往费用很高，但对整个项目活动的开展具有重要意义，调研主管人员必须监督现场的工作，采取相应的措施防止失真信息的出现。这一过程涉及结构化数据和非结构化数据的收集，每种类型的数据都有其独特的特点和应用场景。

1. 结构化数据

结构化数据是指可以按照固定模式和格式组织的数据，通常存储在数据库或电子表格中，并且易于分析和处理。在市场调研中，结构化数据的特点包括：

（1）数据来源：可以通过内部数据库、行业报告、市场研究公司提供的数据等渠道获取。

（2）数据类型：包括市场规模、销售数据、消费者调查结果等具体数字或指标。

（3）应用场景：适用于定量分析，可以进行统计分析、趋势分析、关联分析等，以提供量化的市场洞察和预测。

2. 非结构化数据

非结构化数据指的是不以固定格式或模式组织的数据，例如文本、图像、视频、社交媒体评论等。在市场调研中，非结构化数据的特点包括：

（1）数据来源：来自在线社交媒体、用户评论、采访记录、市场观察等多种渠道。

（2）数据类型：可能是自由形式的文本、图片或视频内容，通常需要通过文本挖掘、情感分析、内容分析等技术进行处理和理解。

（3）应用场景：适用于深度洞察和理解，能够揭示消费者行为背后的情感和态度，帮助识别新趋势和消费者需求的变化。

3. 数据采集的关键步骤和考虑因素

无论是结构化数据还是非结构化数据，数据采集过程都需要考虑以下几个关键步骤和因素：

（1）明确目标和需求：确定需要收集的数据类型、数量和质量要求，以支持调研的目标和问题解决。

（2）选择合适的数据来源：根据调研的性质和目的，选择适合的数据来源和渠道，确保数据的准确性和可靠性。

（3）设计数据采集工具和方法：包括问卷设计、采访指南、数据抓取工具等，根据所选数据类型和样本群体特征进行设计。

（4）数据采集执行：按照设计的数据采集工具和方法进行实施，确保数据的完整性和一致性。

（5）数据处理和分析：对采集到的数据进行清洗、整理和分析，转化为可用于决策的信息和见解。

（6）保护数据安全和隐私：遵守相关法律法规，保护参与者的数据安全和个人隐私，采取措施防止数据泄露和滥用。

第三节 调研数据处理与分析

收集的数据资料要经过一个去伪存真、去粗取精和科学加工处理的过程，以保证分析工作的客观性，从而更好地保障整个项目活动的顺利进行。数据资料经过收集、加工、处理之后，要对其进行分析，以找出具有普遍意义的规律性。随着网络技术和计算机技术的发展，出现了数据处理软件，这为项目调研工作带来了便利，不仅缩短了分析的时间，而且提高了工作效率。

一、数据处理流程

（一）数据清洗

数据清洗是数据分析与处理的第一步，也是非常重要的一步。在这一阶段，我们需要检查数据的完整性、一致性、准确性和可靠性。具体来说，就是要剔除异常数据、填充缺失数据、调整数据格式等。例如，对于问卷调研的数据，需要剔除那些填写不完整或者明显错误的问卷；对于销售数据，需要填充那些缺失的销售额或者将其他数据格式转化为统一的格式。

在数据清洗的过程中，可以使用一些工具来提高效率，如 Excel 的数据筛选和排序功能，可以快速找出异常数据和缺失数据；Python 的 pandas 库提供了丰富的数据处理函数，可以方便地进行数据清洗和预处理。

（二）数据转换

数据转换是指将原始数据转化为更适合分析的形式。常用的数据转换方法包括数据的重编码、归一化、标准化和聚合。例如，可以将性别用“0”和“1”来表示，将年龄进行分段编码，将销售额进行归一化处理等。通过数据转换，可以降低数据的复杂性，提升分析的效果。

在数据转换的过程中，同样可以使用一些工具来辅助操作，如 Excel 的公式和函数功能，可以进行简单的数据转换；Python 的 pandas 库和 numpy 库提供了更强大的数据处理能力，可以实现复杂的数据转换和计算。

（三）数据整合

数据整合是指将来自不同来源或不同格式的数据整合为一致的格式。在调研中，可能会从不同的渠道收集数据，如问卷调研、访谈、观察等。这些数据可能存在格式不一致、内容重复等问题。因此，需要进行数据整合，将不同来源的数据合并为一个统一的数据集，方便后续的分析。

在数据整合的过程中，可以使用 SQL 来查询和整合数据库中的数据；Python 的 pandas 库也提供了强大的数据合并和连接功能，可以方便地将不同来源的数据整合在一起。

（四）数据分析

数据分析是数据处理与分析的核心环节。在这一阶段，需要根据调研的目的和需要选择合适的数据分析方法。常用的数据分析方法包括对比分析法、分组分析法、结构分析法、交叉分析法等。例如：可以使用对比分析法来比较不同产品或者不同市场的销售额；可以使用分组分析法来将消费者按照不同的特征进行分类；可以使用结构分析法来分析销售额的构成等。

（五）数据可视化

数据可视化旨在通过图形、图像等技术手段，将数据以直观、易于理解的方式呈现出来，以便更好地发现数据中的规律和趋势。在数据可视化方面，常用的工具包括 Excel、Tableau、Power

BI 等，这些工具提供了丰富的图表类型和可视化效果，可以帮助用户快速地将数据转化为图表或图像。同时，还有一些在线数据可视化工具，如 Google Chart API、Flot、Raphael 等，这些工具可以方便地嵌入网页或应用程序中，实现数据的实时可视化和交互。

对于复杂的数据分析和挖掘任务，常用的方法和工具也非常丰富。例如，可以通过统计分析、机器学习等方法来构建模型，并使用 Python、R 等编程语言或 SAS、SPSS 等软件工具来实现。这些方法和工具可以帮助用户深入挖掘数据中的潜在信息，并得出有建设性的结论。SQL 也可以用于对数据库中的数据进行查询和统计分析。

通过对调研数据进行分析与处理，可以从大量的数据中提取有价值的信息，为决策提供支持。在数据分析与处理的过程中，需要掌握数据清洗、数据转换、数据整合、数据分析等步骤，并熟练使用相关的工具和软件。同时，也需要不断学习和探索新的数据分析方法和工具，以适应不断变化的数据分析需求。

二、数据异常值的概念、作用和处理

（一）数据异常值的概念

数据异常值指的是在数据集中与其他观察值显著不同的数值，通常远离其他数据点或整体数据分布的数值。它们可能是真实存在的极端情况，也可能是由于错误、异常事件或系统问题引起的。异常值可能会对数据分析和统计模型产生不良影响，因此在数据处理和分析过程中，通常需要检测、理解和处理这些异常值。

（二）数据异常值的作用

数据采集过程中发现的异常值往往可以蕴含重要的信息和见解。虽然异常值可能会影响数据分析的结果，但有时它们反映的是特定情况或者重要的极端事件，具有不可忽视的价值和意义。以下是一些关于异常值所蕴含信息的观点和实际应用：

1. 发现市场变化和趋势

异常值可能反映市场中的变化和趋势，特别是在经济波动、市场风险增加或新产品上市等情况下。通过分析异常值，可以及时捕捉到市场的变化信号，帮助企业调整策略或采取应对措施。

2. 挖掘消费者行为和偏好

在市场调研中，异常值可能揭示了消费者的特定行为模式或偏好变化。例如，异常的销售数据可能指示着特定产品在某一时间段内的异常需求增长，这可能与某项推广活动或消费者需求变化有关。

3. 发现竞争对手策略

异常值也可能反映竞争对手的策略调整或市场行为。通过分析市场份额或营收数据的异常变化，可以推断竞争对手可能采取了新的市场进攻策略或推出了新产品，从而帮助企业做出相应应对。

4. 识别潜在机会和威胁

异常值不仅可以指示市场的变化和趋势，还可以帮助企业识别潜在的机会和威胁。例如，异常的市场需求增长可能意味着市场上的新机会，而异常的销售下降可能暗示着市场上的激烈竞争或消费者行为变化。

5. 改进市场策略和决策

最重要的是，异常值的分析可以帮助企业更好地制定市场策略和决策。通过理解异常值背后的原因和影响，企业可以调整营销策略、优化产品组合、改进客户服务，从而更有效地应对市场变化和挑战。

综上，数据采集过程中发现的异常值并非简单的错误或噪声，而是可能蕴含着深刻的市场洞察和战略意义。因此，在处理异常值时，企业应综合考虑其可能带来的信息价值，并通过合理的分析方法和策略性的处理，将其转化为有利于业务发展和竞争优势的因素。

（三）数据异常值的处理

处理市场调研中数据中的异常值是确保分析结果准确性和可靠性的关键步骤。以下是处理数据异常值的方法和步骤：

1. 确认异常值

首先，需要识别和确认数据中的异常值。异常值可能是由于数据录入错误、设备故障、样本选择问题或者真实但特殊的情况导致的。

2. 数据可视化和统计分析

利用数据可视化工具（如箱线图、散点图）和统计方法（如描述性统计量）对数据进行分析，以识别潜在的异常值。通过这些方法可以直观地查看数据分布和可能存在的异常情况。异常值检测方法通常有以下几种：

（1）基于统计的方法：如 Grubbs 检验、Z-score 检验等，这些方法假设数据是正态分布的，通过计算统计值来识别异常值。

（2）基于可视化的方法：如箱线图（boxplot），可以直观地显示数据的分布和异常值。

（3）基于密度的方法：如 LOF（local outlier factor）等，这些方法通过计算数据点的局部密度来识别异常值。

3. 确认异常值的合理性

在决定处理异常值之前，需要确认其是否合理和真实。有时，看似异常的数据点可能反映了真实的特定情况或者重要的极端事件，这些情况下应保留异常值并进行进一步的分析。

4. 处理异常值的方法

一旦确认了异常值并决定需要处理，可以考虑以下常见方法：

（1）删除异常值：对于明显不合理或者对分析结果影响较大的异常值，可以选择删除。这适用于数据录入错误或设备故障等导致的异常情况。

（2）替换异常值：使用合适的替换方法来代替异常值，例如用平均值、中位数或者利用插值方法（如线性插值或多项式插值）来替换异常值。

（3）分箱处理：将数据分成若干个区间，把落在某一区间的数据看作一个整体来处理。这样可以避免异常值对整个数据集的影响。

（4）使用模型处理：如决策树、随机森林等模型可以自动识别并处理异常值。

5. 使用统计方法或模型处理

可以利用统计方法或建立模型来处理异常值。例如，利用基于分布的方法检测和修正异常值，或者利用回归模型或异常检测算法识别和处理异常值。

6. 记录和报告处理过程

处理异常值的过程应详细记录，包括异常值的识别、处理方法和最终的数据结果。这有助于审查和验证数据处理的过程，确保整个分析过程的透明性和可重复性。

通过以上方法，可以有效处理市场调研中数据的异常值，提高数据分析的质量和可靠性，确保分析结果能够准确反映市场情况，为决策提供科学依据。在市场调研阶段的深入分析和数据收集之后，确定目标市场是进一步推进市场战略的关键步骤。通过对市场细分和潜在机会的理解，企业可以精确地定位最具有战略意义和可持续发展潜力的市场。接下来，将探讨如何从丰富的市场调研数据中提炼出合适的目标市场，以实现市场份额的增长和品牌影响力的提升。

三、数据分析与目标市场的确立

在信息过载的商业环境中，目标市场的确立不再是基于直觉的“盲选”，而是依托数据分析的精密导航。通过构建“数据采集—模型解析—动态验证”的闭环体系，揭示如何将海量信息转化为精准的市场定位决策，并通过星巴克等案例验证该框架的有效性。

（一）数据驱动的市场洞察体系

星巴克通过门店 POS 系统采集消费者停留时长数据，发现上午 10 ～ 11 点“办公型顾客”占比达 62%，据此优化电源插座布局与轻食套餐组合。传统标签体系如静态的人口属性标签（年龄、性别）无法解释消费动机差异，而必须结合动态行为聚类模型数据分析，量化群体特征指标，如：咖啡极客群体（12%），关注豆种溯源、冲煮技法，愿支付 30% 溢价；场景依赖群体（58%），优先选择有充电插座、安静环境的门店。表 4-1 所示为多维度数据源捕获。

表 4-1　多维度数据源捕获

数据类型	采集方式	商业价值
消费者行为数据	会员系统 /App 埋点	识别购买频次、时段偏好
情感倾向数据	社交媒体 NLP 分析	挖掘未被满足的潜在需求
竞争态势数据	爬虫抓取 + 财报解析	发现对手的价值链薄弱环节
宏观趋势数据	政府统计 + 行业白皮书	预判市场容量与政策红利

当传统市场调查方法在 VUCA [volatility（易变性）、uncertainty（不确定性）、complexity（复杂性）和 ambiguity（模糊性）] 时代逐渐失灵时，企业需要构建“感知—解析—响应”的数据智能中枢，这不仅适用于消费品行业，更为 B2B、公共服务等领域的市场定位提供普适性方法论。未来的竞争，本质上是数据转化为市场洞察的效率之争。

（二）数据驱动下的战略定位体系重构

在当今数据驱动的商业环境中，企业战略定位体系的重构变得尤为关键。随着市场动态性的增强，传统的基于人口统计学的市场细分方法，如按照年龄和性别进行划分，已经无法满足企业对市场精准定位的需求。因此，一种新型的市场细分方法——数据驱动的“行为—场景—情感”三维细分——应运而生，它能够更精确地捕捉消费者的个性化需求和偏好。

动态市场细分的核心在于其能够根据消费者的行为模式、所处的场景以及情感状态进行实时分析和分类，极大提升其对市场细分的动态性和精准性。通过运用高级数据分析技术，企业能够实现对市场的实时监控和快速响应，从而在竞争激烈的市场中获得优势。以星巴克为例，通过应用 DBSCAN（density-based spatial clustering of applications with noise）聚类算法，星巴克成功识别了两个关键的消费者群体：“咖啡极客群体”和“场景依赖群体”。其中，“咖啡极客群体”约占总消费者比例的 12%，这一群体对咖啡的品质和制作过程有着极高的要求，他们追求的是咖啡的纯粹和专业。而“场景依赖群体”则占据了 58% 的比例，这一群体的消费者更注重咖啡消费的场景体验，如工作、休闲或社交等。

这种基于数据驱动的市场细分方法的战略价值在于，它使得目标市场的选择从静态的归类升级为实时演化的动态标签系统。这种动态标签系统能够根据市场环境和消费者行为的变化进行自我调整和优化，从而帮助企业更准确地定位目标市场，提高市场响应速度和营销效率。

数据驱动下的战略定位体系重构，不仅提升了企业对市场的理解和响应能力，也为企业提供了一个更加精准和动态的市场定位工具，从而在激烈的市场竞争中获得优势。

（三）能力—需求匹配度算法

在现代企业管理中，构建一个量化模型以评估企业核心竞争力与市场需求之间的匹配度是至关重要的。这种模型能够帮助企业识别其在特定市场领域中的竞争优势，并据此制定战略决策。

以下是一个基于 Python 编程语言实现的能力–需求匹配度算法的描述：通过定义一个函数 competency_fit 来计算企业能力与市场需求的匹配度。函数接收两个参数：resource_score（企业资源能力评分）和 demand_intensity（市场需求强度指数，DSI）。匹配度的计算公式为：匹配度 = 0.6 × resource_score + 0.4 × demand_intensity。此公式赋予企业资源能力评分 60% 的权重，而市场需求强度指数则占 40% 的权重。这种权重分配反映了在战略决策中，企业内部资源与外部市场需求都是至关重要的因素。

以星巴克为例，我们可以应用上述算法来分析其在全球供应链体系中的资源优势以及对第三空间办公场景的需求强度。星巴克的全球供应链体系被评为 0.85 分，这反映了其在供应链管理方面的卓越能力和效率；对于第三空间办公场景的需求强度指数为 0.91，表明市场对此种服务的需求非常强烈。将这些值代入匹配度计算公式中，我们得到：

$$\text{匹配度}=(0.6\times0.85)+(0.4\times0.91)=0.874$$

这一匹配度得分表明星巴克在这一特定市场领域具有很高的竞争力。基于这一分析结果，星巴克决定触发“Starbucks Workspace”服务创新，以满足市场需求并利用其资源优势。

通过应用能力 - 需求匹配度算法，企业能够量化评估其核心竞争力与市场需求之间的匹配程度，从而为战略决策提供科学依据。这种方法不仅有助于企业识别市场机会，还能够指导企业资源的优化配置，以实现竞争优势的最大化。

企业通过选择特定的目标市场并提供针对性的产品或服务，展现出自身的核心竞争力。目标市场选择反映了企业对自身优势和客户需求的深刻理解，是企业核心竞争力的体现。

（四）实时营销反馈系统

目标市场选择是制定市场营销策略的重要依据。企业需要根据目标市场的特点和需求制定相应的市场推广、定价、产品策略等，以确保能够有效地吸引和留住目标客户，提升市场份额和品牌价值。

在现代营销管理中，实时营销反馈系统扮演着至关重要的角色。该系统通过构建“数据—策略”动态映射机制，实现对营销活动的快速响应和优化。这种机制涉及数据收集、策略适配以及效果评估等多个环节，旨在通过数据驱动的方法提升营销效率和效果。

数据维度与营销策略适配。实时营销反馈系统首先通过监测和分析关键数据维度来识别营销机会和挑战。例如，当系统检测到会员消费频次下降 15% 时，这表明可能存在沉睡用户的问题。针对这一数据维度，系统会触发沉睡用户唤醒计划，这是一种专门设计来重新激活不活跃用户的营销策略。

效果指标与策略优化。为了评估营销策略的效果，系统会设定一系列效果指标。在沉睡用户唤醒计划的案例中，唤醒率被用作关键效果指标。通过实施唤醒计划，唤醒率提升了 2.3 倍，这一显著的效果表明策略是成功的。另一个例子是新品首购率低于行业均值的情况。这可能意味着新品的市场吸引力不足或营销策略不够有效。针对这一问题，系统会启动 A/B 测试优化方案，通过对比不同营销策略的效果来找到最优解。通过这种迭代优化，策略的迭代周期可以缩短至 72 小时，从而快速响应市场变化。

实时营销反馈系统通过构建“数据 - 策略”动态映射机制，使得企业能够基于实时数据快速调整和优化营销策略。这种机制不仅提高了营销活动的针对性和有效性，还加速了策略的迭代过程，使企业能够更加灵活地应对市场变化。这种基于数据驱动的营销管理方法被视为现代营销策略的核心组成部分，它强调了数据分析在营销决策中的重要性，并展示了如何通过技术手段提升营销效率和效果。

（五）工具链与组织能力的战略承接

在当今快速变化的商业环境中，企业必须确保其工具链和组织能力能够战略性地承接并执行其长期目标。技术架构的战略映射是实现这一目标的关键，它涉及数据中台的构建、人工智能（AI）模型的应用，以及组织变革的战略支撑。

技术架构的战略映射。作为企业的战略决策神经中枢，数据中台能够实现数据的快速同步和处理。以星巴克的数字孪生系统为例，该系统能够实现 15 min 的数据同步机制，从而为战略决策提供实时的洞察。作为核心竞争力的放大器，AI 模型能够提高企业预测和决策的准确性。例如，星巴克利用 AI 模型对冷萃咖啡的需求进行预测，准确率达到了 92%。

组织变革的战略支撑。首席数据官的角色已经从技术支持者升级为战略决策委员会的常任成员，这反映了数据在现代企业战略中的重要性。通过将每月的数据洞察报告直接输入战略复盘会议，企业能够确保其战略决策与数据驱动的洞察紧密结合，建立“战略—数据”双轮驱动机制。

战略定位的价值跃迁。从经验直觉到数据智能，企业的决策依据正在从依赖人工经验（70%）和数据分析（30%）转变为依赖实时数据流（80%）和专家判断（20%）。从静态规划到动态演化，传统的 3 年战略周期已经转变为敏捷的季度战略刷新，依托于市场定位健康度仪表盘，企业能够快速响应市场变化。从零和竞争到生态共建，星巴克通过将其会员数据与办公服务商 WeWork 的 API 互联，构建了“咖啡 + 办公”的生态圈，实现了价值的共创。

战略落地的闭环验证。通过构建战略效果评估模型，企业能够量化评估其战略实施的效果。例如，星巴克中国区的回归分析结果显示，需求强度指数（DSI）的系数为 0.32（$p < 0.01$），能力匹配度系数为 0.41，资源投放精度系数为 0.27，模型的 R^2 值为 0.83。

通过这种数据驱动的战略定位体系，企业可以实现市场响应速度提升 3 ～ 5 倍，资源错配风险降低 40%，战略迭代周期压缩至传统模式的 1/3。这种深度衔接既保持了数据分析的技术严谨性，又赋予战略理论体系动态演化的生命力，为企业在 VUCA 时代的持续增长构建数字化的战略免疫系统。

案例分析 目标市场的选择

1. 案例引入

在 21 世纪初，华为技术有限公司作为一家已在通信行业崭露头角的企业，决心进一步拓展市场版图，选择了一个极具挑战但充满机遇的目标市场。华为将目标市场锁定在欧洲的电信运营商市场。做出这一选择的原因如下：

（1）技术需求与发展趋势：当时欧洲的电信行业发展相对成熟，对通信技术有着较高且不断升级的需求，正积极推进 3G 及后续更先进的通信技术发展，代表着全球通信技术发展的前沿方向。华为敏锐地意识到，突破欧洲市场有助于提升自身技术研发能力，紧跟世界先进技术潮流，进而增强品牌在通信领域的影响力。

（2）市场规模与增长潜力：欧洲电信市场规模庞大，众多国家的电信运营商掌握着庞大的资金和用户资源，市场整体呈稳定增长态势。华为认识到，成功打入并占据一定份额，将为公司带来持续稳定的收入增长，有助于实现长期的销售目标和行业地位提升。

（3）合作伙伴的价值：华为与多家欧洲知名电信运营商建立合作关系。这些运营商在欧洲市场拥有完善的渠道、庞大的客户群体和良好的品牌形象。通过与它们合作，华为得以借助其力量快速打开市场，了解当地市场需求和规范，同时也提升了自身在欧洲市场的知名度和可信度，为后续业务拓展奠定基础。

华为凭借扎实的技术研发实力、高性价比的产品以及优质的服务，逐步赢得了欧洲电信运营商的认可和信任。公司不断加大在欧洲市场的研发投入，根据当地市场需求推出定制化通信解决方案，积极参与当地通信网络的建设和升级项目。同时，通过与运营商联合开展市场推广活动、提供技术培训等方式，加深与合作伙伴的绑定关系。最终，华为在欧洲电信运营商市场站稳脚跟，并逐步实现了从设备供应商向全方位解决方案提供商的转变，巩固了其在全球通信市场的领先地位。

2. 案例启示

根据华为的案例得出目标市场的选择步骤：

（1）分析市场调研数据：收集目标市场相关的数据，如市场规模现状及未来增长趋势预测、竞争态势分析（包括竞争对手数量、市场份额、优势劣势等）、消费者（如电信运营商）需求特点（对通信技术性能、功能、成本等方面的要求）、行为模式（采购决策流程、合作偏好等）。通过深入分析，判断该市场是否契合企业的长期发展战略规划以及自身的资源和能力状况，是否具备足够的吸引力和发展潜力。

（2）细分市场：将整个通信市场依据不同维度进行细分，例如，按照业务类型（语音通信、数据通信、移动通信等）、客户群体（个人用户、家庭用户、企业用户、运营商等）、技术应用领域（5G、光纤通信、卫星通信等）等因素划分成多个子市场。企业从中筛选出具有较高需求增长潜力、较好利润空间且与自身业务方向相匹配的细分市场作为重点关注对象。

（3）目标市场选择：综合考量细分市场多方面因素，包括市场差异性（不同细分市场在技术要求、服务模式等方面的独特性）、市场规模增长率（是否处于上升阶段，未来能否带来足够的收益增长）、竞争激烈程度（竞争对手数量、竞争格局等，评估进入难度和潜在利润空间）、客户需求契合度（企业现有产品和服务能否满足目标客户主要需求）、企业资源可及性（是否有足够的技术、人力、资金等资源投入该市场并满足其运营和发展要求）等，选择最符合企业自身条件和发展预期的细分市场作为目标市场。

（4）市场定位：明确企业在选定的通信目标市场中的独特定位和差异化竞争策略。确定目标客户群体（如针对高端企业市场提供定制化高端通信解决方案，或面向大众消费市场主打高性价比通信产品），梳理企业的核心竞争优势（如在技术研发上的创新能力、产品性能上的卓越表现、成本控制带来的价格优势等），与竞争对手形成清晰的区别。同时，围绕目标客户的需求和偏好，制定包括品牌形象塑造、产品功能优化、服务体验提升等在内的全方位市场定位方案，突出企业在目标市场中与众不同的价值和特色。

（5）制定营销策略：依据前面的市场分析、细分、目标市场选择以及竞争分析和市场定位成果，制定详细的市场营销策略。涵盖市场推广方面（如通过参加国际通信展会、举办产品发布会、开展广告宣传和公关活动等方式提高品牌知名度和产品曝光度）、定价策略（根据目标客户的价格敏感度、市场竞争状况以及产品成本和利润预期，制定合理的价格体系）、产品策略（持续优化现有产品，推出符合目标市场需求的新产品或升级版产品，提升产品竞争力）等多方面内容。确保这些营销策略紧密围绕目标市场和品牌定位展开，能够精准地吸引目标客户群体，有效提升企业在目标市场中的份额和影响力，实现市场拓展和业务增长目标。

四、数据驱动：降低创业风险的策略

降低创业风险是每位创业者必须面对的挑战。创业过程通常被描绘为一个系统化、逻辑严密的流程，涉及数据驱动的决策制定和风险控制。基于数据驱动的创业模型，它详细阐述了降低创业风险的核心逻辑。

创业风险的降低可以通过构建一个从数据采集到决策映射，再到创业落地的完整链路来实现。这一过程涉及三个核心阶段：数据采集、决策映射和创业落地，每个阶段都对降低风险至关重要。

（1）数据采集是降低创业风险的起点（见图 4-1）。在这个阶段，创业者需要通过市场调研、用户访谈、竞品分析等多种方式收集相关数据。这些数据包括但不限于市场规模、用户需求、竞品分析等，为后续的决策提供基础。

（2）决策映射阶段涉及将收集到的数据转化为具体的决策（见图 4-2）。这一过程需要创业者运用数据分析工具和技术，如数据挖掘、机器学习等，从数据中提取有价值的洞察。这些洞察将指导创业者进行产品定位、市场策略制定等关键决策。

（3）创业落地是将决策转化为实际行动的过程（见图 4-3）。在这个阶段，创业者需要将决策转化为具体的产品开发、市场推广等活动，经历创业假设、MVP 测试、数据验证与动态调整的创业模型实施过程，通过快速迭代和灵活调整，创业者可以及时响应市场变化，优化产品和策略，全面验证这个创业模型的有效性。

在创业管理领域，数据驱动的方法论提供了一种系统化的风险降低策略，这一策略围绕精准性、灵活性和防御性三个核心维度展开。这些维度共同构成了数据驱动创业模型的基础，并指导创业者如何通过数据分析和应用来优化决策过程，提高创业成功率。

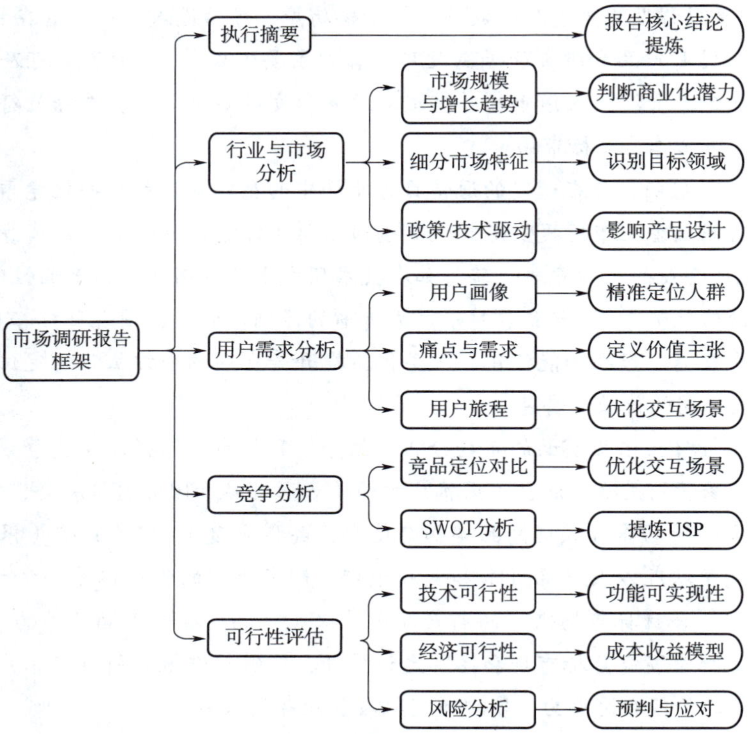

图 4-2　调研数据转化为具体的决策

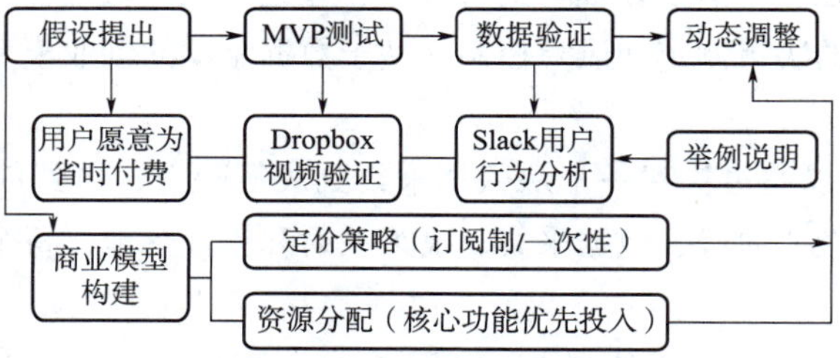

图 4-3　创业模型验证的流程

表 4-2 所示为创业模型的逻辑。

表 4-2　创业模型的逻辑

数据驱动维度	产品定位作用	风险控制效果
精准性	基于真实需求，避免资源浪费	降低市场误判成本
灵活性	动态响应市场变化	减少迭代试错时间
防御性	预判竞争威胁，构建壁垒	降低被替代风险（如专利布局）

精准性是降低创业风险的关键。通过基于真实需求的数据驱动决策，创业者可以避免资源浪费，确保产品或服务能够满足市场需求。这有助于降低市场误判成本，提高创业成功率。

灵活性是创业过程中对市场变化的快速响应能力。通过动态调整产品和策略，创业者可以减少迭代试错时间，提高市场适应性。这种灵活性有助于降低创业过程中的不确定性和风险。

防御性涉及预判竞争威胁和构建竞争壁垒。通过构建专利布局等防御机制，创业者可以降低被替代的风险，保护自身的市场地位。这种防御性策略有助于提高创业的长期稳定性和可持续性。

降低创业风险的核心逻辑在于构建一个从数据采集到决策映射，再到创业落地的完整链路。通过精准性、灵活性和防御性的数据驱动决策，创业者可以降低市场误判成本、减少迭代试错时间，并降低被替代风险。这一过程不仅需要创业者具备数据分析能力，还需要他们具备快速响应市场变化的能力和构建竞争壁垒的战略眼光。这一逻辑被视为创业成功的关键因素之一，它强调了数据驱动决策在降低创业风险中的重要性。

第四节　竞争分析与差异化优势

在创业过程中，了解竞争对手的情况也至关重要。通过对竞争对手的深入分析，可以更好地理解市场的现状和潜在的机会与挑战，并帮助企业明确自身定位和竞争优势，从而制定出更有效的战略。而差异化优势则是企业在激烈竞争中脱颖而出的关键，通过突出产品或服务的独特性，吸引更多消费者选择。综合运用竞争分析和差异化优势，企业能够更好地应对市场挑战，提升市场竞争力，实现长期稳定的发展。

一、如何进行有效的竞争分析

（一）明确定位竞争对手

确定自己的竞争范围和竞争对象，即找出谁是自己的竞争对手，以及他们在市场中的地位和作用。定位的方法有多种，例如，可以根据产品或服务的相似性、替代性、功能性和互补性来划分竞争对手，也可以根据市场的结构、规模、增长和分割来划分竞争对手。定位的结果应该是一个清晰的竞争对手列表，以及每个竞争对手的基本信息，如名称、规模、产品、市场、目标等。

按照市场营销学中对竞争者的划分，竞争对手可分为以下几种类型：

1. 一般竞争者

一般竞争者是指在同一市场细分中提供类似产品或服务的企业或品牌。他们与你直接竞争相同的客户群体，并努力争夺相同的市场份额。这些竞争者可能在产品特性、价格、品质、促销等方面与你展开竞争，是最直接的竞争对手。

2. 形式竞争者

形式竞争者是指提供不同产品或服务，但满足相似客户需求或替代方案的企业或品牌。虽然他们的产品或服务与你的不同，但他们仍然竞争你的市场份额，因为客户可能会选择他们的产品或服务作为替代品。形式竞争者的出现可能会影响你的市场表现和销售业绩。

3. 行业竞争者

行业竞争者是指与你在同一行业中运营的其他企业或品牌。他们可能提供相似或不同的产品或服务，但他们共同面临着相似的市场条件和行业趋势。行业竞争者之间的竞争通常是激烈的，因为他们竞争相同的客户群体和市场份额。

4. 品牌竞争者

品牌竞争者是指拥有相对强大品牌影响力和市场知名度的企业或品牌。即使他们的产品或服务与你的不完全相同，但由于其品牌优势，他们仍然对你构成竞争压力。客户可能更倾向于选择知名品牌的产品或服务，而忽略其他竞争者的存在。

（二）收集竞争者的详细信息

收集竞争对手信息是竞争分析的关键步骤之一，有助于了解市场环境和竞争态势，为制定有效的竞争策略提供依据。这一过程涉及多种渠道和方法，以获取与竞争对手有关的全面信息和数据。

1. 检索公开信息

检索公开信息包括访问竞争对手的官方网站、查阅新闻媒体报道、阅读行业报告和财务报表等。通过这些渠道，可以获取竞争对手的产品、服务、市场地位、财务状况等方面的信息。此外，专利文献和知识产权信息也是了解竞争对手技术创新和研发能力的重要来源。

2. 开展市场调研

可以通过客户访谈、员工调研、市场测试和秘密购物等方式获取竞争对手的内部运营、产品评价、服务质量等信息。社交媒体和行业会议展会也是了解竞争对手品牌声誉、用户反馈和行业动态的渠道。

综合利用这些渠道，可以建立一个全面的竞争对手数据库，深入分析竞争对手的优劣势，为自身的发展和竞争策略的制定提供有力支持。

（三）根据资料对自身及竞争者进行分析

对收集到的信息和数据进行系统的整理、归纳、比较和评估，以便揭示竞争对手的特点、优势、劣势、机会和威胁，以及与自身的差异和关系。分析的方法有多种，比较典型的是 SWOT 分析方法。

二、明确自身差异化优势

差异化优势是企业在竞争中脱颖而出的关键，它能够为企业赢得市场份额、提高盈利能力，以及建立长期竞争优势。通过分析竞争对手的优势和劣势，寻找市场的战略空白和市场缝隙，企业可以制定差异化和创新的竞争战略，以实现价值创造和价值捕获。

案例分析　茶颜悦色差异化优势的实现路径

中国现制茶饮行业的发展大致可以分为三个阶段：

（1）传统化（20 世纪 80 年代—2000 年）：该阶段中国消费者对茶饮的认知多来源于传统茶馆，其提供的饮品多为单一的茶水，口感相对清淡，在当时主要满足人们的口渴和日常解腻需求。

（2）多样化（2000—2010 年）：随着生活水平的提高，消费者对于茶饮的口感和种类有了更多的要求，珍珠奶茶等新式茶饮开始出现，同时消费者对于茶饮的品质也有了更高的要求。

（3）美学化与文化化（2010 年至今）：消费者对茶饮的要求进一步提升，开始关注其产地、品种、制作工艺等，同时追求茶饮消费场景的舒适和美观，以及茶饮所蕴含的文化内涵。

在现制茶饮行业美学化与文化化的阶段，茶颜悦色凭借其独特的品牌定位和产品价值，逐步建立了竞争优势。茶颜悦色的创始人在品牌创立初期顺应了茶饮美学化与文化化的趋势，推出差异化的产品和服务体验，从而在中国茶饮市场脱颖而出：

（1）融合传统与现代口味：茶颜悦色的创始人将中国传统茶文化与现代饮品趋势相结合，推出了独特的茶饮产品，如将传统茶叶与现代的奶盖、水果等元素搭配，创造出新颖的口感和风味。

彼时中国现制茶饮市场中，虽然已经存在各种口味的奶茶，但在传统茶文化与现代茶饮的融合方面仍有较大的空白。茶颜悦色以传统茶文化为灵感，将中国茶的元素融入产品中，为消费者带来了与众不同的味觉体验。

（2）打造独特的消费场景：茶颜悦色的门店设计融合了中国古典建筑风格和现代简约风格，营造出具有中式韵味的消费场景。每一家门店都像是一个小型的茶文化展示空间，从装修风格到店员的服饰，都体现了品牌的独特文化内涵。这种独特的消费场景让消费者在品尝茶饮的同时，感受到浓厚的中国传统文化氛围，使其在众多茶饮品牌中脱颖而出。

茶颜悦色在对产品和服务进行创新升级的同时重新定义了现制茶饮业态，在中国茶饮市场中取得了显著的成绩。

第五节 产品定位与竞争策略

在深入分析竞争格局和产品差异化之后，确定产品定位与竞争策略显得尤为关键。通过明确的产品定位，企业能够准确把握市场需求，定位自身产品在消费者心目中的位置。下面将探讨如何通过精准的产品定位和有效的竞争策略巩固市场地位并创造持续的竞争优势。

一、产品定位的概念

定位是市场营销中一个非常重要的概念，目前已广泛地应用于各相关领域。它是指通过定义产品或品牌在消费者心目中的印象和位置，来使得产品或品牌在市场上获得成功的过程。简单来说，定位是一种营销策略，它帮助企业找到产品的独特卖点，并将其传达给目标市场。顾客心智一旦形成便难以改变，企业应当根据在顾客心智中的已有定位，来重新塑造和强化自己在顾客心中的定位。

二、产品定位的作用

产品定位不仅可以帮助企业建立一个品牌形象，还可以帮助企业找到产品在市场上的定位，从而实现市场份额的增长和品牌的差异化。具体来说，产品定位的作用包括以下几点：

（一）了解消费者需求

产品定位是基于深入的市场研究和消费者分析，帮助企业更全面地了解目标客户群体的需求、偏好和行为习惯。通过了解消费者的心理和行为，企业可以更好地定位产品或服务，满足消费者的需求，提高产品的市场接受度和销售效果。

（二）找到差异化的卖点

在竞争激烈的市场环境中，每个企业都需要找到自己的差异化卖点，以区分于竞争对手并赢得消费者的青睐。通过产品定位，企业可以深入挖掘产品或服务的独特之处，并将其明确地传达给目标市场，从而建立起品牌的差异化竞争优势。

（三）制定有效的营销策略

产品定位不仅帮助企业找到产品的独特卖点，还为企业制定有效的营销策略提供了指导和依据。通过对目标市场和竞争环境的深入分析，企业可以确定适合自己产品的营销策略，包括定价策略、促销策略、渠道策略等，从而提高产品的市场份额和品牌知名度。

（四）建立品牌形象和忠诚度

通过产品定位，企业可以根据自身的定位和目标市场的需求建立起与消费者契合的品牌形象和价值观念，从而吸引消费者的注意和信赖。一个清晰、明确的产品定位有助于建立品牌的认知度和忠诚度，为企业持续发展打下坚实的基础。

（五）降低市场风险

通过产品定位，企业可以更准确地把握市场需求和趋势，降低市场推广和销售风险。明确的产品定位有助于企业避免盲目跟风和盲目扩张，提高市场投资的效益和回报率，降低经营风险和市场不确定性。

（六）持续创新和发展

产品定位不是一成不变的，随着市场和消费者需求的变化，企业需要不断进行产品定位的调整和优化，以适应市场的变化和发展。通过持续创新和发展，企业可以保持竞争优势，实现长期的商业成功。

三、如何给产品做正确的定位

企业应该如何给产品做定位，以提高产品的市场竞争力和用户体验呢？以下是定位的五大关键步骤。

（一）深入了解目标客户

除了了解消费者的需求、偏好和消费行为，还应该深入了解他们的生活方式、价值观和社会背景。通过细致入微的调研和分析，可以更全面地把握目标客户的心理和行为，从而更准确地确定产品或服务的定位。

（二）明确差异化优势

不仅要找出产品或服务与竞争对手不同的地方，还需要明确这些差异化优势对目标客户的价值和意义。通过与消费者的沟通和反馈，可以更好地理解他们的需求和期望，从而确定产品或服务的独特卖点，实现差异化竞争。

（三）创造品牌故事

品牌故事不仅是一个引人入胜的故事，更是品牌文化和核心价值观的体现。通过真实、生动的品牌故事，可以让消费者更加深入地了解品牌的精神和理念，从而建立起与消费者的情感连接，增强品牌的认知度和忠诚度。

（四）保持品牌一致性和持续性

除了在营销渠道和活动中保持一致性外，还需要确保品牌形象和定位在各个方面都保持持续性。这包括产品质量、服务态度、品牌传播等各个环节都要保持一致性和持续性，以建立起消费者对品牌的信任和认可。

（五）灵活调整营销策略

市场环境和消费者需求在不断变化，有效的定位策略也需要随之调整。企业需要时刻关注市场动态和竞争对手的变化，及时调整产品定位和营销策略，以适应市场的变化和发展，保持竞争优势和市场领先地位。

案例分析　苹果公司的产品定位

苹果公司作为一家在全球范围内享有盛誉的科技巨头，其在多个领域取得了令人瞩目的成就。接下来就以苹果公司为案例，来探究其如何凭借正确的产品定位获得成功。

1. 注重用户体验

苹果公司以提供优质的用户体验为核心，致力于设计简洁、直观且易用的产品。无论是iPhone、iPad还是MacBook，都以操作简便、界面流畅和设计精美而著称。这种用户体验的专注使得苹果产品成为消费者心目中的首选。

2. 追求创新精神

苹果公司一直在产品创新方面处于领先地位。从iPod、iPhone到iPad，再到Apple Watch和AirPods，苹果始终致力于推出颠覆性的产品和技术，引领行业发展潮流，满足消费者对于科技产品的不断追求。

3. 高端定位

苹果产品以高端定位而闻名，注重品质和精致设计。苹果公司建立了一个世界知名的品牌，其苹果标志已成为高端科技和创新的象征。苹果产品的品质、设计和性能一直受到消费者的高度评价和认可，使得苹果成为消费者心目中的首选品牌之一。尽管其产品价格较高，但消费者愿意为其产品支付更高的价格，因为他们相信苹果产品的品质和性能，以及与之相关的品牌形象。

4. 生态系统整合

苹果公司通过构建庞大的生态系统，将硬件、软件和服务有机地结合在一起，为用户提供更完整、更流畅的使用体验。例如，iPhone、iPad、Mac和Apple Watch可以无缝连接，并通过iCloud实现数据同步，让用户可以在不同设备之间无缝切换，提高了用户黏性和忠诚度。

四、竞争策略

在进行准确的产品定位后，就需要制定相应的竞争策略。竞争策略是企业为应对市场竞争而制定的一套系统性的行动方案。它涵盖了企业的产品定位、目标市场选择、营销策略、技术创新、成本控制等多个方面。一个明确且有效的竞争策略能够使企业在市场中保持领先地位，提高市场份额和盈利能力。著名的战略管理专家迈克尔·波特提出了企业的基本竞争策略理论，他认为，企业的基本竞争策略有三种：成本领先策略、差异化策略、专一化策略。企业三大竞争策略比较见表4-3。

表4-3　企业三大竞争策略比较

维　度	成本领先策略	差异化策略	专一化策略
战略本质	成本控制为王	价值创造为王	聚焦细分市场为王
核心目标	实现全行业最低成本	建立独特竞争优势	垄断特定领域
关键措施	规模化生产 供应链优化 费用压缩	技术创新 品牌塑造 服务升级	精准定位客群 资源集中投入 深度需求挖掘
适用条件	高市场份额 / 强供应链控制	高研发能力 / 品牌溢价能力	细分市场需求明确
核心优势	价格战抗压能力	高利润空间	局部市场统治力
主要风险	技术变革导致成本优势失效	差异化被模仿	细分市场萎缩
典型案例	沃尔玛（零售）	苹果（消费电子）	B站（二次元社区）

（一）成本领先策略

成本领先要求坚决地建立起高效规模的生产设施，在经验的基础上全力以赴降低成本，抓紧成本与管理费用的控制，以及最大限度地降低研究开发、服务、推销、广告等方面的成本费用。为了达到这些目标，就要在管理方面对成本给予高度的重视。尽管质量、服务以及其他方面也不容忽视，但贯穿于整个策略之中的是使成本低于竞争对手。该公司成本较低，意味着当别的公司在竞争过程中已失去利润时，这个公司依然可以获得利润。例如，沃尔玛通过直接向工厂购货、实施中央采购制度、协助供应商降低成本等措施，将流通成本降至行业最低，确保了商品价格的优势，从而吸引了大量消费者。

赢得总成本最低的有利地位通常要求具备较高的相对市场份额或其他优势，诸如与原材料供应方面的良好联系等，或许也可能要求产品的设计要便于制造生产，易于保持一个较宽的相关产品线以分散固定成本，以及为建立起批量而对所有主要顾客群进行服务。

总成本领先地位非常吸引人。一旦公司赢得了这样的地位，所获得的较高的边际利润又可以重新对新设备、现代设施进行投资，以维护成本上的领先地位，而这种再投资往往是保持低成本状态的先决条件。

（二）差异化策略

差别化策略是将产品或公司提供的服务差别化，树立起一些全产业范围中具有独特性的东西。实现差别化策略可以有许多方式：设计品牌形象、技术上的独特、性能特点、顾客服务、商业网络及其他方面的独特性。最理想的情况是公司在几个方面都有其差别化特点。例如，履带拖拉机公司（Caterpillar）不仅以其商业网络和优良的零配件供应服务著称，而且以其优质耐用的产品质量享有盛誉。

如果差别化策略成功地实施了，它就成为在一个产业中赢得高水平收益的积极策略，因为它建立起防御阵地对付五种竞争力量，虽然其防御的形式与成本领先有所不同。波特认为，推行差别化策略有时会与争取占有更大的市场份额的活动相矛盾。推行差别化策略往往要求公司对于这一策略的排他性有思想准备。这一策略与提高市场份额两者不可兼顾。在建立公司的差别化策略的活动中总是伴随着很高的成本代价，有时即便全产业范围的顾客都了解公司的独特优点，也并不是所有顾客都将愿意或有能力支付公司要求的高价格。

差异化是最有效的竞争手段，想要在激烈的市场竞争中脱颖而出，要做的就是找出产品相比其他品牌产品的优势，然后将其发扬光大，在激烈的市场竞争中占有一席之地。

（三）专一化策略

专一化策略是主攻某个特殊的顾客群、某产品线的一个细分区段或某一地区市场，把资源全部集中到这一领域并且做大做强。比如：B 站面向年轻用户，主打二次元等 ACG 领域（与动画、漫画、游戏相关的虚拟文化领域）；虎扑面向男性群体，专注发展体育、游戏等领域；KEEP 面向健身爱好者，专注发展运动健康的垂直社区。正如差别化策略一样，专一化策略可以具有许多形式。虽然低成本与差别化策略都是要在全产业范围内实现其目标，专一化策略的整体却是围绕着很好地为某一特殊目标服务这一中心建立的，它所开发推行的每一项职能化方针都要考虑这一中心思想。这一策略依靠的前提思想是：公司业务的专一化能够以高的效率、更好的效果为某一狭窄的策略对象服务，从而超过在较广阔范围内竞争的对手们。波特认为这样做的结果，是公司或者通过满足特殊对象的需要而实现了差别化，或者在为这一对象服务时实现了低成本，或者二者兼得。这样的公司可以使其盈利的潜力超过产业的普遍水平。这些优势保护公司抵御各种竞争力量的威胁。

但专一化策略常常意味着限制了可以获取的整体市场份额。专一化策略必然地包含着利润率与销售额之间互以对方为代价的关系。

企业可从中制定适合自己的竞争策略（见图 4-4），然后再去和竞争对手进行激烈的竞争，创业的成功率就会高很多。竞争策略的路径图展示了三种策略维度（总成本领先、差异化和专一化）各自的价值创造点、核心资源和风险防御措施（见图 4-5）。每种策略都有其独特的实施路径，企业可以根据自身的优势和市场环境选择最合适的策略。

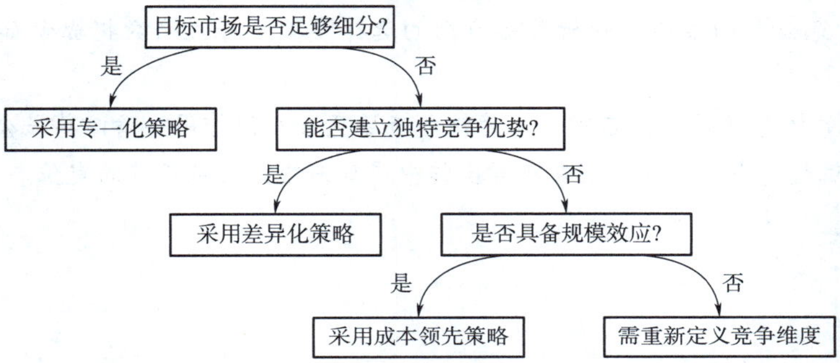

图 4-4　制定不同路径的竞争策略

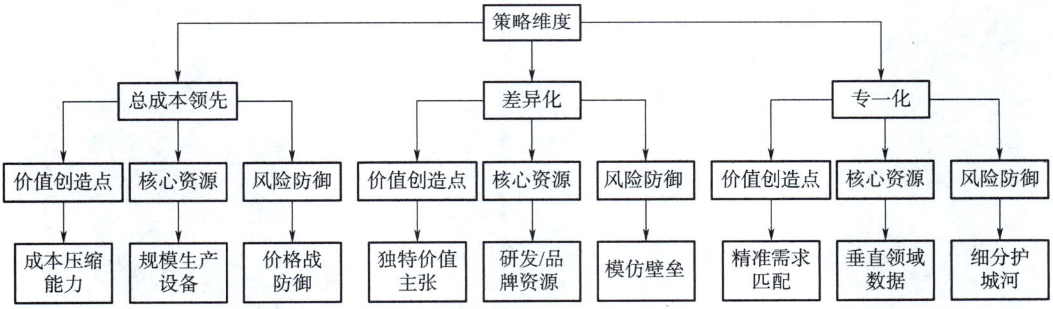

图 4-5　竞争策略实施的三种路径图

成本领先策略适用于标准化产品、价格敏感型市场（如快消品），差异化策略适合技术密集型或品牌驱动型行业（如奢侈品、科技产品），专一化策略适用于长尾需求显著领域（如垂直社区、专业设备）。

（四）策略组合

通过结构化的图表，可直观理解迈克尔·波特竞争策略理论的核心逻辑与实施要点。实际应用中，企业常根据发展阶段和市场环境采用混合战略组合，见表 4-4。

表 4-4　策略组合应用矩阵

组合模式	典型场景	典型案例
成本 + 专一化	区域性低价策略	社区团购平台
差异 + 专一化	高端定制服务	蔚来汽车（高端电动车定制）
成本 + 差异化	大众市场的性价比创新	小米（高配低价模式）

思考题

1. 市场调研的定义是什么？它在创业过程中有哪些重要作用？请结合实际案例说明市场调研如何帮助创业者降低商业风险。

2. 请详细描述市场调研的程序，包括确定调研目标、设计调研方案、方案的测试与完善、正式调研以及完成数据采集等环节，并说明每个环节的关键要点和注意事项。

3. 在调研数据处理与分析过程中，数据清洗、转换、整合和分析分别包括哪些具体内容和方法？请结合实际调研数据说明如何运用这些步骤进行有效的数据分析。

4. 请结合耐克公司的案例，分析目标市场的选择步骤，并说明数据驱动如何帮助降低创业风险。

5. 产品定位的概念是什么？它对企业营销和市场竞争有何作用？请以苹果公司为例，分析其如何通过产品定位获得成功，并说明在实际操作中应如何给产品做正确的定位。

第五章 商业模式的设计方法

商业模式是企业战略的体现，它定义了企业如何通过独特的价值主张、渠道、客户关系和收入来源来实现盈利。

——彼得·德鲁克

商业模式，简而言之，描述了一个企业如何创造价值、传递价值并获取价值的过程。在当今竞争激烈的市场环境中，一个成功的商业模式能够为企业带来持续盈利和增长，是企业保持领先地位的关键。因此，商业模式设计的重要性不言而喻。它不仅是决定企业运营方式、盈利模式和战略决策的基础，更是企业明确自身优势、找出发展道路、实现未来可持续发展的指南针。

商业模式的设计方法旨在为企业提供一种系统性思考和创新的框架，帮助企业识别和利用其核心优势，明确价值创造和盈利机制，优化资源配置，提高运营效率，并通过持续的创新和适应市场变化,实现可持续发展和竞争优势的构建。这不仅有助于企业在激烈的市场竞争中生存和成长，还能为社会创造更大的经济和社会效益。

本章将深入探讨“商业模式的设计方法”，旨在帮助读者理解和应用商业模式设计的思路和方法。本章将从商业模式的概述入手，阐述商业模式的定义、核心要素以及为什么商业模式设计对企业至关重要。接着,本章将详细介绍商业模式设计的具体步骤和方法,包括如何分析市场情况、选择收益模式、确定市场定位以及设计价值主张等。通过本章的学习，读者将能够掌握商业模式设计的基本原理和实践方法，为企业的发展奠定坚实的基础。

第一节 客户洞察

一、客户洞察的概念及其主要特征

客户洞察指的是深入了解目标客户群体的需求、偏好、行为和情感，以及他们在购买和使用产品或服务过程中的体验和反馈。让客户视角来指引我们关于价值主张、渠道通路、客户关系和收入来源的选择。客户洞察的本质是将散点化的客户数据转化为可执行的战略决策，其核心价值在于构建“需求发现 - 价值创造 - 关系深化”的动态循环体系。以下结合亚马逊“1-Click”功能案例，系统论证客户洞察的五大特征如何驱动商业成功。

阅读材料 1-Click 功能的前世今生

亚马逊在早期发现，许多在线购物用户在购物流程中遇到的主要问题之一是烦琐的结账过程。用户需要输入各种信息，包括送货地址、支付方式等，这不仅烦琐，而且增加了用户流失的可能性。因此，亚马逊开始寻找解决方案，以提高用户的购物体验并促进销售增长。

经过对客户行为和反馈的深入分析，亚马逊发现了一个重要洞察：简化购物流程可以显著提高用户体验和购买转化率。基于这一洞察，亚马逊推出了“1-Click”购买功能。

这个功能使得注册用户可以在完成首次购物后，通过仅点击一次按钮即可完成购买。亚马逊预先存储了用户的送货地址和支付方式等信息，使得用户在下一次购物时无须重新输入这些信息，大大简化了购物流程。这项功能极大地提高了购物的便利性和效率，减少了用户的购物阻力，从而增加了用户的购买频率和忠诚度。

1. 需求识别：穿透表象的功能 / 情感需求解构

在亚马逊案例中，客户的功能需求（快速完成交易）与情感需求（避免结账过程中的焦虑感）形成双重驱动。

功能需求显性化——用户购物车弃置率高达 68%，揭示传统结账流程存在操作冗余；用户访谈显示，多步骤结账引发“时间失控感”（“我要赶时间，但系统总让我填重复信息”），这需要深度挖掘隐性情感需求。亚马逊通过 NPS（净推荐值）监测发现，每减少一个结账步骤，用户满意度提升 19%。这印证了需求识别必须实现“显性痛点量化 + 隐性情绪解码”的双轨分析。

2. 偏好分析：消费决策的底层密码破译

亚马逊的 AB 测试揭示用户偏好层级依次如下：体验优先级（权重 45%）：用户愿为“结账步骤≤ 3 次点击”支付 5% 溢价；价格敏感度（权重 30%）：但价格比较功能使用率仅 11%，说明核心用户群更关注体验而非绝对低价；品牌信任度（权重 25%）：信用卡信息一键存储功能采纳率达 92%，反映用户对平台安全性的高度信任。这一发现促使亚马逊将资源重点投向体验优化而非价格战，通过偏好分析实现差异化竞争。

3. 行为理解：从行为轨迹到需求预测的跨越

亚马逊建立用户行为数字孪生模型：①购买路径热力图：75% 用户从商品页直接跳转结账，而非查看促销信息；②操作行为聚类：高频误操作集中在“收货地址重复验证”（占错误日志的 63%）。基于此，亚马逊将“1-Click”功能设计为场景自适应系统：对于首次用户，保持标准结账流程（建立信任），对于复购用户，自动激活一键购买（减少摩擦）。该策略使复购用户转化周期缩短 40%，验证了行为数据驱动的动态策略优化价值。

4. 情感洞察：满意度与忠诚度的量子纠缠

“1-Click”上线后的情感价值溢出效应显著：满意度方面，CES（客户费力度）指数从 3.2 降至 1.4（满分 5 分，越低越好）；痛点转化方面，结账相关客诉减少 82%；忠诚度跃迁方面，使用过该功能的用户次年复购率提升 55%，LTV（客户生命周期价值）达普通用户的 2.3 倍。这证明情感体验的优化能产生非线性增长效应，1% 的体验改进可带来 7% 的收入增长（亚马逊内部 ROI 测算）。

5. 决策影响：从洞察到战略的链式反应

客户洞察已从传统的市场研究工具进化为企业战略的神经系统，参见图 5-1 客户关系洞察指引。其价值不仅在于理解客户现状，还印证了客户洞察的本质是持续的价值发现引擎——它让企业不仅能满足客户需求，更能定义需求演进的方向，见表 5-1，亚马逊的客户洞察范式重构价值主张、渠道通路、客户关系及收入来源等四大战略模块。

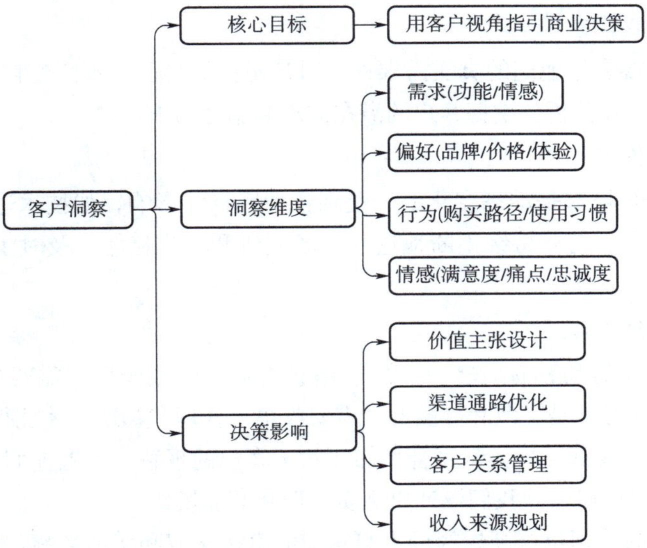

图 5-1　客户关系洞察指引

表 5-1　客户洞察重构亚马逊四大战略模块

战略模块	传统模式	基于洞察的升级
价值主张	低价海量商品	极速履约体验
渠道通路	PC 端网页购物	移动端场景化渗透
客户关系	交易型客服	预测式服务（如自动补货）
收入来源	商品差价	会员订阅（Prime）

“1-Click”不仅是功能创新，更成为撬动商业模式升级的支点：其专利授权收入累计超 20 亿美元，同时为 Prime 会员体系奠定体验基础。

亚马逊通过实时行为数据监测（如每小时更新购物车弃置率看板），在不确定性中快速识别需求迁移。建立客户洞察中枢（customer insight hub），通过机器学习预测需求拐点。例如提前 6 个月预判到“语音购物”趋势，推出 Alexa 语音下单功能。亚马逊的“逆向工作法”（working backwards）要求所有产品文档从客户痛点陈述开始，将客户洞察深度植入组织基因。

亚马逊案例告诉我们，深入了解客户的需求是商业成功的关键。通过分析客户的购物行为和反馈，亚马逊发现了用户对烦琐购物流程的不满，从而推出了“1-Click”购买功能，降低购物流程的复杂性，大幅提升了购物体验。亚马逊不断关注用户的反馈和需求变化，通过不断推出新的功能和服务，持续改进用户体验，保持了在电子商务领域的领先地位。通过案例可以发现，客户洞察是驱动业务增长的重要动力。通过深入理解用户需求和行为，可以发现新的商机和增长点，从而实现持续的商业成功。

二、基于客户洞察建立商业模式的挑战

（一）建立对客户的彻底理解

1. 客户群体的复杂和多样性

客户群体通常非常庞大且多样化，涵盖不同的人群、文化背景、需求和偏好。这种复杂性和多样性使得理解客户需求变得更加复杂和困难。

2. 潜在需求和隐性需求

客户往往不会直接表达他们的真实需求，有时甚至他们自己也不清楚自己的需求。因此，企业需要通过深入的研究和分析，挖掘客户的潜在需求和隐性需求。

3. 客户需求的动态变化性

客户需求和市场环境都是动态变化的，受到各种因素的影响，如技术进步、社会文化变迁、竞争态势等。因此，企业需要持续不断地进行市场调研和客户接触，及时了解客户的变化需求，并调整商业模式和产品服务。

4. 信息获取和解读难度

获取客户反馈并不容易，有时客户的反馈信息不够具体或矛盾，需要进行深入的解读和分析。此外，客户的反馈通常是零散和分散的，需要收集、整理和归纳，才能得出有意义的结论。

因此，许多领先企业都与社会学家合作加深对于客户的理解，帮助他们开发新的更好的产品和服务，同样的方法也可以引导我们设计更优质的创新商业模式。

许多领先的消费品公司重视高层经理人与客户的直接交流和实地考察，认为这是推动创新和商业成功的重要途径。如某服装品牌，经常派遣高层管理人员前往不同地区的实体店铺进行考察和交流。他们观察顾客的购物行为、流量和店铺布局，以及与销售人员和顾客进行交流，以获取关于产品和服务的实时反馈，并制定相应的调整和改进措施。这种做法强调了建立对客户的深刻理解的重要性，而不仅仅是简单地问客户他们需要什么，从而帮助企业更好地适应市场变化、满足客户需求，实现持续的业务增长。

（二）如何对客户意见进行适当取舍

商业模式创新应避免过度聚焦现有客户群体，因为这可能会限制创新的空间和潜力。相反，商业模式创新者应该保持敏锐的洞察力，关注那些尚未得到满足的新客户细分群体。这些客户可能在传统市场中被忽视或较少考虑，但他们可能具有潜在的巨大市场需求。因此，创新者应该在探索新的客户细分群体上投入更多的精力和资源。

（三）案例引入

易捷航空（easyJet）：易捷航空的创始人斯泰利奥斯·哈吉安努创立了一家低成本航空公司，致力于为中低收入客户提供廉价的航空服务。易捷航空成功地开辟了新的市场，并满足了传统航空公司未能满足的客户需求。

Zipcar：Zipcar是一家基于按需租赁汽车的公司，为城市居民提供了一种便捷的交通方式。Zipcar的创新商业模式使得城市居民可以根据需要灵活租赁汽车，避免了传统汽车拥有和维护的麻烦。这种服务满足了城市居民对便捷、经济和环保交通方式的需求。

（四）案例启示

这些案例突出了商业模式创新的关键作用。易捷航空和 Zipcar 都采用了全新的商业模式，通过满足传统市场中被忽视的新客户需求，开辟了新的市场空间，取得了商业成功。了解该听取哪些客户的意见以及忽略哪些客户的意见是商业模式创新过程中的重要考量。创新者需要保持开放的心态，保持对市场的敏锐观察，关注那些未被满足的新客户需求，并通过创新的商业模式满足这些需求，从而取得商业成功。

三、客户洞察的工具——移情图

我们需要深入了解用户的真实需求，而移情图（empathy map）正是一个能够有效挖掘用户需求的工具（见图 5-2）。尽管很少有人会喜欢被一群社会学家问东问西，但任何研究商业模式的人都应该能够大致描述出所需满足的客户细分群体的特征。一个良好的开端是使用移情图。在今天的产品开发和用户体验研究中，尤其是那些采用设计思维的团队中，移情图已成为一种被广泛使用的常规工具。这个工具可以帮助你超越客户的人口学特征，更好地理解客户的环境、行为、关注点和愿望。这样做可以让你开发出更强大的商业模式，因为对客户的深入理解可以指导我们设计更好的价值主张、更方便地接触客户的途径和更合适的客户关系。最终，这个工具可以让你更好地理解客户为什么愿意付款。

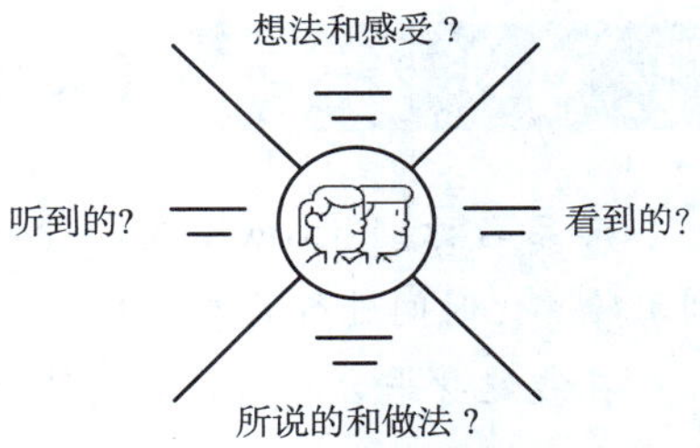

图 5-2　移情图的原理框架

创建移情图分为六步。

1. 确定目标

确定初始目标。是为了让团队与用户保持一致吗？如果是这样，确保每个人都参与移情图的绘制。是要分析访谈记录吗？如果是这样，设置一个清晰的范围和时间框，以确保有时间整理多个用户访谈。

2. 收集素材

目标应该决定创建移情图的媒介。如果要和整个团队一起工作，准备一个大白板、便利贴和记号笔；如果只是自己进行这项工作，那就创建一个适合自己系统。只要保证可以方便地与团队其他成员分享即可。

3. 整合调研结果

收集要加入移情图的调研结果。移情图是一种定性的方法，输入的内容包括实地研究、日记研究、会话或定性调查。

4. 在每个象限贴便利贴

一旦在前期有了输入，就可以带领团队来进行移情图的创建。在开始的时候，每个人都应该单独阅读这些调研内容。当每个团队成员消化数据之后，他们可以填写与四个象限对齐的便利贴，接下来，团队成员可以将他们的注释添加到白板上的地图中。

5. 分类及整合

在这个步骤中，团队协作，通览黑板上的便利贴，将属于同一象限的类似注释聚集在一起。用代表每个组的主题来命名便利贴集群。例如，来自其他人的验证或调研。如有必要，在每个象限重复该步骤。集群的活动促进了讨论和对齐，目标是让所有团队成员共享对用户的理解。

6. 修整与规划

如果需要更多的细节或者有独特的需求，可以通过创立额外的象限或者增加对现有象限的特异性来调整地图。根据创立移情图的目的，对输出进行相应的润色和数字化。确保包括用户、任何未解决的问题、日期和版本号。当更多的研究被收集或指向用户体验决策时，可以再将它们整合进移情图。

阅读材料 移情图的应用案例

产品名称：FitNow（虚拟健身 App）；目标用户：都市职场女性（25 ～ 35 岁）；核心需求：利用碎片化时间进行高效健身。

在线健身平台的用户案例结合移情图六步法的操作流程，帮助更好地理解用户需求，从而优化产品。

步骤 1：确定目标。

- 目标：分析用户对「课程时间灵活性」的真实需求，优化产品迭代方向。
- 参与者：产品经理、UX 设计师、运营负责人、健身教练（共 6 人）。
- 时间框：2 小时工作坊（含 30 分钟成果整理）。

步骤 2：收集素材。

工具类型	具体准备内容
物理工具	2 m × 1.5 m 白板、6 色便利贴、马克笔、用户访谈录音
数字工具	Miro 在线协作板（远程成员同步编辑）
用户数据	近期 10 位深度用户的访谈记录与行为日志

步骤 3：整合调研结果。关键发现（来自用户访谈）：

- “工作日午休只有 30 分钟，希望有 15 分钟的高效燃脂课。”
- “晚上 9 点后才有时间，但现有直播课最晚只到 8 点半。”
- “每次选课要翻好几页，能不能按可用时长智能推荐？”
- “生理期需要调整强度，但系统还在推送 HIIT 课程。”

步骤 4：分象限填充内容。实际填充示例：

象　限	便利贴内容（节选）
所说	“我需要随时能暂停的课程”“希望有生理期专属计划”
所做	每天 21:00 后打开 App →浏览课程→ 60% 放弃训练
所想	“教练是否专业？”“坚持打卡能瘦多少斤？”
所感	时间焦虑（紫色便利贴）、成就缺失感（黄色便利贴）

步骤 5：聚类分析。生成四大主题：

（1）时间敏感型需求（出现频次 23 次）：

• 智能推荐碎片化课程。

• 延长直播课时间段。

（2）个性化适配需求（出现频次 18 次）：

• 生理周期训练模式。

• 饮食—运动联动规划。

（3）成就可视化需求（出现频次 15 次）：

• 体态对比时间轴。

• 社群勋章体系。

（4）信任建立需求（出现频次 12 次）：

• 教练资质展示。

• 用户案例库。

步骤 6：输出应用。最终移情图成果如图 5-3 所示。

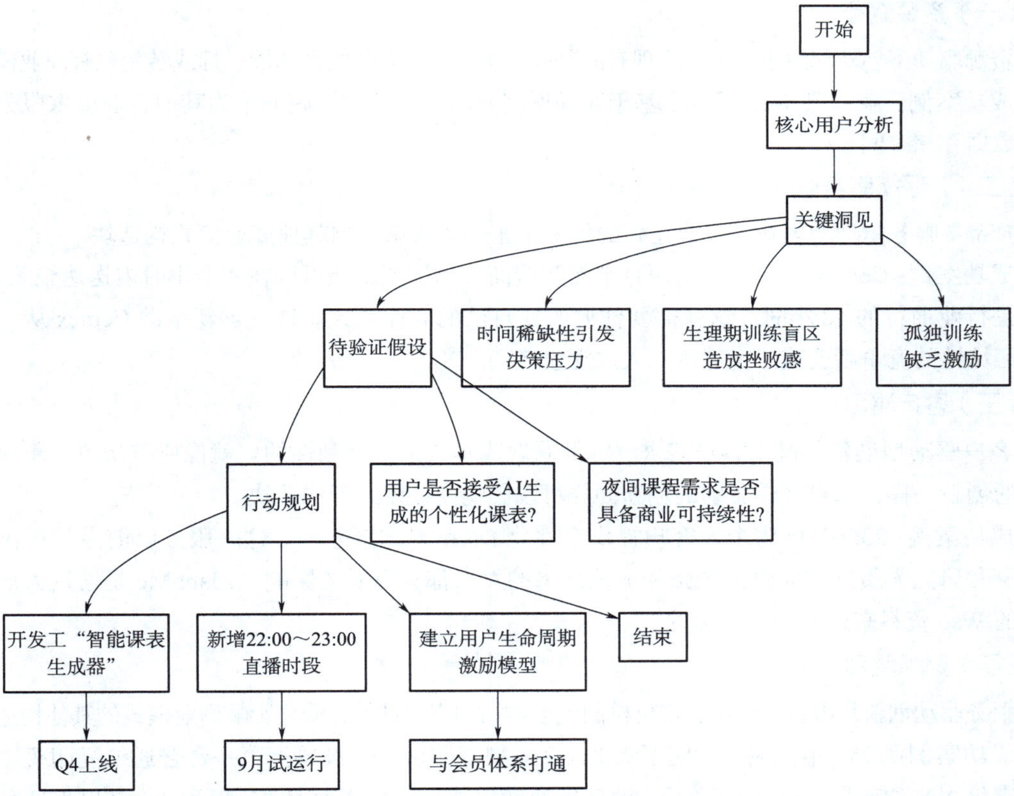

图 5-3　最终移情图成果

应用价值验证。该移情图直接指导了 FitNow V3.0 版本迭代：

• 课程筛选效率提升 40%（通过新增"分钟级筛选"功能实现）。

• 用户周留存率从 31% 提升至 49%（新增"生理期模式"功能不可没）。

• ARPU 值增长 25%（由会员转化率提高带动）。

通过结构化移情图方法，团队在 2 周内完成从用户洞察到方案落地的完整闭环。

第二节 创意构思

新的商业模式需要产生大量商业模式创意，并筛选出最好的创意，这是一个富有创造性的过程。这个收集和筛选的过程被称作创意构思。

一、商业模式创新的创意来源

商业模式创新的创意可以来自任何地方，商业模式的 9 个构造块都可以是创新的起点。具有改造作用的商业模式创新可以影响到多个商业模式构造块。我们可以把这些创新区别分为五类集中点的商业模式创新：资源驱动、产品 / 服务驱动、客户驱动、财务驱动和多中心驱动。

这 5 类集中点的每一个都可以成为主要商业模式变化的起点，每一个都可以对其他 8 个构造块产生强大的影响。有时候，商业模式创新可以引发自多个集中点。此外，变化经常源于那些通过 SWOT 分析后被标识出来的区域：针对一个商业模式的优势、劣势、机会和威胁的调查研究。

（一）资源驱动

资源驱动型创新起源于一个组织现有的基础设施，抑或合作关系拓展，抑或转变现有商业模式。

成功案例：亚马逊 Web 服务是基于亚马逊网站的零售基础设施的，为其他企业提供服务器能力和数据存储空间。

（二）产品 / 服务驱动

产品 / 服务驱动型创新是以建立新的价值主张的方式来影响其他商业模式构造块。

成功案例：Cemex 公司——墨西哥水泥制造商，承诺混凝土可以在 4 个小时内送达施工现场，而不是行业通行的 48 小时。这就需要他们改变自己的商业模式。这一创新帮助 Ccmcx 从一家墨西哥区域性的竞争者变成了世界第二大水泥生产商。

（三）客户驱动

客户驱动型创新是基于客户需求、降低获取成本或提高便利性的。就像所有从单一集中点所引发的创新一样，来自客户驱动的创新同样可以影响商业模式的构造块。

成功案例：23andMe 为个人客户提供个性化 DNA 测试服务——这一服务以前专门提供给健康专家和研究人员，这对价值主张和测试结果的发布都有重要的影响，23andMe 是通过大规模定制化的 Web 资料来达成上述目标的。

（四）财务驱动

财务驱动创新是由收入来源、定价机制或成本结构来驱动的，同样影响商业模式的其他构造块。

成功案例：1958 年，施乐发明了 X&ox 914 型复印机——世界上第一台普通纸复印机。针对市场定价太高的问题，施乐构建了一种新的商业模式。它们以每月 95 美元的价格出租这种复印机，包括 2 000 张免费复印纸，额外购买一张复印纸需要 5 美分。就这样，客户获得了新设备，并开始了每月大量的复印。

（五）多中心驱动

多中心驱动创新是由多个集中点驱动的，并会显著影响商业模式的其他多个构造块。

成功案例：专业的全球建筑工具制造商喜利得（Hiu）将自己的商业模式从彻底的销售工具转变为出租工具套件给客户。这是对喜利得价值主张的潜在改变，同时也改变了它们的收入来源，从一次销售收入变成重复性的服务收入。

二、创意构思的过程

（一）团队构成

关键问题：我们的团队是否有足够的多样性来创造新的商业模式构想？

召集合适的团队对于有效产生新的商业模式创意来说是必不可少的。团队成员应该具备多种不同的资历、年龄、经验水平以及业务部门归属、客户知识和专业技能。

（二）全情投入

关键问题：在创造新的商业模式创意之前，我们需要研究哪些要素？

理想情况下，团队应该进行一个沉浸投入的过程，其中包括普遍研究、了解客户或潜在客户、审议新兴技术，或者评估现有商业模式。全情投入的过程可以持续数周，也可以像几次专题研讨会练习（如移情图）一样短。

（三）创意发散

关键问题：针对商业模式的每个构造块，我们都能想到哪些创新？

在创意发散阶段，团队的目标是扩展可能的解决方案范围，以产生大量的创意。此阶段关注于商业模式的每个组成部分，将其视为创新的潜在起点。该过程的核心目标是创意的数量而非质量，鼓励团队成员进行强制性头脑风暴，以持续产生新的想法，避免过早评估这些创意的可行性。这种方法有助于确保在评估阶段之前，能够收集到广泛的创意供进一步分析和选择。

（四）条件筛选

关键问题：什么是我们商业模式创意排序的最重要准则？

通过扩展可能的解决方案之后，团队需要定义条件准则，把创意减少到几个可管理的数目。条件准则应该与自己的业务相关，可以包括诸如预期实施时间、收入潜力、潜在客户阻力和对竞争优势的影响等。

（五）原型制作

关键问题：每个入围创意的完整商业模式是什么样的？

有了条件准则的定义，团队应该能把创意缩减为一个包括 3 ～ 5 个潜在商业模式创新优选的短名单。使用商业模式画布，将这些创意所代表的商业模式原型描绘出来，并把每个创意作为一个商业模式原型讨论。

第三节 可视化思考

对于商业模式的相关工作来说，可视化思考是必不可少的。可视化思考是指使用诸如图片、草图、图表和便利贴等视觉化工具来构建和讨论事情。因为商业模式是由各种构造块及其相互关系所组成的复杂概念，不把它描绘出来将很难真正理解一个模式。

一、可视化思考的价值

（一）理解复杂概念

商业模式由各种构造块和相互关系组成，是一个复杂的概念。通过可视化工具，如图片、草图和图表，可以将抽象的商业模式转化为具体的可视化图像，帮助人们更直观地理解其结构和运作方式。

（二）揭示隐性假设

将商业模式可视化后，可以将其中的隐性假设转变为明确的信息。这有助于识别潜在的假设误区，从而提高商业模式设计的准确性和可行性。

（三）促进讨论和改进

可视化的商业模式图像使得讨论更加清晰和有重点。团队成员可以更容易地就不同构想展开讨论，识别问题并提出改进建议，从而改善商业模式的质量和效益。

（四）持久的讨论原点

将商业模式可视化后，其图像成为了一个持久的事物，可以随时返回进行讨论。这有助于保持讨论的连贯性和持续性，避免在讨论过程中遗漏关键细节或概念。

（五）简化复杂性

商业模式的可视化图像可以简化复杂性，帮助人们更好地理解其运作机制和关键要素。这有助于团队成员快速抓住核心内容，避免被繁杂的细节所淹没。

（六）增强战略审查

通过视觉化思考，商业模式的各个元素之间的关系可以得到清晰展现，从而增强了战略审查的深度和广度。团队可以更全面地分析商业模式的优势和劣势，制订更有效的战略计划。

（七）提升交流效率

可视化思考使得商业模式的交流更加高效。图像化的信息更易于理解和传达，减少了沟通的误解和不必要的交流成本，促进了团队之间的有效沟通和协作。

二、可视化思考的工具——便利贴 / 绘图

（一）通过便利贴实现视觉化

在人们仔细构想商业模式的时候，一组便利贴是必不可少的工具，每个人都应该把它放在手边。便利贴的功能就像创意的容器，可以增加、减少或在商业模式构造块之间进行调整移动。这一点非常重要，因为在商业模式讨论中，人们经常不会马上赞同某个元素应该出现在商业模式画布中，或者应该放在什么地方。在探索性的讨论中，有些元素会被移走或者被多次取代，以便探索新创意。

这里有三个简单的指导准则：①使用粗的马克笔；②每张便利贴上只写一个元素；③每张便利贴上只写几个词以便捕捉要点。使用粗的马克笔还有一个很重要的细节：这样做不会让你在一张便利贴上写太多的信息，也更容易阅读浏览。

同样需要记住的是，用便利贴创建最终商业模式图画的讨论过程与最终结果同样重要。讨论在商业模式画布上该贴上去哪些或移走哪些便利贴，以及讨论一个元素是如何影响其他元素，都会让参与者对商业模式及其动态变化有一个很深的理解。因此，便利贴不只是一片贴纸，它还能代表一个商业模式构造块，它成了战略讨论的载体。

（二）通过绘图实现视觉化

绘图甚至能比便利贴更加有效，因为相对于文字，人们对图画反映更强烈。图画可以在瞬间

传递信息，简单的图画就能表达出需要大量文字才能表达的含义。

这种方法比我们想象得更容易。一个笑脸的简笔画就能表达情绪，一个大钱袋和一个小钱袋能表达比例。问题是我们大部分人都认为自己画不出来，我们都避免自己画出来的草图显得单纯或幼稚而出现尴尬。但事实是，即使再粗糙的画，只要如实呈现，都能让事情变得形象具体和可理解。人们解释简单的粘贴画远比用文字表达的抽象概念容易得多。

草图和图画在许多方面都能发挥作用。最明显的作用是基于简单图画解释和交流商业模式。另一个作用是勾绘出一个典型的客户和其所处的环境，用来阐明客户细分群体。相比用文字概述这个典型的客户特征，这能激发一个更明确、更彻底的讨论。最后，勾绘出客户细分群体的需求和需要做的工作，本身就是一个强有力的利用可视化技术的方式。

这些图画可以激发建设性的讨论，而商业模式的新创意也将从这些讨论中出现。

第四节 原型制作

原型制作来自设计和工程领域，在这些领域中，原型制作被广泛地用于产品设计、架构和交互设计。不必把商业模式原型看成像是某个商业模式草图。相反，原型是一个思维工具，可以帮助我们探索不同的方向——哪些是商业模式应该尝试选择的方向。

一、原型制作的价值

（一）形象具体化概念

与可视化思考类似，原型制作可以将抽象的商业模式概念变得更加形象具体。通过制作商业模式原型，可以将概念转化为实际的可见物品或模拟，使其更容易被理解和评估。

（二）促进新创意的探索

原型制作可以帮助团队探索和测试不同的商业模式想法。通过制作多个商业模式原型，可以快速验证各种假设和方案，促进新创意的涌现和发展。

（三）处理结构、关系和逻辑问题

制作商业模式原型迫使团队处理商业模式中的结构、关系和逻辑问题。通过与原型互动和调试，可以发现并解决商业模式中的潜在缺陷和瓶颈，从而提高商业模式的可行性和效益。

（四）更容易产生创意

相比于传统的讨论方式，使用商业模式原型进行互动更容易产生创意。原型制作可以激发团队成员的想象力和创造力，推动他们思考和探索更具创新性的商业模式方案。

（五）作为路标指引前进

商业模式原型可以作为路标，指引团队在商业模式设计过程中前进。通过制作和使用商业模式原型，团队可以更清晰地了解不同方案的优缺点，从而更有针对性地选择最佳的商业模式方向。

（六）严格的探究过程

原型制作过程是一个严格的探究过程，有助于团队深入探索和分析商业模式的各种可能性。通过制作多个原型并进行调研和比较，团队可以有效地选出最优的商业模式方案，并在设计成熟后进行实施。

二、原型制作的步骤

（一）理解商业模式需求

首先，团队需要深入理解商业模式的需求和目标。这包括对目标市场、竞争环境、客户需求等方面的调研和分析，确保制作的原型能够满足实际商业场景中的需求。在开始原型制作之前，我们需要明确几个关键要素：原型的目的是什么？受众是谁？它如何有效地传达设计或测试设计？需要投入多少时间？保真度要达到什么级别？对这些问题的清晰回答将为后续的原型制作提供明确的指导。

（二）收集创意和想法

团队成员可以通过头脑风暴、设计工作坊等方式收集商业模式的创意和想法。这些创意和想法可以来自团队内部成员、外部顾问、市场调研等渠道。在收集创意和想法的过程中，需要保持开放的心态，勇于尝试新的思路和方法。同时，也要注意筛选和整理收集到的创意和想法，确保它们与商业模式需求相关且可行。

（三）选择合适的原型工具

根据商业模式的具体需求和目标，选择合适的原型制作工具。在选择原型工具时，需要考虑工具的易用性、功能丰富性、兼容性以及团队协作的便捷性等因素。常见的原型制作工具包括商业模式画布、电子表格、原型设计软件等。这些工具各有优缺点，需要根据具体的需求和场景进行选择。

（四）制作商业模式原型

制作商业模式原型是原型制作的核心步骤。在这一步骤中，需要将收集到的创意和想法转化为具体的原型设计。这可以通过绘制草图、制作线框图、设计界面等方式进行，将商业模式的各个要素组织起来，形成一个具体的模型或图像。在制作原型的过程中，需要注重原型的可用性和易用性，确保原型能够真实反映商业模式的需求和特点。同时，也要与团队成员保持密切的沟通和协作，确保原型的制作进度和质量符合要求。

（五）测试和调试原型

测试和调试原型是原型制作的最后一步。在这一步骤中，制作完成原型后，需要对原型进行全面的测试和调试，确保原型的功能和性能符合要求。测试可以通过模拟用户操作、进行功能测试和性能测试等方式进行。在测试过程中，需要检查原型的可行性和有效性，记录问题和缺陷，并及时进行修改和优化。同时，也要与团队成员保持密切的沟通和协作，确保问题能够得到及时解决。

第五节　故事讲述

一、故事讲述的价值

（一）介绍新事物

新的商业模式创意在公司的任何一个地方都能涌现出来。有些想法可能很棒，有些可能一般，还有些可能根本不可行。即使是极优秀的商业模式，要想得到各级管理层的认可，最终被采纳为公司的发展战略，也颇费周折。所以，有效地向管理层推销新的商业模式创意变得至关重要。这时，便是靠讲故事一展身手的时候了。虽然管理层最终只对数字和事实感兴趣，但讲一个恰到好处的故事绝对可以博得他们的关注。要想不拘泥于细节，而又能快速地勾勒出一个创意的雏形，讲一个好的故事是一种可以让人信赖的方式。

（二）推销给投资者

如果你是个创业家，经常需要把你的想法或商业模式推销给投资者，或是一些潜在的股东。投资者和其他一些利益相关者真正想知道的是：你会如何为客户创造价值？在创造价值的过程中，你是如何盈利的？这些问题才是故事背景。着手筹备商业计划之前，通过讲故事的方式来介绍商业模式是最理想的。

（三）鼓励员工参与其中

在一个公司从现有商业模式过渡到一个新商业模式的过程中，公司必须说服员工参与其中。员工需要对新的商业模式有一个清晰的认识，理解新商业模式对于他们的意义。所以公司需要鼓励员工参与新模式的建设。在这方面，传统的以文字为主的幻灯片展示效果始终不太好。用一个吸引人的故事作为背景介绍（辅以幻灯片、图画以及其他一些技巧），能够更好地调动听众的积极性。赢得人们的注意和好奇心，这可以为下一步的细节讨论开个好头。

（四）故事讲述的目的

讲故事的目的，是要把一种新的商业模式以形象具体的方式呈现出来。故事的内容一定要简单易懂，主人公也只需要一位。可以从公司、客户两种视角出发。讲故事可以采用谈话和图画、视频片段、角色扮演、文本和图画、连环图画等技巧。

（五）公司视角：员工观察员

从员工的视角，以讲故事的方式来解释商业模式。让员工成为故事的主人公，来证明为什么这种新模式是可行的。这样做是因为员工们频繁地关注着客户的烦恼，而新的模式就可以解决这些烦恼。抑或是，新的模式相较于先前的旧模式，能更好地利用资源、业务或是合作方式（例如控制成本、提高生产效率、创造出新的收入来源等）。在这样的故事中，员工体现的是公司及其商业模式的内部运作机制，为推行新的模式提供了依据。

（六）客户视角：客户的工作

客户的视角为整个故事开了个好头。在故事中，客户成了讲故事的主人公，他道出困扰他的烦恼和他必须解决的问题。接着，话题转到了你们公司是如何帮他创造价值的。在故事中，他描述了他得到了什么样的产品和服务，这些产品和服务是如何解决他的问题的，以及作为一个消费者，他所愿意购买的产品和服务是什么样的。甚至，还可以将生活中的一些小插曲、小情愫穿插其中，来证明你们公司是如何让他的生活变得更为轻松和方便的。如果能把公司是如何帮助客户解决问题、以什么样的方式等加入到故事中，那就更完美了。从客户的视角讲故事面临的最大挑战是如何让故事具有真实感，而不是给人留下一种夸张的、做广告的印象。

二、故事讲述的技巧

把故事讲得吸引人的技巧有许多，每种技巧也有其优势和劣势，适用于不同的场合和听众。在了解了谁是你的听众、你会出席什么场合后，再来选择一种匹配的技巧。以下是几种故事讲述的技巧、适用场景以及所用时间和成本：

（一）谈话和图画

用一幅或者几幅图画讲述主人公的故事和他所处的环境；一般适用于小组和会议报告；时间和成本较低。

视觉锚点法则。使用 1 ～ 3 幅核心场景图（如用户旅程地图、痛点场景插画）作为认知焦点，配合口语化叙事。通过“图画填空”（如留白情绪气泡框）引导听众补充故事细节，形成共创效应。

例如，在 B 端客户需求研讨会上，某 SaaS 企业在医疗行业客户会议中，用手术室场景插画 + 医患对话气泡，3 小时内锁定 11 个关键需求点。

（二）视频片段

借助视频讲述主人公的故事和他所处的环境，模糊现实和虚拟的界限；适用于面向大批观众的广播或内部讨论事务的决策；时间和成本介于中到高之间。

实验证明，包含人物特写的视频片段，能使观众多巴胺分泌量提升 30%，决策速度加快 22%。应用蒙太奇法则，将用户证言（30 s）+ 痛点场景（20 s）+ 解决方案（40 s）进行非线性剪辑，形成认知冲击。

例如，在医疗器械融资路演方案中，某初创公司用手术室实拍（痛点）+ 实验室研发（方案）+ 患者康复（结果）的三段式视频，使 VC 决策周期从 6 周缩短至 72 小时。又如德国汽车厂商用 AR 视频演示供应链问题，使对故障认知一致率从 55% 提升至 89%。

（三）角色扮演

让人们扮演故事中主人公的角色，呈现真实而具体的商业场景；适用于在有参与者介绍新设计的商业模式的研讨会上；时间和成本较低。

当参与者扮演用户角色时，前额叶皮层活跃度提升 3 倍，促进换位思考，引导参与者深度代入角色处境。应用角色扮演方法，模拟操作事故场景，留存率提升至 79%，而传统教学中应用手册阅读方法，3 天后知识留存率 28%。

（四）文本和图画

用文本和图画来讲述主人公的故事和其所处的环境；适用于面向大批观众的报告或广播；时间和成本较低。用纯文本方法，工作记忆负荷值 7.2（满分 10）；而采用图文结合的方法，负荷值降至 4.3，理解速度提升 60%。研究表明，重要数据用信息图呈现时，读者注视时间延长 3 倍，记忆强度提升 50%。某企业将 82 页纯文本年报重构为 12 页图文年报，分析师会议提问质量提升评级从 B+ 升至 A。合规培训手册采用传统版的文字条款，其测试通过率为 63%；而采用图文版的流程图 + 案例漫画，则测试通过率为 92%。

（五）连环图画

用一系列的连环图画来生动具体地讲述主人公的故事；适合面向大批观众的报告或广播；时间和成本介于低到中之间。

应用英雄旅程模型，通过现状揭示（痛点场景）、导师指引（解决方案）、蜕变验证（成果展示）的逻辑展开叙事框架。同时，每 6 格画面构成认知单元，配以“钩子问题”（如“如果是你会怎么做？”）。如某药上市推广时，用 12 格漫画描述患者从确诊（迷茫）、用药（希望）、康复（新生）的全旅程，使医生处方意愿提升 47%。

第六节　情景推测

一、情景推测的作用

在新商业模式的设计和原有模式的创新上，情景推测能起到很好的作用。情景推测把抽象的概念变成具体的模型。它的主要作用就是通过细化设计环境，帮助我们熟悉商业模型设计流程。

二、情景推测的类型

两种常见的情景推测是：描述不同的客户背景；描述新商业模式可能会参与竞争的未来场景。客户情景推测可以在商业模式设计中引导我们做出正确选择，而在未来商业模式的设计中，一般要比依靠头脑风暴更为方便和有效。

第一种描述的是不同的客户背景：客户是如何使用产品和服务的，什么类型的客户在使用它们。客户的顾虑、愿望和目的分别是什么。这种建立在客户洞察之上的情景推测更进一步，把对客户的了解融入一组独特、具体的图像。通过描述特定的场景，关于客户的情景推测就能把客户洞察具体形象地表现出来。

第二种情景推测描述的是新商业模式可能会参与竞争的未来场景。这里的目的并不是要预测未来，而是要具体形象地草绘出未来的各种可能情况。这种技巧训练能帮助创新者针对未来不同的环境设计出最为恰当的商业模式。在这一领域的商业战略文献中，都称这种技巧为“情景规划”。在商业模型的创新中，运用这种情景规划技巧“迫使”我们去思考商业模式在特定的环境下可能的演变趋势，这样加深了我们对于模式的认知和可能有必要调整的理解。最为重要的是，它帮助我们更好地来迎接未来的商业环境。

思考题

1. 客户洞察在商业模式设计中具有怎样的重要性？请结合亚马逊“1-Click”功能案例，阐述客户洞察的五大特征如何驱动商业成功。

2. 在基于客户洞察建立商业模式时，会面临哪些挑战？企业应如何应对这些挑战？请结合实际案例进行分析。

3. 请简述商业模式创新的创意来源，并结合实际案例说明不同类型的创意来源如何影响商业模式的创新。

4. 可视化思考在商业模式设计中具有哪些价值？请结合便利贴和绘图等工具，说明如何通过可视化思考来优化商业模式设计。

5. 故事讲述在商业模式设计中具有哪些作用？请结合实际案例分析不同故事讲述技巧在不同场合和听众下的应用效果。

第六章 商业模式的设计流程

设计不是仅仅让事物看起来更美，而是要让它工作得更好。

——多莉亚·阿克曼

案例引入 Airbnb——设计引领创新，全球住宿业版图的改写者

Airbnb 始于 2008 年，由三位年轻人 Brian Chesky、Joe Gebbia 和 Nathan Blecharczyk 共同创立。当时，旧金山即将举办一场大型设计会议，酒店房间供不应求，三人突发奇想，决定将自己公寓里的几把充气床垫出租给参会者，并创建了一个简陋的网站——AirBedandBreakfast.com，这就是 Airbnb 的雏形。这次尝试的成功，让他们意识到市场上存在着对个性化、经济型住宿的巨大需求，一个全新的商业模式就此萌芽。

起初，Airbnb 只是作为一个简单的在线平台，让有闲置空间的房东能够将房间短期出租给需要住宿的旅客。但很快，他们意识到要想在这个市场站稳脚跟，就必须超越传统住宿服务，提供与众不同的体验。于是，他们开始专注于设计流程的优化，确保每一个环节都能满足用户深层次的需求。

他们首先深入挖掘用户需求，发现旅行者越来越倾向于寻找能够融入当地生活、体验地道文化的住宿方式，而非仅仅是一个睡觉的地方。基于此，Airbnb 在产品设计中强化了房源的特色展示，鼓励房东详细介绍房屋的特点、周边环境以及可提供的独特体验。同时，平台提供高质量的照片拍摄服务，确保房源看起来既吸引人又真实可信，满足旅行者对于住宿个性化和品质的追求。

为了消除陌生人之间交易的最大障碍——信任，Airbnb 设计了一套完善的信任与安全体系。这包括对用户进行身份验证、引入房东与房客的互评机制，以及推出“超级房东”计划，通过这些措施来建立一个安全、透明的交易环境。这些设计不仅保障了用户的安全感，还促进了平台内的正面行为，增强了用户之间的信任。

然而 Airbnb 并不满足于仅仅作为预订平台，而是致力于构建一个全球性的旅行社区。他们设

计了一系列功能，鼓励用户分享自己的旅行故事、推荐当地活动，甚至允许房东提供独特的体验服务，比如烹饪课程、艺术工作坊等。这种社区互动不仅丰富了用户体验，还帮助房东增加了收入来源，同时将 Airbnb 的品牌深深植入到全球旅行文化的土壤中。

随着业务的全球化扩张，Airbnb 持续迭代与优化其产品，适应不同市场的特殊需求。例如，开发多语言界面、接入本地支付系统、考虑地区性法律和文化差异等。这些努力确保了无论用户身处何方，都能享受到流畅且贴心的服务体验。

正是这一系列深思熟虑的设计决策，使得 Airbnb 从一个初创的小平台，成长为改变全球住宿行业的巨头，它不仅为旅行者打开了通往世界各地家庭的大门，也让普通人有机会成为微企业家，利用自己的空闲空间创造价值。

案例启示

在了解了 Airbnb 的崛起故事后我们知道：成功的商业模式创新根植于深入理解并预见用户需求，并通过精细化设计优化每一环节体验。Airbnb 通过不断迭代其平台，将用户对个性化住宿的渴望、对信任安全的诉求，以及对社区参与的期待融入设计核心，展示了设计流程如何塑造和强化商业模式。它证明了在竞争激烈的市场中，真正以用户为中心的设计思维，结合对技术创新和社区建设的不懈追求，能够颠覆传统行业，开创前所未有的市场机遇。Airbnb 的这一案例强调，设计不仅仅是美学呈现，更是解决用户痛点、构建信任机制、促进社区互动和全球适应性的战略工具，是推动商业模式进化和实现可持续增长的关键驱动力。

对于不同的已经取得一定成功的企业来说，每个企业商业模式设计项目都应该是独特的，在设计过程中必然会遇到一定的障碍与困难，但通常其背后都有关键的成功因素做支撑。在设计商业模式的过程中，企业有必要遵循一套系统化的流程来确保其创新性和可行性，不同的企业可以在这一基础上进行改造和创新，在综合考虑多方面因素后确立最适合企业自身的商业模式。那么本章将深入探讨商业模式设计的五个核心步骤：团队激活、市场洞察、商业模式设计、落地实施和价值驱动，我们将结合实际案例和理论框架，为创业者提供实用的指导。

第一节　团队激活

一、动员阶段的关键要素

动员阶段是商业模式设计的起点，涉及团队组建、项目启动和目标共识，目的在于为一个成功的商业模式设计项目做好准备工作。此阶段的关键在于激发团队成员的创新思维和对项目的热情，通过举办动员会议，明确商业模式设计的目标、预期成果以及每个成员的角色与责任。通过借鉴《商业模式新生代》（*Business Model Generation*）一书中亚历山大·奥斯特瓦德（Alexander

Osterwalder）与伊夫·皮尼厄（Yves Pigneur）的精辟见解，我们可以深入理解动员阶段的几大关键要素，如图 6-1 所示。

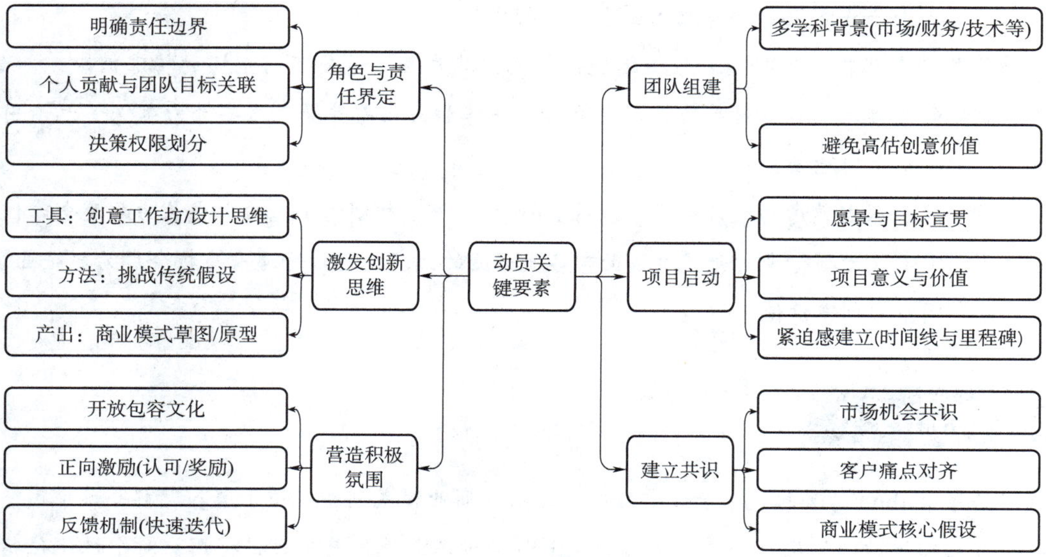

图 6-1　动员关键要素

（一）团队组建

成功的商业模式设计始于组建一个多学科、跨功能的团队，好的商业模式创意一定是综合了公司内部多个部门的资源，在各个层面都能确保落地的商业模式可得到实施执行。在动员阶段最容易犯的错就是高估了我们的创意价值。因此，团队的综合背景是必不可少的，这意味着需要汇聚来自市场、产品、技术、财务等不同背景的专业人士，他们的多样视角和专业技能将为商业模式的创新提供丰富源泉。

（二）项目启动

通过正式的动员会议，不仅宣告项目的正式启动，更重要的是，要在此时明确传达项目的愿景、目标以及重要意义。这样的会议有助于在团队内部树立共同的目标感和紧迫感。

（三）建立共识

在团队中建立对于商业模式设计目的、预期成果的共识至关重要，这包括对市场机会的共同认知、客户痛点的深刻理解以及商业模式核心要素的初步设想。

（四）角色与责任界定

明确每位团队成员的角色、职责及期望贡献，确保每个人都能在其擅长的领域发挥最大效能，同时也知晓自己在整体项目成功中所扮演的关键角色。

（五）激发创新思维

动员阶段还需特别注重激发团队成员的创新思维，通过创意工作坊、思维导图、设计思维等工具和方法，鼓励团队自由思考，挑战传统假设，探索新颖的商业模式构想。

（六）营造积极氛围

创建一个开放、包容的工作环境，让团队成员敢于表达、乐于分享，正面激励机制和及时的认可反馈，都能够极大提升团队的积极性和项目的整体动力。

动员阶段是商业模式设计旅程的起跑线，它奠定了项目成功的基础，通过有效的团队动员，可以确保在后续的设计、实施乃至迭代过程中，团队能够保持高度的协同性、创新力和执行力。

二、团队激活的工具与方法

在动员阶段，除了明确目标与角色外，引入科学的工具与方法能够显著提升团队协作效率与创新质量。接下来聚焦于商业模式设计动员阶段的核心工具及其应用场景，为团队激活提供可操作的实践路径。

（一）设计思维工作坊

通过沉浸式共创活动，打破部门壁垒，激发跨职能团队的协同创新。例如，利用“客户旅程地图”工具（customer journey map）引导团队深入理解用户痛点，结合“价值主张画布”（value proposition canvas）快速验证商业模式假设。

一是痛点挖掘，组织跨部门成员模拟用户使用场景，识别未被满足的需求。例如，Tesla（特斯拉）早期通过用户访谈发现“续航焦虑”是电动汽车推广的核心障碍，进而将电池技术突破作为优先目标。二是原型测试，快速构建商业模式原型（如订阅制、共享经济等），通过角色扮演验证可行性。例如，团队模拟电动汽车充电网络布局场景，测试用户付费意愿与使用频率。

（二）SWOT 与 PESTLE 分析框架

系统性评估内外部环境，为商业模式设计提供战略依据。SWOT（优势、劣势、机会、威胁）聚焦团队能力与市场机会的匹配度；PESTLE（政治、经济、社会、技术、法律、环境）则从宏观视角识别潜在风险与趋势。

Tesla 早期通过 PESTLE 分析预判政策对新能源补贴的支持趋势，将“政府激励”纳入商业模式设计，降低用户购车成本。例如，美国联邦税收抵免政策直接推动了 Model 3 的市场渗透率。结合 SWOT 分析，明确自身技术优势（如电池专利）与竞争对手的短板（传统车企转型缓慢），制定差异化竞争策略。

（三）OKR 目标管理法

通过“目标与关键成果”（objectives and key results，OKR）体系，将宏大愿景拆解为可量化的阶段性任务。例如，Tesla 早期设定“3 年内推出首款量产车型”的 OKR，并分解为电池技术突破、生产线优化等关键成果。

目标对齐：确保团队成员个人目标与公司战略高度一致。例如，电池团队的关键成果包括“能量密度提升 20%”与“成本降低 15%”。

动态迭代：按月或季度复盘 OKR 完成度，及时调整资源分配。例如，当生产线建设进度滞后时，Tesla 快速抽调工程师团队集中攻关。

（四）团队画布

可视化工具，帮助团队在动员阶段明确共同目标、角色分工与协作规则。画布涵盖“目标”“价值观”“技能”“规则”等九大模块，通过集体填写实现认知同步。

在 Tesla 团队组建初期，通过团队画布明确“技术突破优先于短期盈利”的价值观，统一团队行动方向。例如，画布中“冲突解决规则”模块规定“技术可行性争议由首席工程师终审”，避免决策僵局。通过“技能与资源”模块盘点团队能力缺口，针对性引入电池专家与供应链管理人才。

（五）数字协作平台

利用 Miro、Notion 等工具实现远程协同与知识沉淀。例如，通过在线白板实时收集创意，利用共享文档动态更新项目进展。

行为分析：追踪团队成员协作频率与贡献度，识别潜在沟通瓶颈。例如，通过 Notion 日志发现某部门参与度低于阈值，及时调整沟通机制。

知识库构建：将讨论成果结构化存储，形成可复用的商业模式设计模板。例如，Tesla 将早期 Roadster 的设计文档标准化，为后续车型开发提供参考。

（六）激励机制设计

通过短期奖励（如项目奖金）与长期激励（如股权期权）相结合，维持团队创新动力。早期核心成员享有技术突破奖金与股票期权，将个人收益与公司长期愿景深度绑定。例如，电池团队在达成“续航里程突破 400 千米”目标后，获得现金奖励与期权激励。设立“创新贡献榜”，公开表彰跨部门协作中的突出个人，强化团队荣誉感。

上述工具并非孤立存在，而是通过协同作用形成完整的赋能闭环：

从洞察到行动：设计思维工作坊与 SWOT/PESTLE 分析，提供市场洞察，OKR 与团队画布将其转化为可执行计划。

从协作到沉淀：数字平台支撑实时协作，同时沉淀知识资产。

从激励到持续创新：激励机制确保短期动力与长期承诺的平衡。

通过工具的系统化应用，团队能够在动员阶段快速凝聚共识、明确路径，并为后续商业模式的设计与迭代奠定坚实基础。正如 Tesla 的实践所示，科学的工具组合不仅提升效率，更将抽象愿景转化为可落地的行动蓝图，最终驱动商业模式的颠覆性创新。

案例学习 Tesla 的电动汽车革命

1. 案例背景

在 20 世纪末至 21 世纪初，汽车工业主要被燃油车统治，电动汽车被视为边缘技术，市场接受度低。然而，伊隆 · 马斯克（Elon Musk）看到了改变这一现状的机遇，他相信电动汽车将是未来交通的关键。2003 年，马斯克参与投资并随后成为 Tesla 的 CEO，他着手动员一支团队，目标是颠覆整个汽车行业，推动世界向可持续能源转型。

2. 动员阶段的关键行动

（1）组建精英团队：马斯克吸引了来自硅谷的顶尖工程师、设计师以及汽车行业的资深专家，组建了一个跨领域的团队，团队成员不仅在技术上互补，在愿景上也高度一致，即打造既环保又高性能的电动汽车。

（2）明确激进目标：在早期的动员会议中，马斯克提出了大胆的目标——生产出一款打破常规、性能卓越且能被大众市场接受的电动汽车，挑战当时普遍认为电动汽车只能作为短途、低性能车辆的观念。

（3）创新文化塑造：马斯克强调快速迭代、勇于尝试的文化，鼓励团队不惧失败，迅速从错误中学习，这种文化在动员阶段就深深植入团队基因，为后续的快速创新打下基础。

（4）清晰角色分配：在 Tesla 的早期，马斯克确保每个人都清楚自己的任务和对公司目标的贡献，从电池技术的研发到营销策略的制定，每个环节都有明确的责任人，促进了高效协作。

（5）激发共同愿景：通过内部演讲、公开声明以及与团队的一对一交流，马斯克反复阐述 Tesla 的宏大愿景——加速世界向可持续能源的转变。这种愿景激发了团队的热情，使他们超越了个人利益，为共同目标努力。

3. 结果及影响

Tesla 成功推出了 Roadster、Model S、Model 3 等一系列车型，不仅在电动汽车领域取得了技术突破，也逐步改变了消费者对电动汽车的看法，推动了全球范围内电动汽车市场的快速增长。如今，Tesla 已成为全球最有价值的汽车制造商之一，其成功在很大程度上归功于初期动员阶段的有效策略和团队建设。

第二节　市场洞察

一、洞察阶段的具体工作

在商业模式设计的过程中，紧随动员阶段之后的是“市场洞察”阶段，这是深入探究与分析的桥梁，旨在构建对市场、顾客、行业以及技术环境的全面洞察，这一阶段是商业模式创新的基石，为后续设计提供了数据支持和方向指引。这个环节比较类似产品调研阶段，需要对商业模式设计活动所需的元素做一个细致的研究和分析，对企业现有商业模式所在的环境进行全面洞察，挑战行业中墨守成规的假设和现成的商业模式类型。接下来介绍在该阶段需要做的具体工作：

（一）背景环境扫描

需要做好对环境的分析，在这里，可以用到环境分析方法，如运用 PEST 模型、SWOT 与商业模式画布结合的模型以及波特五力模型。此外，还可以采访行业专家，结合专家访谈，以及对过去商业模式的失败调研等，对行业背景做出彻底的了解。

（二）研究潜在客户

毫无疑问，若是企业现有商业模式连自己要服务的消费者是谁都没有了解清楚，那么这个企业大概率也不会取得成功。在设计的初始阶段，企业常常会遇到的一个问题是：对于客户群体该如何细分并不清晰。此时，可以运用客户移情图帮助企业对市场进行结构性研究。

（三）收集创意和观点

推陈才能出新，要有敢大胆挑战行业中现有的商业模式墨守成规的做法，任天堂就是将游戏主机的消费者视野从高级游戏玩家扩大到休闲游戏玩家并因此大获成功的。

二、成熟企业的市场洞察过程

对于成熟企业来说，其进行方式也许又有不同，那么又该如何进行呢？

（1）要能够绘制并评估当前商业模式。通过开展商业研讨会，在研讨会上进行当下的商业模式的描绘与分析，并要求各部门的负责人或者代表必须参加，以便于在讨论当前商业模式的同时收集对于新商业模式的创意和观点，帮助企业多视角地看待新的商业模式的优劣势。

（2）跳出现状看问题。参与人员避免带着偏见进行工作，抛掉过去让企业成功的因素。

（3）不要局限在当前的客户群体。要找到利润丰厚的新商业模式，就要在更大的范围搜寻客户。

（4）展示进展。及时地向管理层展示进展，汇报阶段性的成果，向他们描述客户洞察及商业模式初稿，展现商业模式构想。

案例分析 福耀玻璃——透明世界的责任担当

福耀玻璃工业集团股份有限公司 1987 年成立于中国福州，于 1993 年在上海证券交易所主板上市，2015 年在香港交易所上市。福耀玻璃以“敬天爱人，止于至善”为企业宗旨，从“为中国人做一片属于自己的玻璃”的愿景出发，到“打造全球最具竞争力的汽车玻璃专业供货商”，秉承“勤劳、朴实、学习、创新”的核心价值观，坚持走独立自主、应用研发、开放包容的战略路线。福耀玻璃始终以打造全球客户的忠实伙伴、全球行业的行为典范、全球员工的最佳雇主、全球公众的信赖品牌为目标，通过自身的开拓与发展，以实际行动回报社会，积极主动履行社会责任，成为一家令客户、股东、员工、供货商、经销商等长期信赖的企业，实现公司的发展和社会的发展相和谐。

福耀玻璃通过系统化的 ESG 管理架构、全产业链绿色转型、深度利益相关方沟通及透明披露，展现了全球汽车玻璃龙头企业在可持续发展领域的责任担当，其实践为制造业 ESG 整合提供了可复用的框架。

一、ESG 治理架构：顶层设计驱动责任落地

设立“董事局-ESG 工作小组-业务部门”三级管理体系，董事局直接监督 ESG 战略，各职能部门负责人组成工作小组推进执行。2023 年将气候风险纳入集团风控体系，明确董事会对气候议题的监督职责。在制度保障方面，制定《社会责任行为准则》《冲突矿产管理办法》等 20 余项制度，覆盖商业道德、供应链责任、碳排放等关键领域。实施“风险管控三道防线”：业务部门自查→内审部独立评估→第三方审计。

二、环境绩效提升：绿色制造引领行业减碳

一是开展气候行动。设定科学目标：2040 年集团碳中和，2030 年万元产值碳排放较 2019 年下降 50%。

二绿色产品创新。研发 UWB 超宽频饰件、太阳能天窗等低碳产品，减少车辆能耗，轻量化玻璃技术使单车减重 1.0 ～ 1.5 kg，降低燃油车能耗约 2%。

三是加强能源资源管理与节约。

三、社会价值：以人为本构建共赢生态

员工权益。员工培训覆盖 28 101 人，人均培训 15.7 小时。职业健康安全投入 100%，24 家生产基地通过 ISO 45001 认证。

供应链责任。100% 供应商签署《冲突矿产承诺书》，75.91% 签订《可持续采购章程》。对 86 家供应商开展 CSR 现场审核，72.27% 通过社会责任评估。

社区贡献。河仁慈善基金会 2023 年捐赠 9.41 亿元，累计超 160 亿元。福耀科技大学（总投资 100 亿元）于 2024 年招生，培养工程技术人才。

四、管治创新：透明披露树立行业标杆

披露质量。依据联交所《ESG 指引》、GRI 标准等七项框架编制，第三方鉴证覆盖率 100%。重大性议题矩阵覆盖 20 项 ESG 风险，包括供应链安全、数据隐私、气候转型等。

行业影响力。主导制定中国汽车玻璃配件编码系统（CARG），实现“一片一码”全流程溯源。2023 年入选工信部“工业产品绿色设计示范企业”，获 CDP 气候变化评级 A-。

福耀玻璃将 ESG 深度融入全球运营，以技术减碳提升产品竞争力，以透明治理构建责任供应链，证明了制造业企业可通过可持续发展实现商业价值与社会价值的共生。其“顶层设计-量化目标-生态协同”模式，为同行提供了可复制的责任转型路径。

第三节　商业模式设计

一、设计阶段的工作与关键点

商业模式设计阶段是将前期对市场、用户需求以及竞争环境的分析转化为具体商业策略的关键环节。在这个阶段，团队不仅要综合考虑已有的研究成果，还要大胆创新，探索新的价值创造和传递方式，主要工作就是根据市场的反馈调整和修改商业模式。进行商业模式设计的主要方式有头脑风暴、建模、验证和甄选。需要注意的是，在设计过程中，我们不应该过早地对某一个商业模式新创意给予偏爱，而是应该彻底思考，不断验证，找到最优解决方案，通过尝试不同的商业模式，企业有望在不断探索中挖掘新的可能。

（一）头脑风暴

目的：头脑风暴旨在激发团队的创造力，鼓励开放性思维，不设限制地提出商业模式的新点子。在这个阶段，任何想法都是受欢迎的，哪怕它们看起来非传统或激进。

实施：组织无评判的会议，让参与者自由地分享他们关于价值主张、客户体验、收入流等方面的创意。可以使用思维导图、便利贴等工具记录想法，促进视觉化思考，对商业模式进行可视化描绘，这样，人们可以把其中隐含的一些假设转变为显而易见的信息，使商业模式明确而有形，并且在后续的讨论和改变中，也能够更加条理清晰。

关键点：保持积极的氛围，要能确保每个人的声音都被听到，同时鼓励跨部门合作，让各种背景的人融入进来，因为多样化的背景能带来更广阔的视角。

（二）建模

目的：基于头脑风暴产生的创意，开始构建商业模式的初步模型，可以借助商业模式画布帮助团队系统地梳理和组织这些想法。

实施：将每一个商业模式元素填充到画布的对应区块，明确如何通过核心资源、关键活动等创造和传递价值给特定的客户细分。

关键点：模型应保持灵活，便于调整，团队应该探讨不同构造块之间的逻辑联系，确保整个模式的内部一致性。

（三）验证

目的：验证商业模式的可行性，减少未来的不确定性，这包括市场测试、原型制作、最小可行产品（MVP）发布等。

实施：通过客户访谈、问卷调研、小规模市场试验等方式收集数据，评估价值主张是否被目标客户接受，以及商业模式能否产生预期的收入。

关键点：快速学习和迭代是关键，验证不是一次性事件，而是持续的过程，需要根据反馈迅速调整商业模式。

（四）甄选

目的：在经过一系列验证之后，从多个商业模式选项中选择最符合企业战略目标、资源能力和市场需求的方案。

实施：基于验证结果、财务预测、风险评估等因素进行综合考量，可以采用评分系统、决策矩阵等工具辅助选择。

关键点：避免“一见钟情”，确保决策过程客观公正。考虑商业模式的长期可持续性和可扩展性，而不仅仅是短期效益。

二、成熟企业的商业模式设计

对于那些老牌的成熟企业，它们的优缺点都是太过稳定，不敢做出新尝试，大胆激进的想法往往会被遏制。而对于这些企业而言，所要面临并克服的挑战就是要坚持你的大胆设想。面对这种问题，管理者应当如何处理呢？可以参考《商业模式新生代》中的做法，使用“风险—收益”画像的工具，管理者可以问自己如下问题：这个商业模式的潜在收益和亏损是什么？如何影响当下的品牌？如何影响消费者？又如何影响渠道？如果能够清晰地定义该商业模式中面临的不确定性因素，那么就能更好地控制风险。此外，还有以下几种建议：

（一）参与式设计

吸纳多背景多职级甚至是外部人员参与到商业模式的设计中，即尽可能地让团队人员结构多元化，因为越是存在思想上的碰撞，反而越是能产生大胆的设想。通过综合团队成员的不同意见，并对产生的顾虑加以考虑，能够减少该商业模式未来执行过程中的很多问题。

（二）处理好新旧模式的关系

“整合”还是“剥离”，做好正确的设计选择将会大大提高企业成功的概率。

（三）避免聚焦短期利益

新商业模式的培育不太可能一蹴而就，需要进行相应的试错和亏损，需要我们抱有长期主义的眼光，不能只专注于投资时间短、高回报的商业模式，尤其是那些能创造绝对价值、长远利益的大公司，若是只注重于眼前利益，那么就很可能错失很多未来增长的机会。

案例分析 苹果 iPhone——设计驱动的市场颠覆者

1. 案例背景

在 2000 年左右，手机市场主要由功能手机主导，用户界面复杂且操作不便。苹果洞察到市场对于更直观、更智能移动设备的需求，决定开发一款能够颠覆行业的智能手机。这一决策背后是对传统手机市场格局的深刻反思，以及对移动互联网未来趋势的精准预判。

2. 设计阶段的关键行动

（1）头脑风暴与创新理念：苹果公司在设计初期，会组织跨学科团队进行广泛而深入的头脑风暴会议，以 iPhone 为例，设计团队不仅包括工业设计师，还有工程师、用户体验专家、市场分析师等。在这个阶段，他们探讨如何将最新技术与用户需求相结合，创造前所未有的产品体验。例如，多点触控技术的引入，彻底改变了人们与手机交互的方式，这是对传统按键手机的重大突破。

（2）建模与细节优化：苹果在设计建模阶段异常注重细节，设计团队利用高级 CAD 软件创建精确的产品模型，并通过多次迭代不断优化。设计不仅仅关注外观，更重要的是如何通过设计提升用户体验。例如，iPhone 的圆角矩形设计，不仅美观，还提升了手持舒适度，而 iOS 系统的界面设计，则力求直观易用，每个图标、每个动画都经过精心打磨。

（3）验证与原型测试：苹果在设计阶段后期会制作大量原型进行测试，这些原型涵盖了从硬件到软件的各个方面，他们通过用户测试小组收集反馈，评估设计的实际效果。例如，为了测试 iPhone 的耐用性，苹果会制造各种条件下的原型机进行跌落、磨损等测试，此外，他们也会进行小范围的市场测试，确保产品在正式发布前能满足用户期待。

（4）甄选与决策：基于原型测试和市场反馈，苹果会对设计方案进行甄选，选择最符合公司战略和市场需求的设计方案。决策过程中，除了考虑技术可行性、成本效益外，还会特别重视设计的长期影响力和品牌价值。例如，尽管初期成本高昂，但苹果坚持在 iPhone 上使用高质量材料和先进工艺，这一决策最终助力苹果建立了高端品牌形象。

3. 成果与影响

苹果公司的产品设计案例完美阐释了设计阶段的深度和广度，以及优秀设计对项目整体成功所起的决定性作用。其产品如 iPhone、iPad 不仅在美学上树立了简洁优雅的标杆，更通过用户体验设计哲学，彻底革新了消费电子产品的互动方式。苹果将技术创新巧妙融入设计之中，诸如多点触控、Retina 显示技术等，不断推升行业标准，同时，其构建的生态系统确保了设备间的无缝连接，极大地增强了用户黏性。这些设计上的努力，不仅令苹果品牌成为高质量与创新的代名词，实现了品牌识别度和用户忠诚度的显著提升，也转化为市场上的巨大成功，引领了全球消费电子市场的潮流。

第四节 落地实施

一、关键活动

好的战略一定是可落地的，好的商业模式不被实施也只是“空中楼阁”。实施阶段是商业模式构建过程中至关重要的一步，它关乎将精心设计的商业模式构想转变为现实操作，确保企业的商业愿景得以实现，此阶段不仅要求高度的组织协调能力，还需精准的执行策略，以最小化风险并最大化效率。此阶段主要包括以下几个关键活动：

（1）产品开发：依据商业模式设计中的产品或服务概念，进行具体的研发工作。这可能涉及软件编程、硬件制造、用户界面设计等，确保产品能够满足市场需求并实现预定的商业目标。

（2）市场测试：通过小范围或特定市场的测试，收集用户反馈，验证产品或服务的市场接受度、价格敏感度以及营销策略的有效性，这有助于进一步优化产品，并为全面推广积累数据支持。

（3）供应链安排：建立或调整供应链体系，确保原材料采购、生产、库存管理、物流配送等各个环节的顺畅运行，以支持商业模式的规模化实施。

（4）执行计划制订：详细规划实施步骤，包括项目时间表、预算分配、关键任务分解以及责任人的指定。一个清晰的执行计划有助于团队协同工作，确保每个环节按时按质完成。

二、成熟企业的商业模式的实施

那对于成熟企业，落地新商业模式需要注意些什么呢？

（1）主动管理“路障”。这里的“路障”指的是我们在落地项目中可能遇到的各种障碍。针对这样的情况，我们需要提前准备，发动内外部资源，尽早排除可能的“路障”，帮助我们更快地推进新商业模式的落地。

（2）项目赞助人的支持。当能够得到项目赞助人的无条件支持，可以在一定程度上防止项目的既得利益者破坏项目的具体实施，为项目实施提供保障。

（3）内部沟通。保持信息在内部的一致性。

（4）管理好新旧商业模式之间的关系。即要能够为商业模式创造出匹配企业自身的组织架构，是独立还是依附在原有母公司之下？与现有商业模式之间能否共存？

案例分析　阿里巴巴——从 B2B 在线市场到全球电商帝国的跨越

1. 案例背景

阿里巴巴的故事始于 1999 年，由马云在中国杭州的一个公寓中创立，起初它仅仅是一个在线 B2B 贸易网站，旨在利用互联网的无限潜力打破传统贸易的地域限制，为全球企业和商人提供前所未有的便捷贸易体验。然而，马云的视野远不止于此，他预见到了互联网不仅仅是贸易的补充渠道，而是能够彻底颠覆传统商业的力量。在 21 世纪初，当电子商务还处于起步阶段时，阿里巴巴就开始布局其宏大的战略转型。

2. 实施阶段的关键行动

（1）产品开发与扩展：阿里巴巴不断拓展其服务范围，从 B2B 贸易扩展到 B2C（天猫）、C2C（淘宝）等业务。还开发了支付宝，解决线上交易信任问题，推动电商发展，强化了其市场地位和品牌影响力。

（2）市场测试与用户洞察：阿里巴巴利用大数据和先进的算法进行个性化推荐，不断提升用户体验。通过 A/B 测试等方法，不断尝试和优化页面布局、促销策略、价格策略等，确保新功能和服务能有效吸引和保留用户。

（3）供应链优化与物流体系建设：阿里巴巴投资建设了高效的全球供应链系统和物流网络，如菜鸟网络。整合了众多快递公司和仓储资源，提升了物流速度和服务质量，降低了运营成本，成为其核心竞争力之一。

（4）执行计划与战略投资：阿里巴巴制定了长远的发展蓝图，通过一系列战略投资和并购（如收购饿了么、考拉等），不断拓宽业务边界。同时，公司内部实施严格的管理制度，确保项目计划的高效执行和资源的合理分配。

3. 启示

阿里巴巴作为成熟企业的典范，在新商业模式的实践与落地过程中，其策略与执行手法值得学习。面对传统零售商竞争、法规复杂及物流挑战，阿里巴巴凭借前瞻性的解决方案彰显智慧。一方面引入高科技手段提升仓储物流效率；另一方面组建精干法律团队，为业务扩张扫清障碍。马云的远见与创新追求为新业务探索提供资源保障和精神支柱。内部构建“客户至上”“持续创新”企业文化，通过会议和培训增强团队沟通协作。在业务转型中，阿里巴巴稳健而明智，利用核心业务稳定的现金流和客户基础支持新业务，实现平稳过渡，降低风险，完成从 B2B 到电商巨头的蜕变。

第五节 价值驱动

一、关键操作

在完成商业模式的设计与初步实施阶段后，其基础构建和价值导向作用已明确体现。然而，后续的管理阶段是验证该模式能否持续生效并促进价值增值的核心环节。此阶段要求企业持续关注并适应外部市场环境的变化，及时调整策略以保持竞争力，企业必须不断地审视内部资源与能力的配置情况，确保两者能够动态匹配，以支持长期发展目标和维持业务的稳定性。具体而言，企业需实施以下关键操作：

（一）建立灵敏的市场反馈机制

这一步骤对于保持企业战略的灵活性和前瞻性至关重要，是为了确保企业能即时感知并响应市场变化，包括行业趋势、消费者偏好的演进以及竞争对手的动态等。实施步骤如下：

（1）多元化信息渠道：利用社交媒体监听、在线问卷、客户访谈、市场调研等多种手段，广泛收集市场信息。

（2）搭建数据分析平台：整合来自不同渠道的数据，运用大数据分析和人工智能技术，快速识别趋势和模式。

（3）建立预警系统：设置关键指标阈值，当市场环境或竞争态势发生重大变化时，自动触发警报，促使决策层快速响应。

（4）培养市场敏感性文化：鼓励全员参与市场观察，定期举办市场动态分享会，提升团队对市场变化的敏感性和反应速度。

（二）通过数据分析优化资源配置

在确保企业目标达成的同时，最大化资源使用效率，降低成本，提升盈利能力。具体包含以下几种策略：

（1）成本效益分析：运用成本效益矩阵评估各项活动和项目的投入产出比，优先考虑高效益项目。

（2）运营流程再造：借助流程图和价值链分析，识别并消除非增值活动，简化流程，提升效率。

（3）数字化转型：利用云计算、物联网、AI 等技术优化供应链管理、库存控制和生产调度，实现自动化和智能化。

（4）灵活用工与合作：根据业务需求动态调整人力资源，利用外包、众包等方式灵活获取资源，降低成本。

（三）构建有效的绩效监控系统

构建有效的绩效监控系统是确保企业战略目标与日常运营活动紧密相连的关键环节，这一过程不仅要求科学性与透明度，还需注重系统性与持续性，以促进组织的持续成长与优化。以下是这一过程的实施要点：

（1）明确 KPI：基于商业模式和战略目标，设定可量化、可追踪的关键绩效指标，随着市场环境变化或公司战略调整，KPI 也可适时更新，保持其对当前战略目标的适用性和引导性。

（2）定期绩效评估：实施定期（如月度、季度）的绩效回顾，比较实际结果与目标差异，识别问题所在，可以召开绩效评估会议，让员工了解自身表现与团队目标的关联，鼓励双向沟通，共同探讨问题原因和解决方案。

（3）反馈与激励机制：将绩效结果与员工激励计划挂钩，依据绩效评估结果，识别员工的培训需求，制定个性化的职业发展计划，促进技能提升和个人与组织的共同成长。

（4）持续优化：建立一个从目标设定到绩效评估、反馈、调整策略，再到新目标设定的闭环系统，确保绩效管理的持续改进和效率提升。

（四）采取灵活的迭代策略

在这一过程，需要遵循这样一个原则：借鉴精益创业的快速迭代和学习循环理念，不断测试、学习、调整，以用户为中心优化产品和服务。在实行过程同样可以参考以下几种方法：

（1）最小可行产品（MVP）发布：确定产品的核心功能，去除所有非必要的特性，设计简洁但功能完整的原型。通过有限用户群体或目标市场测试，收集真实用户反馈。这样不仅可以快速验证市场假设，避免大规模投资前的风险，同时还能为后续迭代提供宝贵的数据支持。

（2）持续用户反馈循环：采用多样化的方法，如在线调研、用户论坛、社交媒体互动、一对一访谈、A/B 测试等，主动且持续地收集用户反馈，再对收集到的数据进行分类整理和深入分析，识别用户的真实需求、偏好变化以及痛点所在。

（3）快速迭代改进：基于用户反馈，快速调整产品特性或服务流程，小步快跑，不断优化。

（4）建立跨部门协作机制：确保产品、技术、市场、销售等部门紧密协作，快速响应市场变化，缩短迭代周期。

二、成熟企业的商业模式的战略管控

针对成熟企业商业模式的战略管控，有如下几点注意事项：

（一）商业模式管理机制

成立一个专门负责商业模式管理的小组或部门，这个小组应当具备跨领域的知识和视野，负责监控现有商业模式的运作效率，同时探索新的商业模式机会。管理小组需协调不同商业模式之间的关系，确保它们相互补充而非冲突。此外，小组还需要与内外部利益相关者（如供应商、客户、投资者）保持密切沟通，收集反馈，促进合作。小组还应定期发起创新项目或重新设计商业模式的活动，鼓励团队跳出固有思维，探索新的价值创造方式，以应对市场变化，确保商业模式的实施过程得到持续跟踪，并确保各个职能部门的工作与组织的总体战略目标保持一致。

（二）管理协同和冲突

分析不同商业模式之间可能存在的协同效应，比如资源共享、客户交叉销售等，通过协同来放大整体效益。面对因资源分配、市场定位、目标客户群重叠等因素引起的内部冲突，建立有效的冲突管理机制，确保快速识别和解决矛盾，避免损害整体利益。

（三）商业模式组合

构建一个健康的商业模式组合，利用当前盈利稳定的业务作为现金流支柱，同时投资于具有潜力的新兴商业模式或技术创新，为企业的未来增长打下基础。

（四）空杯心态

保持一种空杯心态，即不被过往的成功所束缚，持续对外部环境进行扫描，包括市场趋势、竞争对手动态、技术革新等，以便及时捕捉机遇和威胁。同时，还可以建立定期审视商业模式的机制，这不仅包括财务表现的回顾，更重要的是对商业模式本身的有效性进行评估，包括其适应性、创新性以及可持续性。基于评估的结果，企业需要快速做出调整，包括商业模式的微调或是大刀阔斧的改革，以确保企业能够持续适应市场变化，保持竞争优势。

案例分析　小米——市场反馈的敏锐捕手与全球科技生态的创新构建者

1. 案例背景

小米公司成立于2010年，由雷军等人联合创办，最初以高性能低价格的智能手机打入市场，迅速在中国乃至全球范围内获得了巨大的市场份额。小米的商业模式创新在于其“互联网+”思维，即通过线上直销减少中间环节，同时构建以用户为中心的生态系统，涵盖了智能手机、智能家居、生活消费电子产品等多个领域。小米不仅仅是一家硬件公司，更是一个以软件、互联网服务和智能设备为核心的综合型科技集团。

2. 管理阶段的关键行动

（1）市场反馈机制的建立。小米构建了一个叫“米粉”的社区，并对该社区积极维护，通过论坛、社交媒体、线下活动等方式，与用户建立了直接联系，这样，小米通过快速收集反馈，利用大数据技术分析用户行为，预测市场需求，能够及时调整产品特性，指导产品迭代和市场策略的调整。此外，小米还通过线上直播、线下体验店等渠道，直接与消费者接触，形成了快速响应机制。

（2）资源配置与数据分析优化。小米始终坚持成本效益最大化，确保产品性价比，同时通过互联网直销，小米构建了智能家居生态系统，实现了设备间的互联互通，通过利用数字化工具优化供应链与资源配置，增强了用户体验，同时降低了流通成本。

（3）绩效监控系统的构建。小米围绕市场份额、用户增长等核心指标设定绩效目标，实施绩效管理体系，将员工绩效与员工利益直接挂钩，同时建立复盘和反馈机制，在激励团队持续创新和优化表现的过程中让组织快速学习并进行策略的调整。

（4）灵活迭代策略的实施。小米的产品坚持快速迭代开发，如MIUI系统每周更新，能够快速响应用户需求。并采用MVP策略，在新产品正式上市前采用最小可行性产品策略，快速收集反馈后持续优化。

3. 成果及影响

小米成功构建了一个庞大的智能硬件和生活消费电子生态系统，增强了用户黏性，促进了多产品线的协同发展，市场份额持续增长，成功进入多个国家和地区市场，实现了全球化布局，已成为全球领先的智能手机制造商之一，“小米”品牌现今不仅代表性价比高的产品，更成为了一种生活方式的象征。小米的商业模式创新为业界提供了新思路，影响了众多企业的市场策略和产品开发模式，它不仅实现了自身的快速发展，也对整个科技行业产生了深远的影响，展示了中国企业在全球市场竞争中的强大竞争力。

思考题

1. 在商业模式设计的动员阶段，团队组建和项目启动至关重要。请结合特斯拉的案例，分析一个多元化的团队如何在商业模式设计中发挥作用，以及如何通过项目启动来确保团队成员对项目目标和角色有清晰的认识。

2. 市场洞察阶段是商业模式设计的基础，它要求企业深入了解市场环境、客户需求和行业趋势。请结合福耀玻璃的案例，说明企业如何通过市场环境与趋势把握、顾客需求深挖和商业模式创新来应对市场变化，并从中获得竞争优势。

3. 商业模式设计阶段涉及头脑风暴、建模、验证和甄选等关键活动。请以苹果 iPhone 的设计为例，阐述企业如何通过这些活动将创意转化为可行的商业模式，并最终选择最符合自身战略目标的方案。

4. 实施阶段是将设计好的商业模式付诸实践的关键环节，它要求企业具备强大的执行能力和应变能力。阿里巴巴的案例分析在实施新商业模式时，企业应如何进行产品开发、市场测试、供应链安排和执行计划制订，以确保商业模式的成功落地。

5. 在商业模式设计的管理阶段，企业需要持续关注市场反馈，优化资源配置，并构建有效的绩效监控系统。请结合小米的案例，说明企业如何通过建立灵敏的市场反馈机制、通过数据分析优化资源配置、构建有效的绩效监控系统以及采取灵活的迭代策略来保持商业模式的持续成功。

第七章

商业模式的战略思考

> 战略就是看到未来的发展方向，并据此做出今天的选择。
>
> ——亨利·明茨伯格

案例引入 Spotify——音乐行业的革新者

在数字化浪潮翻涌的21世纪初，音乐产业正经历着从实体唱片到数字音乐的转型阵痛。版权纷争、非法下载盛行，使得传统音乐销售模式遭受重创，整个行业似乎陷入了一片混沌之中。然而，正是在这片看似无望的土壤上，两位瑞典企业家——丹尼尔·埃克（Daniel Ek）和马丁·洛伦松（Martin Lorentzon），看到了变革的契机，决定创立一个既能满足用户便捷获取音乐需求，又能保障艺术家和音乐产业利益的平台——Spotify，它以其独特的商业模式和技术创新，不仅在全球范围内颠覆了传统的音乐消费方式，还成功地在竞争激烈的市场中脱颖而出，成为音乐流媒体领域的领头羊。

1. 逆境中的洞察

2008年，Spotify在数字音乐盗版猖獗的背景下横空出世，它敏锐捕捉到了市场的痛点与机遇。面对传统音乐销售的衰落，Spotify没有选择对抗不可逆的潮流，而是创造性地构建了一个融合免费（广告支撑）与付费订阅两种模式的新天地。这一模式不仅满足了互联网时代用户对音乐即时获取和个性化体验的渴望，也悄然改变了音乐行业的盈利逻辑，引领了数字音乐消费的新趋势。

2. 数据驱动的迭代

Spotify深知，成功的商业模式并非一成不变，而需根据市场反馈不断进化。利用先进的数据分析技术，Spotify深入挖掘用户行为模式，发现免费体验是引导用户转向付费订阅的重要桥梁。基于此洞察，公司不断优化免费服务，提升用户体验，有效促进了用户转化，展示了数据驱动决策的强大力量。

3. 创造新价值空间

在Spotify出现之前，音乐市场充斥着单一的下载购买和非法下载两种极端选择。Spotify则另辟蹊径，开创了一片“蓝海”——提供无限制的音乐库、个性化的播放列表推荐，以及无缝的社交分享功能，为用户带来了前所未有的音乐享受。这种全新的体验不仅赢得了广大用户的青睐，也为艺术家开辟了新的收益渠道，实现了消费者与创作者双赢的局面。

4. 敏捷与合作的力量

Spotify 的崛起，离不开其高效的管理模式和广泛的合作网络。公司采取了敏捷的组织架构，如采用“部落”和“小队”的形式，确保团队能够快速响应市场和技术的变化，持续创新。同时，Spotify 积极与全球各地的唱片公司和独立音乐人建立合作关系，有效解决了复杂的版权难题，保障了内容的合法性与多样性。此外，针对不同地区的法律法规和用户偏好，Spotify 实施了细致的本地化策略，进一步巩固了其全球市场领导者的地位。

5. 案例启示

Spotify 的成功不仅仅是技术创新的故事，更是关于商业模式创新、精准市场定位、数据智能运用及高效组织管理的综合体现。它在逆境中洞察机会，在竞争中创造差异，通过前瞻性的战略思考，不断评估和调整商业模式，最终在全球音乐市场上开辟了一片属于自己的“蓝海”，为后来者树立了一个商业模式创新与转型的经典范例。

战略思考在商业模式的成功中扮演着核心角色，它不仅仅局限于企业的日常运营层面，而是立足长远，聚焦于如何构建和维护持久的价值创造体系及获取竞争优势。本章内容将深入剖析如何从一个宏大的战略视角出发，对商业模式进行全面而深入的审视。这包括识别和评估外部环境如宏观经济趋势、技术革新、行业动态及政策法规等对商业模式的影响，以及内部资源和能力的整合与优化。我们将探讨如何通过精准的市场定位、创新的顾客价值提案、高效的资源配置和灵活的调整机制，确保商业模式不仅能够适应当前市场环境，还能够预测并引领未来的变化趋势。此外，本章还将指导读者如何利用诸如蓝海战略、商业模式画布等工具进行系统性的创新设计，避免同质化竞争，开创新的市场领域，从而在激烈的市场竞争中稳固并提升自身地位。通过这些深入的分析与策略制定，确保商业模式不仅具有短期的操作效益，更能实现长期的可持续发展与竞争力的持续增强。

第一节　商业模式环境：战略视角与实践路径

在创业的征途中，每一步决策都不应是孤立的，而是深深植根于复杂多变的商业环境中。商业环境该如何分析呢？亚历山大·奥斯特瓦德、伊夫·皮尼厄在对商业模式进行分析时做出了初步回答。他们在《商业模式新生代》中采取宏观到微观的系统视角，将商业模式环境大体上分为了未来商业环境和当下商业环境，未来的商业环境即关键趋势，而当下的商业环境则包含着宏观经济影响力（宏观环境）、行业影响力（行业环境）和市场影响力（市场分析），他们从全球视角过渡到对特定行业与目标市场的深入了解，为企业提供了全面审视内外部环境的框架。

下面的内容，将首先深入探讨商业模式环境的基本概念及其重要性，强调在瞬息万变的市场中如何理解并适应这些外部因素是企业生存与发展的根基。随后，详细介绍 PESTEL 分析方法，这是一种科学的工具，用于综合评估企业面临的宏观环境因素，包括政治、经济、社会、技术、环境和法律六大维度，确保决策者能够基于全面的信息做出更为合理的判断。对于特定行业与目标市场，我们将深入行业结构与竞争分析领域，利用迈克尔·波特的五力模型介绍如何在行业内部精准定位，识别并分析竞争强度、潜在进入者的威胁、替代品的影响、供应商与顾客的议价能力，从而在激烈的市场竞争中找到立足点和增长机会。从大环境的宏观洞察转入行业微观环境的深度剖析，本节旨在引导读者如何像一位战略家那样，站在高处审视商业模式所处的广阔天地，把握环境脉搏，为创业之舟精准导航。

一、定义与重要性

商业模式环境指的是影响企业创造、传递和捕获价值的所有外部因素的总和。它包括但不限于市场趋势、技术革新、政策法规变化、社会文化动态等。理解商业模式环境的重要性在于，它直接或间接地塑造了企业的运作条件，决定了哪些商业策略可能成功，哪些可能会遭遇挑战。一个良好的商业模式必须能够适应其环境的变化，利用环境中的机遇，同时抵御外部威胁。因此，在设计商业模式之初，就需要对其所处的环境有深刻的理解和分析，确保商业模式的可持续性和竞争力。

二、PESTEL 分析

在明确了商业模式环境的定义与重要性之后，接下来深入探讨 PESTEL 分析框架，这一工具对于企业在复杂多变的环境中精准定位、策略规划至关重要（见表 7-1）。PESTEL 分析又称为大环境分析，它是一种调查和分析企业外部影响因素的工具。它通过六个维度——Political（政治）、Economic（经济）、Social（社会）、Technological（技术）、Environmental（环境）、Legal（法律），帮助决策者理解并预测外部环境对组织当前及未来运营可能产生的影响，它能帮助企业家分析企业所处的宏观环境的现状和发展趋势，辨析客户需求和商业机会，从而为进一步制定商业战略、设计目标提供依据，有助于企业全面了解其运营所处的外部环境，从而做出更加合理且具有前瞻性的决策。

表 7-1　PESTEL 分析中的可考虑因素

Political	Economic	Social
政府的管制和管制解除 政府采购规模和政策 特种关税 专利数量 财政和货币政策的变化 特殊的地方及行业规定 世界原油、货币及劳动力市场 进出口限制 他国的政治条件 政府的预算规模 ……	经济转型 可支配的收入水平 利率规模经济 消费模式 政府预算赤字 劳动生产率水平 股票市场趋势 进出口因素 消费习惯差别 ……	公众道德观念 对环境污染的态度 社会责任 收入差距 人均收入 价值观、审美观 对售后服务的态度 地区性趣味和偏好评价 ……
Technological	**Enviromental**	**Legal**
企业在生产经营中使用了哪些技术 这些技术对企业的重要程度如何 外购的原材料和零部件包含哪些技术 上述的外部技术中哪些是至关重要的？为什么？ 企业是否可以持续地利用这些外部技术 这些技术最近的发展动向如何？哪些企业掌握最新的技术动态 这些技术在未来会发生哪些变化？ ……	企业概况（数量，规模，结构，分布） 该行业与相关行业发展趋势（起步，摸索，落后） 对相关行业影响 对其他行业影响 对非产业环境影响（自然环境，道德标准） 媒体关注程度 可持续发展空间（气候、能源、资源、循环） 全球相关行业发展（模式、趋势、影响） ……	世界性公约，条款 基本法（宪法，民法） 劳动保护法 公司法和合同法 行业竞争法 环境保护法 消费者权益保护法 行业公约 ……

下面是对每个因素的详细解析：

（一）政治因素

政治因素是指对组织经营活动具有实际与潜在影响的政治力量和有关的政策、法律及法规等因素，这些因素可以直接影响企业的运营成本、市场准入机会和法律法规遵从要求。

（二）经济因素

经济因素是指组织外部的经济结构、产业布局、资源状况、经济发展水平以及未来的经济走势等，这些经济指标能显著影响市场需求、成本结构和企业盈利能力。

（三）社会因素

社会因素是指组织所在社会中成员的历史发展、文化传统、价值观念、教育水平以及风俗习惯等因素，这些因素影响产品或服务的需求模式及市场细分。

（四）技术因素

技术因素不仅仅包括那些引起革命性变化的发明，还包括与企业生产有关的新技术、新工艺、新材料的出现和发展趋势以及应用前景，技术进步既可创造新市场机会，也可能使某些产品或服务迅速过时。

（五）环境因素

环境因素能对组织的活动、产品或服务发生相互作用，并对企业的运营成本、供应链管理和产品设计都有重要影响。

（六）法律因素

组织外部的法律、法规、司法状况和公民法律意识构成了法律因素，这些法律框架限定了企业的运营边界，包括版权、专利、健康安全标准等。

案例分析 PESTEL 分析在华为战略决策中的应用

以华为为例，我们将通过一个整合的案例分析形式，对六大宏观因素逐一进行分析，展现 PESTEL 分析在企业战略决策中的应用。

1. 政治因素

近年来，华为在海外市场的拓展受限，尤其是 5G 网络设备的出口受阻。面对这样的政治挑战，华为积极调整策略，加大在国内市场的投入，同时加强与其他友好国家的合作，比如与欧洲多国签订 5G 建设协议，展示了其在复杂政治环境下的应变能力。

2. 经济因素

全球经济波动和汇率变动对华为的财务表现有着直接影响，人民币的升值增加了华为出口成本，降低了其产品的国际竞争力。为了应对，华为通过优化全球供应链体系，实现成本控制，并积极开拓高增长市场，比如在非洲和东南亚扩大市场份额，以抵消经济不利因素。

3. 社会因素

随着全球数字化转型加速，社会对高质量通信技术和智能设备的需求日益增长。华为敏锐捕捉到这一趋势，不断推出符合消费者偏好的创新产品，如 Mate 系列智能手机、智慧屏等智能家居产品，同时关注社会责任，推进数字包容性项目，增强品牌形象。

4. 技术因素

华为深知技术创新是核心竞争力，面对 5G、人工智能、云计算等技术浪潮，华为加大研发投入，成为全球专利申请量领先的企业。其鸿蒙操作系统和麒麟芯片的研发，展现了华为在技术自主可控上的决心和努力。

5. 环境因素

随着全球对可持续发展的重视，华为在环保和绿色技术上也有所作为。比如，其智能光伏解决方案助力节能减排，响应全球碳中和目标。同时，华为在产品设计和制造过程中注重环保材料的使用，体现了对环境因素的考量。

6. 法律因素

华为在全球范围内严格遵守当地法律法规，面对不同国家的法律法规差异，华为建立了强大的合规体系，确保业务操作合法合规，如遵循 GDPR（欧盟通用数据保护条例）等国际标准，以维护企业声誉和降低法律风险。

通过上述案例分析，可以看到华为如何运用 PESTEL 分析框架识别和应对政治、经济、社会、技术、环境和法律等多方面的外部环境变化，调整战略方向以适应挑战，比如通过加强本地化战略应对贸易保护主义，抓住 5G 和物联网技术的增长机遇，并积极参与行业数字化转型，从而在全球市场中保持其竞争力。华为的故事，为我们展示了企业在面对复杂多变的环境时如何通过主动监测和响应外部宏观环境的动态，灵活调整商业模式和市场策略，持续创新并巩固其市场地位。

三、行业结构与竞争分析

PESTEL 分析提供了外部大环境的鸟瞰图，而行业结构分析则聚焦于企业所处的具体行业生态系统，帮助组织在理解宏观趋势的基础上，进一步细化战略，精准定位，有效应对行业内的竞争和挑战。行业结构与竞争分析作为企业制定战略、优化运营、规避风险、捕捉机遇的重要基石，对于企业的可持续发展至关重要。行业结构与竞争分析通常借助迈克尔·波特的五力模型进行，这一模型有助于理解行业内的竞争格局，帮助企业明确自身在行业中的位置，识别出竞争压力的来源，从而在商业模式设计时采取相应的对策。

迈克尔·波特的五力模型是行业分析中一个经典且广泛使用的工具，它帮助企业和战略分析师系统性地评估一个行业的竞争强度和盈利能力。五力分别是：供应商的议价能力、购买者的议价能力、新进入者的威胁、替代品的威胁、同行业竞争者的竞争能力。以下是关于五力模型各方面的详细阐述：

（一）供应商的议价能力

供应商是指向企业及其竞争对手供应各种所需资源的工商企业和个人。而供应商的议价能力，则指的是现有企业向供应商购买原料时，供应商争取获得较好价格的能力。供应商的实力会影响企业的发展情况和盈利能力，供应商主要通过其提高投入要素价格与降低单位价值质量的能力，来影响行业中现有企业的盈利能力与产品竞争力。供应商力量的强弱主要取决于他们所提供给买主的是什么投入要素，当供应商所提供的投入要素其价值构成了买主产品总成本的较大比例、对买主产品生产过程非常重要，或者严重影响买主产品的质量时，供应商对于买主的潜在讨价还价力量就大大增强。一般来说，满足如下条件的供应商会具有比较强大的讨价还价力量：

（1）供应商行业集中度高。如果一个行业由少数几家大型供应商控制，这些供应商因为缺乏激烈的内部竞争，能够更加统一地行动，设定价格和交易条件，从而增强其议价能力。

（2）产品特色显著或差异化。当供应商提供的产品或服务具有独特性，难以被竞争对手模仿或替代时，买家转换供应商的成本就会增加，这使得供应商在交易中占据有利位置。

（3）转换成本高。如果客户从当前供应商转换到另一供应商需承担高额的经济成本、时间成本或风险，如重新认证、技术匹配问题等，那么现有供应商的锁定效应将提升其议价能力。

（4）无显著替代品。在缺乏有效替代品的市场中，供应商行业在市场上占据稳固地位并且不易受市场剧烈竞争困扰，供应商的产品或服务成为必需，买家的选择有限，供应商因此享有更强的议价权。

（5）前向一体化可能性。如果供应商容易向前整合进入下游市场，比如直接销售给终端消费者，这将增强其控制价值链上下游的能力，提升议价力量。

（6）下游企业众多且分散。当供应商面对大量且分散的买家时，每个买家的采购量相对较小，对供应商的重要性不高，这使得供应商不易受单一买家的影响，能够维持较高的议价地位。

（7）信息优势。掌握更多关于市场需求、成本结构或技术趋势的信息，供应商可以在谈判中占据主动，利用信息不对称来提升自身的议价能力。

（二）购买者的议价能力

购买者议价能力是指消费者或客户在购买产品或服务时，通过要求降低价格、提升产品质量或增加额外服务等手段，从供应商那里争取更有利交易条件的能力。这一概念强调了市场中买方对卖方定价和供应条件的影响力。购买者议价能力的强弱受到多种因素的影响，主要包括以下几点：

（1）购买量。大批量或集中购买的客户往往能获得更多议价空间。

（2）替代品的可用性。市场上同类或可替代产品的丰富度越高，买方越容易转向其他供应商，从而议价能力更强。

（3）转换成本。从一个供应商转换到另一个供应商的成本越低，买方的议价能力越强。

（4）信息的可获得性。了解产品信息、市场价格及供应商情况的买方能做出更明智的选择，增强议价地位。

（5）后向一体化威胁。买方有能力自行生产所购商品或服务时，其议价能力得到提升。

（6）相对议价能力。买方的市场地位、购买额占供应商销售的比例大，其议价力也更大。

（7）价格敏感度。对价格变动反应敏感的买方更倾向于讨价还价。

（8）行业利润水平。买方所在行业的盈利状况好，可能使其有更多资源进行议价。

购买者议价能力是衡量买方在交易中能多大程度上影响价格和服务的一个尺度，它直接影响到供应商的定价策略和盈利能力，是市场竞争分析中的重要因素之一。以苹果公司为例，苹果公司作为全球领先的科技品牌，其市场定位高端，产品创新性强，品牌忠诚度高，这些因素共同作用下，削弱了购买者的议价能力。苹果产品的独特性和生态系统锁定效应（如 iCloud、App Store 的集成服务）使得用户转换成本较高，减少了转向竞争对手的动力。此外，苹果公司严格控制销售渠道和价格策略，保持了产品价格的一致性和稳定性，限制了零售端的降价空间。虽然市场上存在高端智能手机和平板电脑等替代品，但苹果公司凭借其强大的品牌形象、持续的产品创新以及高质量的客户服务，维持了消费者的购买意愿，即使消费者在价格上可能没有太多谈判余地。因此，从整体上看，苹果公司的购买者议价能力相对较低。

（三）新进入者的威胁

当某一个行业，尤其是某一新兴行业展现出高额利润时，会激起广泛的市场关注和参与热情，显著提升新进入者的威胁。首先，丰厚的回报吸引现有企业扩大产能、加大研发投入，意图巩固和扩大市场份额。这种内部扩张不仅加剧了行业内竞争，还可能造成产能过剩，进而拉低产品价格和利润空间。其次，高额利润如同一块磁铁，强力吸引着行业外的企业通过直接投资、并购或成立新公司的方式跨界进入，企图分得一杯羹。这些新进入者往往携带新技术、新商业模式或是资本优势，为行业注入新鲜血液的同时，也迫使原有企业面临更加复杂的竞争格局。尤为重要的是，在新兴行业中，由于市场规则和消费者偏好尚未完全固化，新进入者拥有更多重塑市场结构和标准的机会，进一步加剧了对既有企业地位的挑战。因此，高额利润虽是行业繁荣的标志，但也预示着一场围绕技术创新、市场份额争夺以及资源优化配置的激烈竞争即将上演，新进入者的威胁不容小觑，新进入者的威胁程度将直接影响现有企业的市场份额、利润水平和战略选择。以下是分析新进入者威胁的几个关键维度：

（1）行业壁垒：

① 资本要求：需要大量初始投资的行业（如半导体制造、汽车制造）对新进入者构成高壁垒。

② 技术壁垒：专利保护、复杂研发过程或专有技术可以阻止新企业快速进入市场。

③ 规模经济：大规模生产能显著降低成本的行业，新进入者难以立即实现成本竞争力。

④ 分销渠道：已建立的分销网络和合作伙伴关系可能难以被新企业复制。

⑤ 政府政策与法规：许可证要求、行业标准、环保法规等可能增加进入难度。

（2）市场饱和度。市场接近饱和或高度集中于几个大企业时，新进入者面临更激烈的竞争和有限的增长空间。

（3）顾客忠诚度。现有品牌拥有高忠诚度的消费者群体，新进入者难以吸引顾客转换，尤其是当转换成本高时。

（4）品牌认知与形象。建立品牌知名度和正面形象需要时间和大量营销投入，这对新企业是一大挑战。

（5）学习曲线与经验优势。在某些行业，经验积累带来的效率提升是新进入者难以迅速达到的，如航空业的服务运营效率。

（6）反应预期。现有企业可能会通过降价、增加广告支出、推出新产品等方式对新进入者做出强烈反应，增加其市场渗透难度。

总体而言，新进入者的威胁程度取决于上述因素的综合作用。高壁垒和强有力的现有企业反应通常意味着较低的新进入者威胁，这有利于维护行业内的稳定性和现有企业的市场地位。而低壁垒和未充分开发的市场则可能吸引更多新企业尝试进入，加剧竞争。企业需持续监控这些因素，制定相应的防御策略或寻找新的增长机会。

（四）替代品的威胁

替代品的威胁是指某一行业的产品或服务面临着来自其他行业产品的竞争压力，这些替代品能够满足相似的客户需求，从而影响原行业产品的市场需求和定价能力。当替代品很容易获得并且对客户有吸引力时，它们可能会侵蚀现有企业的市场份额和盈利能力。替代品的存在和竞争强度对行业内企业的战略规划、盈利能力和市场地位具有重要影响。替代品的威胁程度因行业和市场而异，受替代品的可用性、质量、定价和消费者偏好等因素的影响。认识到这一威胁的决定因素对于企业做出明智的战略决策和有效应对竞争挑战至关重要。以下是分析替代品威胁的几个关键方面：

（1）替代品的可用性和多样性。市场上存在越多的替代品，且这些替代品在性能、价格、质量等方面越能满足消费者需求，对原行业的威胁就越大。

（2）价格竞争力。如果替代品在价格上显著低于原产品，尤其是在性能差距不大的情况下，消费者很可能转而选择更经济实惠的替代品。

（3）转换成本。从原产品转向替代品的难易程度也是关键因素。转换成本低（如无须重新培训、无重大设备投资）会促使消费者更快地转向替代品。

（4）技术创新和进步。技术的快速发展可能催生出新的、更高效的替代方案，快速颠覆传统市场格局，如数字音乐对实体唱片的替代。

（5）消费者偏好和趋势。随着社会变迁和消费习惯的演变，消费者可能更倾向于环保、健康或便利的替代品，如植物基食品对传统肉类产品的替代。

（6）政府政策与环保标准。政策导向和环保法规也可能推动替代品的采用，例如对塑料制品的限制促进了环保材料的发展。

（7）信息可获取性。互联网使消费者更容易发现和评估替代品，增加了替代品的可见性和吸引力。

替代品的威胁分析要求企业密切关注市场动态、技术革新、消费者行为以及政策变化，以便及时调整战略，不断创新，增强自身产品或服务的独特价值，降低被替代的风险。同时，替代品也可能激发企业探索新的市场机会，开发出自身的替代产品线，从而转化为竞争优势。

（五）同行业竞争者的竞争能力

企业间的竞争就是一个行业内企业的直接对抗，一般来说，为某一消费者群体服务的企业不止一个，大部分行业中的企业，相互之间的利益都是紧密联系在一起的，作为企业整体战略一部分的各企业竞争战略，其目标都在于使得自己的企业获得相对于竞争对手的优势。竞争对手之间的抗衡不仅决定了它们各自在市场上所占据的市场地位，还在一定程度上直接影响了行业的获利能力，因此有必要对行业的竞争状况进行分析。现有企业之间的竞争常常表现在价格、广告、产品介绍、售后服务等方面，其竞争强度与许多因素有关。一般来说，出现下述情况将意味着行业中现有企业之间竞争的加剧：

（1）行业进入障碍较低，势均力敌竞争对手较多，竞争参与者范围广泛。

（2）市场趋于成熟，产品需求增长缓慢。

（3）竞争者企图采用降价等手段促销。

（4）竞争者提供几乎相同的产品或服务，用户转换成本很低。

（5）一个战略行动如果取得成功，其收入相当可观。

（6）行业外部实力强大的公司在接收了行业中实力薄弱企业后，发起进攻性行动，结果使得刚被接收的企业成为市场的主要竞争者。

（7）退出障碍较高，即退出竞争要比继续参与竞争代价更高。在这里，退出障碍主要受经济、战略、感情以及社会政治关系等方面考虑的影响，具体包括资产的专用性、退出的固定费用、战略上的相互牵制、情绪上的难以接受、政府和社会的各种限制等。

行业中的每一个企业，或多或少都必须应对以上各种力量所构成的威胁，而且也需要注意行业中的每一个竞争者的举动。除非认为正面交锋有必要且有益处，例如要求得到很大的市场份额，否则可以通过设置进入壁垒，包括差异化和转换成本来保护自己。当确定了其优势和劣势时，必须进行定位，以便因势利导，而不是被预料到的环境因素变化所损害，如产品生命周期、行业增长速度等，然后保护自己并做好准备，以有效地对其他企业的举动做出反应。

面对商业环境的不确定性与快速变迁，企业需采取动态策略，包括多元化收入来源，灵活调整供应链以增强韧性，并利用大数据与人工智能技术进行市场趋势预测，指导决策，推动组织文化向学习型转变，鼓励内部创新及快速试错。同时，加强客户关系管理、定制化服务以深化品牌忠诚度，保持对政策导向和行业规范的密切关注，适时合作与并购，以战略联盟拓展市场，最终实现商业模式的敏捷转型与持续优化，在竞争中稳步前行。

第二节 商业模式评估：深度洞察与战略决策

对商业模式环境的深度剖析揭示了企业所处的复杂生态，包括宏观经济趋势、行业动态、竞争分析以及政策法规的演进等，这些外部力量直接影响企业的运营和发展，既可能为企业发展创造有利条件，也可能带来严峻挑战和风险。正因如此，理解并适应这些环境因素，成为企业战略规划中不可或缺的一环。

然而，仅仅了解外部环境是不够的，企业还需要有能力审视自身，确保其商业模式能够在这片波澜壮阔的商海中保持航向正确，高效运作。这就引出了商业模式评估的核心议题——如何系统性地审查和优化企业创造、传递及捕获价值的方式，确保它与外界环境的变化保持同步，甚至领先一步。随着市场环境的快速演变和技术的不断革新，曾经成功的商业模式可能迅速变得过时。因此，定期且系统地评估商业模式，成为了企业在激烈竞争中保持领先、实现可持续发展的关键所在。

商业模式评估，作为连接战略意图与市场现实的桥梁，其目的在于通过细致入微的分析，识别出企业商业模式中的强项与短板，洞察潜在的机遇与挑战，从而指导企业采取针对性的策略调整。接下来，将深入探讨商业模式评估的具体方法和工具，包括如何运用商业模式画布来审视各要素的逻辑一致性与市场适应性，如何借助 SWOT 分析法透彻分析内外部条件，以及如何通过成本效益分析、风险评估等手段，确保商业模式的稳健性和前瞻性。

一、应用商业模式画布

在前面的内容中，已经对商业模式画布理论有了一个初步的了解，商业模式画布的诞生，是为了应对传统商业计划书的复杂和冗长，它提供了一个简洁而动态的框架，使商业构思更加直观和易于操作。商业模式画布是一个由九个相互关联的构造块组成的框架，其核心目的是帮助创业者和企业管理者快速理解、设计、沟通和迭代其商业模式，使之更贴合市场需求，提升竞争力。商业模式画布的设计初衷是促进跨职能团队的合作，让所有利益相关者能够使用同一语言，共同参与到商业模式的塑造过程中来。

商业模式画布的可视化特性使其成为一种强大的沟通工具，它允许团队成员快速把握商业模式的全貌，并且通过调整构造块来探索各种假设和策略选项，以此对企业现行商业模式做出完整评估与优化。通过在单一页面上展现商业模式的各个维度，它促进了对商业模式的快速原型设计、测试和优化，有助于创业者和管理者在不确定的市场环境中保持灵活性和响应能力。商业模式画布不仅帮助构建和描述商业模式，还成为一个强有力的评估框架，使企业能系统地诊断问题，发现增长机会，以及适应不断变化的市场环境。

二、确立评估维度

在对商业模式进行评估与优化的过程中，确立一套系统性的评估维度是至关重要的第一步。这不仅关乎于理解商业模式如何在当前市场中立足，更是预测其未来潜力、识别潜在风险与机遇的基石。以下是一些核心评估维度，可帮助我们系统性地评价一个商业模式的有效性和可持续性。

（一）价值主张

价值主张（value proposition）是商业模式的核心，对应商业模式画布中的价值主张、客户关系、客户细分三大构造块，它描述了企业为客户提供的独特价值。评估时需考虑产品或服务如何满足特定客户群体的需求，是否解决了客户的痛点，以及相比竞争对手，提供的独特价值体现在哪里。这包括产品功能、性能、设计、价格、品牌影响力等方面的评估。在实践应用中，通过分析目标客户的具体需求，采用市场调研、用户访谈等方式验证价值主张的有效性，确保所提供的解决方案与市场需求高度匹配。

（二）运营模式

运营模式（operating model）包括关键业务、核心资源两大构造块，关注企业如何组织资源、流程和系统，以有效、高效地提供价值主张。这包括关键资源的配置、关键活动的安排、供应链管理、技术平台的选择等。评估时要考察运营流程的效率、成本控制能力、技术基础设施的适应性和灵活性。在实践应用中，通过流程图、成本效益分析、技术审计等手段，分析现有的运营流程，识别瓶颈和改进空间，确保运营模式能够支撑业务的快速扩张和应对市场变化。

（三）界面模式

界面模式（interface model）包含重要伙伴和渠道通路两个构造块，涉及企业如何与客户、供应商、合作伙伴等利益相关者互动，包括客户界面（用户体验）、合作伙伴界面（合作机制）、供应商界面（供应链管理）等。评估侧重于界面的易用性、互动效率、沟通质量以及信息系统的集成度。在实践应用中，通过用户体验测试、客户满意度调查、合作伙伴反馈等方法，评估交互界面是否促进了良好的客户关系，是否建立了顺畅的合作机制，以及是否有效整合了供应链资源。

（四）盈利模式

盈利模式（revenue model）包括成本结构和收入来源两个构造块，是指企业如何通过其产品或服务获得收入，包括定价策略、收入来源的多样性、成本结构与盈利潜力。评估时要分析收入流的稳定性、增长潜力、成本效益比以及盈利的可持续性。在实践应用中，基于历史数据和市场预测，建立财务模型，测试不同的定价策略和成本控制措施，确保盈利模式能够支撑企业的长期发展目标，同时保持足够的盈利空间。

三、结合 SWOT 工具进行分析

从整体出发全面分析商业模式是极为重要的，但对单个结构快进行具体化分析同样能够为商业模式的创新和改进提供一些建议。SWOT 作为一种用来分析企业的优势和劣势并发现潜在的机会和威胁的战略分析工具，常常作为战略规划的第一步被广泛使用。SWOT 分析矩阵是在某一时点对企业内外进行扫描，然后依次对企业的优势、弱点、威胁和机会进行分析，从而形成四种内外匹配的战略：SO 战略，ST 战略，WO 战略和 WT 战略。在企业外部环境稳定时期，这样的分析方法能够对企业的战略制定产生一定的指导作用，但是一旦企业外部环境发生剧烈变化，尤其是在外部环境动荡时期，行业结构随之模糊，企业的资源和能力也不再发生作用，SWOT 的静态分析与内外匹配将失去它的实际意义，也就是，说单一的 SWOT 分析对于制定涉及行业发展与商业模式演化的跨阶段发展战略帮助并不多。

商业模式画布作为一种用来描述并可视化商业模式的重要语言，提供了一个可以进行结构化讨论的平台，可以帮助企业定期回顾其商业策略的有效性，及时调整商业模式以应对市场变化。借助 SWOT 工具，将其和商业模式画布结合起来使用，不仅能让企业从战术到战略层面都有深刻洞察，还能确保商业模式的设计与优化是基于对自身条件及外部环境的准确评估，从而制定出更加实际可行、竞争力强的商业策略。下面，将从总体评估和要素评估两个维度来阐述。

（一）总体评估

小组成员通过创意讨论、头脑风暴等方法对企业自身的商业模式画布进行总体性的评估，在总体评估层面，商业模式画布作为一个整体框架，展示了企业如何创造、传递和捕获价值。结合 SWOT 分析，企业可以从以下几点展开：

（1）识别整体定位：通过商业模式画布概览企业运作全貌，再运用 SWOT 分析识别企业在市场中的位置，包括其独特优势（strengths）和相对于竞争者的弱点（weaknesses）。如星巴克利用商业模式画布概述了其如何通过高品质咖啡、独特的门店体验以及强大的品牌文化创造价值，SWOT 分析帮助星巴克识别出其在全球咖啡市场的独特定位。其优势在于品牌影响力大、供应链管理成熟、顾客忠诚度高，而劣势可能包括高端定位导致价格敏感客户流失。通过 SWOT 分析，星巴克明确了其在市场上的差异化策略，利用其品牌优势，持续推出创新产品和服务，如星巴克臻选和数字化体验提升，以保持领先地位。

（2）预测环境趋势：结合商业模式画布中的渠道、客户关系和关键伙伴等部分，SWOT 中的机会（opportunities）和威胁（threats）分析能帮助企业预判行业动态，把握未来发展趋势。以 Netflix 为例，Netflix 的商业模式画布突出了其通过流媒体服务直接向消费者提供丰富内容的核心价值主张。结合 SWOT 分析，Netflix 在机会方面看到了互联网普及和用户对即时娱乐需求的增长，而威胁则来自竞争对手如 Disney+ 和 Amazon Prime Video 的崛起，以及内容成本的上升。通过分析这些因素，Netflix 预测到原创内容将成为关键的竞争优势，于是加大了对原创剧集和电影的投资，不仅吸引了大量订阅用户，还引领了影视行业的变革。

（3）制定跨阶段战略：基于对内外部环境的综合评估，企业可以设计出跨越不同发展阶段的战略，确保商业模式的持续适应性和竞争力，比如在稳定期采取 SO 战略（利用优势抓住机会），动荡期则转向 WO 战略（克服弱点寻找机会）。亚马逊的商业模式画布展示了其从在线书店发展成为全球电商巨头的历程，涉及了包括云计算（AWS）、智能硬件（Echo）在内的广泛业务线。在其发展过程中，亚马逊灵活运用SWOT分析来制定跨阶段战略。在稳定期，亚马逊采取了SO战略，利用其强大的物流网络（优势）和互联网零售的快速增长（机会），迅速扩大市场份额。而在面对技术变革的动荡期，亚马逊转向WO战略，投资于AWS云计算服务，克服了传统零售业务可能遇到的增长天花板（弱点），同时抓住了云计算兴起的巨大机遇。这一战略转变不仅为亚马逊开辟了全新的收入来源，也巩固了其在数字经济中的领导地位。

（二）要素评估

由于总体性评估的概括性和开放性，评估内容往往不够细致，SWOT分析的应用能够促进深入的细节探索和问题解决。为此，我们将在商业模式画布的各个构成要素的基础上，从价值主张、客户细分与渠道、关键活动与资源、收入来源与成本结构四个方面进行更深入地讲解。

（1）价值主张：SWOT分析能帮助企业识别其价值主张的独特优势与潜在弱点，以及市场上存在的机会和新进入者带来的威胁，从而优化价值主张，使之更具吸引力。例如，Spotify利用SWOT分析强化了其个性化音乐推荐的优势，不断优化其个性化功能并推出更多独家播客内容，同时对抗如Apple Music的激烈竞争。

（2）客户细分与渠道：通过分析不同细分市场的SWOT，企业可以决定优先服务哪些客户群体，并根据渠道的强弱点调整市场进入策略。例如，电动汽车销售商Tesla通过直销模式革新了汽车销售，通过不断优化线上购车体验，加强售后服务，并在全球范围内扩展超级充电网络，虽面临高成本的挑战，却也抓住了全球电动汽车需求增长的机遇，巩固了其市场地位。

（3）关键活动与资源：评估关键活动和资源的SWOT，有助于企业识别内部运营的高效点和瓶颈，以及如何利用外部机会强化内部资源和能力。例如，Netflix通过不断投资多样化的原创内容，减少对外部版权的依赖，并利用数据分析优化内容制作决策，仍然在内容成本高昂的环境中持续引领流媒体创新，维持了其在行业中的领先地位。

（4）收入来源与成本结构：结合SWOT分析商业模式的成本效益，企业可以探索新的收入来源，同时优化成本结构，提高盈利能力。以Airbnb的住宿共享平台为例，为了优化成本结构并开拓收入，Airbnb在多元化收入与适应各地监管的挑战中推出了多项举措，如改进房东保障计划、加强社区信任机制，同时探索更多元的住宿和旅行体验产品，维护了其市场地位。

SWOT分析与商业模式画布的结合不仅帮助企业家系统性地审视自身业务，还能促进创新思维，优化商业模式，确保企业战略与市场环境的紧密契合，从而提升竞争力和市场适应能力。通过这种结合，企业家能够从一个全局视角理解自己的业务如何运作，以及如何在不断变化的市场中定位自己。这样做不仅能够揭示改进现有模式的机会，还能激发创新思维，推动企业探索新的价值创造途径。最终，这样的综合分析支持企业做出更加明智的决策，调整或创新其商业模式，确保能够在竞争激烈的环境中保持领先，有效应对未来挑战。

四、成本效益分析与风险评估

我们已经讨论了该如何在特定的环境下构建起新的商业模式，以及如何高效地帮助企业做出更明智的决策并制定出更加符合企业自身的商业策略，在这一部分中，我们将关注企业的成本效益以及商业模式中各构造块受到的威胁。成本效益分析与风险评估是项目评估中两个重要的工具，它们在帮助管理者做出更加明智的选择时扮演着关键角色，但侧重点和应用方式各有不同，将二者结合起来可以更全面地评估企业项目的可行性和风险情况，见表 7-2。

表 7-2　成本效益与风险评估比较

关键要素	成本效益分析	风险评估
价值主张	帮助确认提供的产品或服务相对于其成本是否为客户创造足够的价值	涉及识别在传递价值主张过程中可能遇到的障碍，如市场需求变化、技术过时或竞争加剧等
客户细分与渠道	帮助企业决定哪些客户细分市场最有利可图，以及哪种销售渠道最具成本效率	关注客户偏好的变化、渠道依赖性风险以及与合作伙伴关系相关的风险
收入来源	在探索不同的收入模式时，能帮助量化不同收入流的潜在回报与所需投入的成本	着重于市场接受度、定价策略风险以及收入流的可持续性
核心资源与关键活动	有助于优化资源配置，确保关键活动的执行既高效又经济	涉及供应链中断、技术失效、人才流失等风险
重要伙伴	与合作伙伴的关系的合作成本与共享收益的权衡	对合作伙伴稳定性、合同风险及依赖度风险的考量
成本结构	直接应用于优化成本结构，识别成本削减的机会和提高效率的方法	关注原材料价格波动、运营成本上升等财务风险

（一）成本效益分析

这是一种经济评价方法，旨在评估一个项目、投资或政策的总体经济效益。它通过比较实施某项决策的所有预期成本与由此产生的所有预期效益（包括直接和间接的、货币化的和非货币化的效益），来判断该决策是否划算。具体步骤通常包括识别成本和效益、量化这些因素（通常以货币单位表示）、调整成本和效益以反映时间价值（如使用净现值 NPV）、计算成本效益比率，并基于这些分析结果选择最佳方案。成本效益分析的核心在于确保所选方案的净效益（即总效益减去总成本）最大化。

（二）风险评估

风险评估是一个系统性过程，用于识别、分析和评价潜在风险事件对目标实现的影响程度以及这些事件发生的可能性。它不仅关注负面风险（威胁），也考虑正面风险（机会）。风险评估的目的是帮助决策者理解不确定性，并采取措施来管理这些不确定性，减少负面影响，利用潜在机会。过程包括风险识别、风险分析（评估影响和概率）、风险评价（确定风险的优先级）和风险应对策略的制定。

结合商业模式的各模块，成本效益分析与风险评估提供了必要的数据和洞察，使企业能够在追求盈利性和增长的同时，有效管理潜在风险，确保商业模式的长期稳定性和竞争力。通过持续监测和调整这些分析，企业可以更好地适应市场变化，抓住机遇，规避威胁。

第三节　蓝海战略：创新与市场重构的艺术

当听到有人呼喊："救命啊！我这片海变红了！"这虽然听起来像是一句紧急求救信号，但若将此情境巧妙地引入到商业战略的讨论中，它实际上可以成为一个生动的比喻，用来描述企业在高度竞争的市场环境中挣扎求生的紧迫感——一片象征着激烈竞争的"红海"。

在商业领域，当市场变得拥挤，竞争白热化，利润空间被不断压缩，就像海洋因生物过度密集而"变红"，企业仿佛置身于一片血腥的战场，每一步前进都伴随着高昂的成本和微薄的回报。

这时，“蓝海战略”就如同一盏指路明灯，为那些在“红海”中奋力挣扎的企业提供了新的方向和希望。

面对“红海”的残酷竞争，企业不应局限于传统的对抗性思维，单纯在现有的市场空间里争抢份额。相反，它们应当勇于探索和开创无人涉足的“蓝海”领域，通过创新打造全新的市场需求，从而摆脱竞争的重压，实现可持续增长和利润最大化。“救命啊！我这片海变红了！”不仅是对现状的紧迫呼唤，也是对企业转型升级、寻求蓝海机遇的深刻启示。它激励我们认识到，唯有不断创新，勇于开拓未知领域，才能在商海中找到那片生机勃勃、潜力无限的“蓝海”，实现从生存之战到价值创造的华丽转身。

在深入探究商业模式的评估与优化后，我们已了解到如何通过工具如 SWOT 分析来剖析企业现状与行业环境，为战略决策提供坚实基础。然而，战略管理的真正魅力，在于不仅能够洞察当下，更能前瞻未来，主动塑造市场格局。蓝海战略这一概念是由 W. 钱·金和勒妮·莫博涅在他们的经典著作《蓝海战略》中提出的，而商业模式画布为其设计出的分析模型做了完美补充。两者的结合为我们检查企业现行的商业模式，以及创造出更新颖、更具竞争力的模式提供了强有力的分析框架。本节将跨越传统的竞争思维，探索如何通过创新开辟无人涉足的新市场领域，正如 Spotify 在音乐行业中的变革那样，不仅重新定义了顾客体验，更创造了前所未有的商业价值。

一、蓝海战略的定义与意义

蓝海战略代表了一种革命性的思维方式，其核心目标在于帮助企业突破传统市场的限制，即所谓的“红海”，这些市场内竞争异常激烈，企业往往为了争夺有限的市场份额而陷入价格战和同质化竞争，导致利润空间压缩。

（一）定义

蓝海战略本质上是一种策略性行动指南，它指导企业如何通过创新的手段开拓新的市场空间，创造出之前未曾存在的需求，从而避开现有市场的竞争。这里的“蓝海”象征着广阔的、未经开发的市场领域，其中蕴含着巨大的增长潜力和利润空间。企业通过进入蓝海，不仅能够获得先发优势，还能建立独特的市场地位，形成竞争优势。

（二）意义

（1）价值创新：蓝海战略的核心在于“价值创新”，这是与传统竞争战略的最大不同之处。价值创新不是单纯追求产品或服务的差异化，也不是仅仅降低成本，而是两者兼顾，旨在提供给顾客前所未有的价值，同时保证企业的成本结构合理，确保经济上的可持续性。通过价值创新，企业能够吸引新的消费者群体，甚至创造出全新的市场需求。

（2）市场重构：蓝海战略鼓励企业打破行业界限，重新定义市场，而不是局限于现有的市场定义和竞争规则。这意味着企业需要具备跨界思维，勇于探索不同行业之间的空白地带，或是重新组合现有的市场元素，创造出全新的价值主张。

（3）风险与机遇并存：进入蓝海虽然意味着避开直接竞争，但同时也面临着市场不确定性高、顾客习惯难以改变等挑战。企业需要具备高度的市场洞察力、创新能力及快速适应市场变化的能力，才能在未知的领域中成功导航。

（4）长期竞争优势：成功实施蓝海战略的企业，往往能够在新的市场领域建立起较高的进入壁垒，形成难以复制的竞争优势，从而确保长期的市场领导地位和稳定收益。

（5）战略转型的催化剂：蓝海战略不仅是对现有业务模式的补充，更是推动企业整体战略转型的动力。它促使企业从被动应战的红海思维转变为积极寻求增长机会的蓝海思维，带动企业文化、组织结构乃至整个商业模式的变革。

二、蓝海战略中的价值创新

蓝海战略的核心在于通过“价值创新”来开创无竞争的市场空间，即所谓的“蓝海”。价值创新是蓝海战略的基石，它不仅仅是产品的改进或市场推广的创新，更是关于如何在为企业和消费者创造新价值的同时，重构行业的成本和价值前沿。

价值创新包含两个关键方面：其一是价值创造，这涉及提升或创造消费者所感知的价值。这要求企业深入了解顾客的真实需求，包括那些未被明确表达或现有市场未能有效满足的需求。通过提供独特的解决方案，企业能够在顾客心中建立差异化的优势，创造出新的需求或更好地满足已有的需求；其二是成本效益，在创造价值的同时，企业还应当寻求成本结构的优化。这并不意味着简单地降低成本，而是通过重新配置活动、消除行业标准化但对顾客价值贡献不大的要素，或者通过技术创新、流程改进等方式，使得在提供更高价值的同时，保持或降低整体成本。价值创新的目标是在价值提升的同时，保持或实现成本的下降，从而打开利润和增长的新空间。

为了具体实施价值创新，蓝海战略提出了“剔除—减少—增加—创造”（eliminate-reduce-raise-create, ERDC）的行动框架，他称为“四部动作框架”，并提出了四个问题对产业现有战略逻辑和商业模式提出挑战，为打破差异化和低成本之间的取舍定律创造出一条新的价值曲线：

• 哪些被产业认定为理所当然的元素需要剔除？
• 哪些元素的含量应该被减少到产业标准以下？
• 哪些元素的含量应该被增加到产业标准以上？
• 哪些产业从未有过的元素需要创造？

解决前两个问题（剔除和减少），能够让企业明白如何将成本降到竞争对手之下，而后两个问题则教会我们如何去提升买方价值，创造新需求，即意味着企业需要通过创造新的益处与服务为消费者提供价值，并同时丢弃一些益处和服务来降低企业所需成本。

通过这四个问题的提出与解答，能够让我们系统地去探索如何跨越他择性产业，重建买方价值元素，向买方提供全新体验，并为企业降低成本。需要注意的是，“剔除”和“创造”这两个行为，在帮助企业追求价值最大化的过程具有较为重要的作用，在具体运用过程中值得重点关注。

三、商业模式画布与蓝海战略的融合

商业模式画布被分成了价值和客户侧与成本和基础设施侧两个部分，一旦右边的价值侧发生变动，就会影响到左边的成本侧做出相应的改变。而同时蓝海战略的核心就在于增加价值的同时降低成本，这就与我们的商业模式画布产生了链接。在商业模式画布中融入蓝海战略框架，以帮助企业系统而整体地分析商业模式的创新。

结合商业模式画布与蓝海战略，企业能够系统地分析自身现状，识别和利用创新机会。商业模式画布提供了结构化的视角，帮助企业清晰地识别和定义其商业模式的各个方面，而蓝海战略则引导企业在画布的框架内思考如何打破传统界限，通过价值创新来创造前所未有的市场机遇，这种结合不仅帮助企业避免直接竞争，还能促进开发出既符合顾客未被满足需求又能实现企业盈利的新型商业模式。针对商业模式中的任何一个构造块，都能够提出“四项行动构架”中的问题，并可以迅速地发现这些变化对商业模式其他部分产生的影响，通过持续探索和测试新的价值主张、渠道、客户关系模型等，企业能在不断变化的市场环境中保持领先地位。

四、用“四项行动框架”质疑商业模式画布

蓝海战略工具与商业模式的融合使用，为企业提供了一个可以从价值创造、客户、成本结构三个角度来质疑商业模式的平台。建议从客户细分群体、价值主张和成本的视角对商业模式画布做出质疑。接下来，将从三个不同的视角——成本视角、价值主张视角和客户群体视角作为起点，利用四项行动架构（删除、削减、提升、创新）探究商业模式，并通过起点的变化来分析此模块的变化对其他模块的影响。

（一）探索成本的影响

首先，识别出成本最高的基础设施（活动、资源、合作伙伴关系），评估删除或者削减它们之后的影响，如果删除或者削减后，将用哪些低成本的元素来代替它们创造价值？然后，识别出想要的投资的基础设施，分析它们能创造出多少价值。

（二）探索价值主张的影响

通过四项行动框架的问题来改变价值主张。然后，考虑成本侧的影响并评估价值一侧所能做的改变，比如渠道通路、客户关系、收益来源等。哪些低功能的价值主张可以被削减或删除？可以通过提升或是新增哪些价值主张来提升客户的体验？价值主张的改变会对成本带来怎样的影响？价值主张的改变会如何影响商业模式客户侧的内容？

（三）探索对客户的影响

四项行动框架问题后，针对客户侧的每个模块进行提问，包括渠道、客户关系和收益来源。一旦删除、削减、提升或者创造某个价值元素时，成本侧会发生什么样的变化？可以聚焦哪些新的客户群体，哪些客户群体可以被删除或是削减？新的客户群体希望你帮他们完成什么样的工作？服务新的客户群体对成本有何影响？

第四节　商业模式管理：动态优化与持续创新引擎

在瞬息万变的商业世界里，市场环境的不稳定性如同一股永不停息的潮流，推动着企业不断前行。其中包括技术革新带来的颠覆性变化、消费者偏好的微妙转移，以及全球经济波动引发的市场重构。面对这样的环境，企业不仅要稳固现有的市场地位，更要具备敏锐的洞察力，以便迅速适应新趋势，把握新兴机遇，并有效应对突如其来的挑战。因此，成功的企业往往采取一种灵活的策略，即在维护和优化现有商业模式的同时，积极探索并实验新的商业模式，这种双轨制策略不仅要求企业对内强化组织的韧性和创新能力，对外则需展现出高度的市场敏感性和战略灵活性。商业模式管理是企业战略规划的核心组成部分，它关乎如何有效地设计、实施、监控并不断优化企业的商业模式，以确保其能够持续创造价值并响应内外部环境的变化。在日益激烈的市场竞争和飞速的技术变革背景下，商业模式管理不仅仅是制订一套静态计划，更是一场持续的探索与适应之旅，它意味着企业要在保障当前现金流和业务稳定性的基础上，勇敢踏入未知领域，寻找新增长点，从而确保在未来的市场竞争中保持领先。因此，掌握管理和优化多个商业模式的能力，对于任何旨在持续成长和引领行业发展的企业而言，都是至关重要的课题。接下来，将深入

探讨如何在这一复杂多变的市场环境中高效地管理和协调不同的商业模式，以实现企业的战略目标和可持续发展。

一、核心理念：动态管理的重要性

商业模式如同企业的心脏，必须随着血液（即市场环境、技术趋势和企业发展阶段）的变化而搏动，这意味着企业必须培养一种文化，鼓励对现状的不断质疑和对新可能性的积极探索。灵活性和适应性作为成功关键，要求企业不仅要有前瞻性的视野去预见未来的趋势，还要具备快速响应的能力，以应对突如其来的市场变化。

二、商业模式创新循环

商业模式是企业运营的核心，它决定了企业的盈利能力和发展方向。在现代商业竞争日益激烈的环境下，如何在现有商业模式的基础上进行创新，实现商业模式的升级和转型，是每个企业都需要面对的问题。而要进行商业模式的升级和转型，首先需要对现有商业模式进行全面的分析，借助 SWOT 工具不仅能让企业清晰地认识到自身所处的位置，还能明确指出向新商业模式过渡时应侧重的方向和需克服的障碍，在前面的讲述中，已经对 SWOT 分析的具体内容做了详细讲述，这里不再赘述。在对现有商业模式进行全面了解后，企业就可以去寻求商业模式创新的方向，如果将商业模式的本质定义为“如何经营”，那么商业模式创新就可以理解为“如何用新的方式去经营”。为此，引入一个新的概念——商业模式创新循环，商业模式创新循环强调的是一个动态迭代的过程，这一过程通常包含以下几个关键阶段：

（1）探索新机会：这一阶段鼓励企业跳出舒适区，通过市场调研、技术扫描和趋势分析，主动寻找未被满足的客户需求或潜在市场空缺。创新往往源自对未知领域的勇敢探索。

（2）检验假设：基于初步发现，企业需要设计实验或原型，快速验证商业模式的新想法或假设。这一步骤旨在降低大规模实施前的风险，通过最小可行性产品（MVP）等方法收集市场反馈。

（3）执行战略：一旦验证有效，企业需迅速将验证成功的商业模式创新转化为实际行动，调配资源，优化流程，全力推进新战略的实施。

（4）根据反馈调整：执行过程中，持续收集数据和客户反馈，对商业模式进行必要的调整和优化，形成闭环反馈系统，确保商业模式的持续迭代与完善。

三、德鲁克的持续创新理论

作为现代管理学的奠基人，彼得·F. 德鲁克的诸多思想至今仍对全球企业界产生深远影响，其中，他的持续创新理论尤为突出。这一理论不仅颠覆了创新作为偶然灵感闪现的传统观念，更是将创新提升为企业生存和发展不可或缺的生命线。

德鲁克认为，创新不应是企业活动中的偶然事件，或是危机下的应急之举，而应当内化为企业文化的基因，成为日常运营不可或缺的一部分。这种视角的转变，要求企业从顶层战略设计到基层操作执行，全面拥抱创新思维，形成一种自上而下又自下而上的持续创新生态系统。在这个系统中，无论员工处于组织结构的哪一环节，创新不再是研发部门的专属职责，而是每个员工的责任和机会。

为了实现这一目标，企业首先需要构建一个开放包容的文化环境，鼓励所有员工提出创新想法，无论这些想法多么微小或非传统。这意味着要打破层级障碍，建立有效的沟通机制，确保每一个声音都有机会被听见，同时，无论是通过改进工作流程、提升客户体验，还是开发出全新的产品和服务，企业都应设立激励机制，表彰那些在日常工作中展现出创新精神的个人或团队，德鲁克的持续创新理论强调，真正的创新不仅仅是产品或服务层面的更新换代，更重要的是对管理方法、业务流程乃至整个商业模式的重新构想。这就要求企业领导者具备战略眼光，能够洞察行业趋势，预见到未来市场的变化，并主动求变。例如，通过数字化转型优化供应链管理，采用敏捷管理方法加快决策速度，或是利用平台经济模式重构价值创造链条，这些都是在更高层次上实践持续创新的体现。

在技术创新方面，企业应建立研发与市场的紧密联系，确保创新成果能够迅速转化为商业价值，这不仅需要研发投入，还需要一套高效的市场反馈机制，使企业能及时调整创新方向，避免闭门造车。

持续创新的成功，离不开对失败的正确理解和处理。德鲁克提倡的企业文化鼓励“智慧的失败”，即从失败中汲取教训，将其作为通往成功的基石。这意味着企业需要建立容错机制，让员工敢于尝试，即便失败也能从中学习，不断迭代进步。

德鲁克的持续创新理论提供了一套系统性的框架，指导企业在快速变化的商业环境中保持活力与竞争力。它要求我们认识到，创新不是孤立的事件，而是企业全方位、全周期的持续努力，是一种深入骨髓的战略选择，通过将创新融入企业的每一个细胞，才能不断开拓新领域，创造未来，实现可持续发展。

四、“整合”与“剥离”的选择

面对技术的飞速进步、消费者偏好的快速变化、全球化竞争的加剧以及市场边界的模糊，传统的商业模式面临着前所未有的挑战，商业模式创新成为企业持续增长和保持竞争力的必然选择。前面已经提到过商业模式创新，对于如何创新性地提出新的商业模式也有了初步的理解与掌握。对于很多企业而言，如何成功设想出一个新的适用于企业自身的商业模式已是一个重大挑战，然而如何在不丢弃企业原有商业模式的基础上实施新的商业模式，并做好二者之间的管理，是企业同样需要思考的一个重要问题。将二者“整合”还是从原有商业模式中“剥离”出来？下面运用其中两个实例深入探讨整合与剥离的问题。

（一）瑞士表（SMH）为斯沃琪（Swatch）选择独立模式

瑞士制表业曾遭遇过前所未有的寒冬。20 世纪 70 年代末，随着日本石英表的兴起，其惊人的准确性和低廉的价格，几乎一夜之间颠覆了整个行业格局。传统瑞士机械表的市场份额急剧萎缩，许多历史悠久的制表工坊面临着生死存亡的考验。这时，一位名叫尼古拉斯·海耶克（Nicolas G. Hayek）的人挺身而出，他不仅看到了危机，更洞察到了转机。

海耶克意识到，对抗潮流并非明智之举，创新才是出路。他提出一个大胆构想：打造一款融合瑞士精湛工艺与现代时尚设计的手表，既保持瑞士制造的高品质，又打破常规，使之成为人们日常生活中的时尚符号，而不仅仅是一件计时工具。这个构想，便是后来名动一时的斯沃琪（Swatch）品牌的萌芽。

海耶克和他的团队着手改革，从产品设计到生产流程，再到营销策略，每一个环节都进行了彻底的重塑。他们引入了石英机芯，但并未止步于此，而是将手表设计得五彩斑斓，每一只都像是手腕上的微型艺术品，独一无二。斯沃琪不仅仅是报时的工具，它成了个性的宣言，是潮流的一部分。

在生产上，斯沃琪开创性地采用了模块化生产技术，这意味着手表的不同部件可以像积木一样快速组装，大大提升了效率，降低了成本。这种创新让斯沃琪得以以亲民的价格进入市场，使更多人能够拥有瑞士制造的优质手表。

营销上，斯沃琪更是不走寻常路。它放弃了传统手表保守、高端的营销策略，转而拥抱年轻和活力，通过创意广告、限量版发行和与艺术家合作等方式，迅速在全球范围内建立起鲜明的品牌形象。斯沃琪的店铺不再是单调的钟表铺，而是变成了充满活力的时尚空间，吸引着追求新鲜感的年轻人。

就这样，斯沃琪不仅在市场中站稳脚跟，更引领了一股潮流，让手表从实用品晋升为时尚配饰，重振了瑞士制表业的雄风。

斯沃琪的故事向我们展现了一条如何通过创新整合内部资源与外部市场趋势，实现行业转型与品牌重生的路径。在紧急时刻，尼古拉斯·海耶克没有选择剥离瑞士制表业的传统精髓，放弃精密机械的骄傲，而是巧妙地将其与新兴的市场需求和科技趋势整合，他在保持瑞士制造工艺的卓越基础上，融入新的元素，创造出了前所未有的产品形态和市场定位。

斯沃琪的诞生，是整合思维的完美体现。它不仅整合了瑞士制表的技术精华与现代设计美学，还将原本分离的生产流程通过模块化创新紧密相连，这种内部整合极大提高了效率，降低了成本。同时，斯沃琪在商业模式上也实现了从产品到市场的全面整合，从设计到生产，再到营销，每个环节都围绕着“时尚配饰”的新定位紧密协作，形成了一套独特的价值链条。更重要的是，斯沃琪没有孤立地看待自己作为单一产品制造商的角色，而是通过与艺术家合作、限量版营销等策略，将自己融入更广泛的文化和时尚生态系统中，这种外部整合策略进一步巩固了其市场地位，使斯沃琪超越了传统手表品牌的范畴，成为了流行文化的象征。

因此，我们知道，在多商业模式的决策中，整合而非简单的剥离旧有模式，通过深度挖掘和创新原有优势，结合时代变化进行内外部资源的有效整合，是实现行业跨越和品牌持久发展的关键。这一过程不仅是对传统技艺的致敬，也是对未来趋势的敏锐捕捉，在挑战面前，勇于创新与整合，也许就能让传统行业绽放出新的光彩。

（二）奈斯派索（Nespresso）的成功模式

故事的起点，是雀巢公司内部的一个大胆尝试，旨在解决一个看似简单却困扰无数咖啡爱好者的难题：如何在家轻松享受如同咖啡馆般品质的浓缩咖啡。

在 20 世纪 80 年代初，当市场被家用咖啡机的烦琐操作和不稳定品质所困扰时，奈斯派索带着它的革命性理念出现了。它不仅仅是一款咖啡机，而是一个完整的系统，既有特制的咖啡胶囊，也包括设计精良的咖啡机。这个模式，即“封闭式系统”，是其成功的关键。

故事的核心在于创新与体验。奈斯派索的创始人之一，埃内斯托·施耐德，设想了一种全新的咖啡体验——一键操作，即可享受到香气四溢、口感丰富的咖啡。为此，他们投入数年时间，潜心研发出 Nespresso 胶囊系统，每一个小小的铝制胶囊里，封装的是来自全球各地顶级咖啡庄园的精选咖啡豆，经过精心烘焙和研磨，保留了咖啡豆的原始风味与香气。

奈斯派索的商业模式整合了产品创新、优质服务和独特体验。它不仅仅售卖咖啡机，更是建立了一个高端生活方式的品牌形象。通过会员俱乐部的形式，奈斯派索与消费者建立了直接联系，提供个性化服务，比如定期配送咖啡胶囊、专属客户服务和积分奖励计划，让每一次购买都变成一种享受。

营销策略上，奈斯派索同样独树一帜，邀请国际明星代言，塑造了优雅、精致的品牌形象。此外，它在全球开设精品店，这些店铺不仅是购买产品的场所，更是体验咖啡文化的中心，顾客可以在此品尝、探索不同风味的咖啡，感受奈斯派索独有的咖啡哲学。

随着时间推移，奈斯派索不断推出新技术，如 Vertuo Next 咖啡机，采用离心力萃取技术，进一步提升了咖啡的口感与体验，再次证明了其在创新上的不懈追求。同时，奈斯派索始终注重可持续发展，致力于回收利用胶囊，平衡了享受与环保之间的天平。

奈斯派索不仅改变了人们在家制作咖啡的方式，更是引领了一场关于咖啡文化和消费习惯的变革。面对市场的混沌与挑战，它没有选择剥离传统咖啡体验的精髓，或是孤立地追求技术革新，相反，奈斯派索巧妙地将多种元素整合进一个和谐而强大的整体，创造了一种前所未有的咖啡体验。奈斯派索不仅仅整合了物理产品的创新——咖啡机与胶囊系统的完美匹配，更深层次地，它整合了情感与体验的层面，让消费者感受到的，不再仅仅是咖啡本身，而是每一次按下按钮后那满室的醇香，是与全球顶级咖啡庄园的味觉连接，是一种生活品质的象征。它的故事向我们展示了在商业模式选择上，整合而非剥离的力量。

通过以上两个案例我们知道，“整合”与“剥离”并非绝对的二元选择，企业在决定整合还是剥离某个业务单元时，需考虑企业自身的市场环境、业务协同性、品牌定位、资源配置效率以及长期战略目标。整合可能带来规模经济和协同效应，而剥离或独立运营则有利于聚焦特定市场、增强品牌个性和灵活性。在做出具体的决策时，企业应当根据外部环境变化和内部资源条件，审慎评估哪种模式更能促进长期增长和竞争优势的建立。

思考题

1. 在商业模式环境分析中，PESTEL 分析框架如何帮助企业全面理解外部宏观环境的影响？请结合华为的案例，说明企业在面对政治、经济、社会、技术、环境和法律等不同维度的挑战时，可以采取哪些战略应对措施。

2. 商业模式评估是确保企业持续成功的关键环节。请结合所学的评估方法，如商业模式画布、SWOT 分析、成本效益分析和风险评估等，设计一个评估框架，用于评估一个你熟悉的企业或行业的商业模式，并说明每个评估维度的具体应用和重要性。

3. 蓝海战略强调通过价值创新开辟新的市场空间。请结合 Spotify 的案例，分析其如何通过价值创新创造新的市场需求，并讨论企业在实施蓝海战略时需要考虑的关键因素和可能面临的挑战。

4. 商业模式管理需要在动态环境中实现优化与持续创新。请结合德鲁克的持续创新理论，阐述企业如何培养持续创新的文化和能力，以应对市场变化和技术革新带来的挑战，并举例说明企业如何通过创新商业模式保持竞争优势。

5. 在商业模式管理中，企业面临“整合”与“剥离”的选择。请结合瑞表（SMH）为斯沃琪（Swatch）选择独立模式和奈斯派索（Nespresso）的成功模式的案例，分析企业在做出整合或剥离决策时需要考虑的因素，以及这些决策如何影响企业的长期发展和竞争力。

第八章

资金与融资

资本是企业成长的血液，而融资则是企业获取血液的途径。

——沃伦·巴菲特

资金是企业开展日常业务、支付费用、投资新项目和扩展业务的基础。融资则是企业获取资金的过程，是企业为了满足资金需求而采取的各种手段和途径。融资可以帮助企业增加资金规模、改善资金结构、降低资金成本、提高资金使用效率。资金和融资之间的联系在于，融资是企业获取资金的途径，而资金是企业融资的目的。企业通过融资获得的资金可以用于满足日常运营资金需求、投资新项目、扩大生产规模、偿还债务等。

因此，企业在经营过程中需要重视资金需求与筹集方式、融资渠道与投资者关系管理、资金运作与财务管理。需要深入剖析三个方面的要点和技巧，以更好地应对挑战，确保创业成功。基于自身实际情况，根据不同的发展阶段，明确资金需求与筹集方式，可确保企业的资金需求得到满足。选择合适的融资方式、渠道和融资策略，并建立良好的投资者关系，以实现良性的资金循环运作体系，可确保有稳定的资金支持。合理规划资金运作与财务管理，可有效降低融资成本和规避经营风险，实现企业的可持续发展。

本章将深入探讨资金与融资的方方面面，包括初创企业的资金需求与筹集方式、融资渠道与投资者关系管理、资金运作与财务管理等关键议题。通过了解资金管理的核心理念和融资策略的精妙运用，读者将能够更好地把握企业发展的金融脉络，为企业的稳健成长提供坚实的资金保障。

第一节　资金需求与筹集方式

一、系统性划分及解释

初创企业的资金需求与企业自身的发展阶段有紧密相关。美国有影响力的管理学家伊查克·爱迪思对企业生命周期做了系统性的划分，他以系统的方法巧妙地把一个企业的发展比作一个像人那样的生命体，把企业生命周期分为十个阶段：孕育期、婴儿期、学步期、青春期、壮年期、稳定期、贵族期、官僚早期、官僚期、死亡。爱迪思生动准确地描述了每个阶段的特征，根据企业发展的基本规律，识别每个关键环节的要点，对企业管理者和创业者识别风险和挑战，对明确企业自身资金需求和筹集方式至关重要。

我们把这十个阶段划分为：创业阶段、成长阶段、扩张阶段。针对每个时期的特点有不同的筹划方式与之匹配，需要分别从发展阶段、市场定位、业务模式和财务状况来制订资金筹集计划。

二、初创企业不同阶段的资金需求与筹集方式

（一）不同阶段的资金需求

在创立初期，初创企业通常需要相对较小的资金规模来支持其初步的运营和研发活动。这一阶段的资金需求主要用于购买基本设备、租赁办公空间、招聘初始团队以及进行市场调研和产品测试。由于企业尚未形成稳定的收入来源，因此筹集资金的方式往往依赖于创始人或团队成员的个人储蓄、亲友借款或天使投资。这些筹资方式的优点是成本较低、灵活性较高，但资金规模有限，且可能无法满足企业后续发展的需求。

进入成长阶段后，初创企业的资金需求会显著增加。随着业务的扩展和市场份额的提升，企业需要更多的资金来支持产品研发、市场推广、团队建设以及供应链管理等方面的活动。在这一阶段，初创企业通常会寻求风险投资、银行贷款或担保融资等外部筹资方式。风险投资公司以其专业的投资经验和网络资源为企业提供资金支持，同时也为企业提供战略指导和业务合作机会。银行贷款和担保融资则为企业提供相对稳定的资金来源，但通常需要企业满足一定的贷款条件和担保要求。

在扩张阶段，初创企业的资金需求达到顶峰。随着企业规模的扩大和业务的多元化发展，企业需要巨额资金来支持其市场扩张、品牌建设、资本运作以及研发投入等方面的活动。在这一阶段，初创企业通常会通过股权融资、上市融资或债券融资等方式筹集资金。股权融资通过出售企业股权引入外部投资者，为企业带来大量资金的同时也可能稀释创始人的股权和控制权。上市融资则通过将企业股票在证券交易所上市交易来筹集资金，但需要企业满足严格的上市条件和监管要求。而债券融资则通过发行企业债券来筹集资金，但需要企业具备良好的信用评级和偿债能力。

（二）资金筹集方式

筹资方式是指企业筹集资金所采取的具体形式，体现资金的属性。针对每个时期的特点有不同的筹集方式与之匹配。主要筹集资金的方式一般有七种：吸收直接投资、股权融资、银行借款、商业信用债券融资、发行融资券和租赁筹资。

（1）吸收直接投资是指企业以投资合同、协议等形式，按照“共同投资、共同经营、共担风险、共享收益”的原则，吸收国家、法人单位、个人、外商等投资的投资方式。其特点是投资者拥有企业的经营管理权，能够直接影响企业的生产经营活动。吸收直接投资的优点在于能够增强企业信誉、扩大企业规模、形成稳定的经营资金来源；缺点则在于资金成本较高，且可能会分散企业的控制权。

（2）股权融资是指通过发行股票或股权来筹集资金。如 IPO 或发行债券，IPO（initial public offering，首次公开募股）是指一家私人公司首次向公众投资者出售其股票并在证券交易所正式上市的过程。发行债券是一种债务工具，发行方（借款人）向投资者（债权人）承诺在未来的某个时间点支付利息（称为票面利率）以及偿还本金（称为面值或票面金额）。这种方式的优点是资金使用期限较长，且支付报酬方式灵活；缺点是会分散企业控制权，且投资者可能对企业管理层产

生影响。股权融资适用于有较高成长潜力和市场前景的初创企业。

（3）银行贷款是初创企业常见的筹资方式之一。企业可以通过固定资产抵押、权利质押或担保公司担保等方式获得银行贷款。这种方式的优点是资金来源稳定，相对较为低廉；缺点是需要提供资产抵押或担保，且审批流程较为烦琐。银行贷款适用于有一定资产规模和市场前景的初创企业。

（4）商业信用是指企业在商品交易中因延期付款或预收货款而形成的借贷关系。商业信用的优点在于筹资便利、无须担保、筹资成本低；缺点则在于期限较短，必须按时支付货款，否则会影响企业的信誉。

（5）债券融资是企业发行公司债券筹集资金的方式。公司债券是企业依法定程序发行、约定在一定期限还本付息的有价证券。债券融资的优点是能够快速筹集大量资金，提高企业知名度；缺点是发行成本较高，且需承担一定的偿债压力。债券融资适用于有稳定现金流和偿债能力的初创企业。

（6）发行融资券是指企业按照规定的条件和程序，在银行间债券市场发行和交易，并约定在一定期限内还本付息的有价证券。融资券的发行主体一般是具有法人资格的非金融企业，其优点在于筹资灵活、成本较低；缺点则在于发行条件较为严格，需要满足一定的信用评级和偿债能力要求。

（7）租赁筹资是企业通过租赁方式获得设备或资产的使用权，并以此筹集资金的方式。租赁筹资的优点在于能够迅速获得所需设备或资产的使用权，且无须一次性支付大量资金；缺点则在于租金支出可能较高，且租赁期满后需要归还设备或资产。

除了上述几种方式，初创企业还可以考虑夹层融资、信托融资、融资租赁、资产管理公司融资等方式。这些方式各有特点，企业可以根据自身情况和市场环境选择合适的筹资方式。

此外，还有一些特定场景下的筹资方式，如高校创业基金、亲情融资、合伙融资、风险投资、创业竞赛、创业孵化器和加速器以及众筹等。

（1）高校创业基金：大多数高校设立创业基金，以鼓励本校学生进行创业尝试。这种方式资金规模不大，但申请门槛相对较低。

（2）亲情融资：向家庭成员或亲朋好友筹款，筹措资金速度快、风险小、成本低。

（3）合伙融资：寻找合伙人共同投资，按照“共同投资、共同经营、共担风险、共享利润”的原则进行融资。

（4）风险投资：通过出售企业的一部分股权给风险投资者获得资金，适用于高风险、高回报的项目。

（5）创业竞赛：通过参加创业竞赛获得奖金和投资人的关注，是展示项目和创新能力的平台。

（6）创业孵化器和加速器：提供场地、资源、指导和投资机会的机构帮助初创企业快速成长。

（7）众筹：通过公众的集资来筹集资金，无须依赖传统的投资机构，但需要具备一定的市场影响力和公众认可度。

三、关键环节——挑战及应对措施

对于创业阶段的企业，有了创业方向，组建起了创业团队，提炼出了较优的商业模式。接下来怎样融资是创业成功最重要的一环。

初创企业在不同的融资阶段制定资金需求时，需要考虑各自阶段的特点、目标以及风险因素。一般而言，企业在不同的发展阶段，融资环境、需求、能力等方面具有不同的特征，因此需区别对待，以促进企业的成长。在不同阶段有着相对应的融资轮次，包括创意轮、种子轮、天使轮、Pre-A、A 轮、B 轮、C 轮、D 轮等。

根据不同融资阶段制定资金需求，具体指导原则见表 8-1。

表 8-1　不同阶段资金需求

发展阶段	融资轮次	资金需求	策略
创意轮	概念级	通常较低，主要用于市场调研、初步产品开发和商业计划书的编写	依靠个人储蓄、家人朋友支持或通过众筹平台进行小规模融资
种子轮	种子轮	用于进一步的产品开发、团队建设和市场验证	吸引天使投资者或加入孵化器、加速器，可能需要提供原型或最小可行性产品（MVP）
天使轮	天使轮	开始增加，用于产品完善、初步市场推广和团队扩张	寻找专业的天使投资人或天使团体，此时可能需要展示一定的市场吸引力和用户反馈
Pre-A 轮	Pre-A 轮	更高，可能用于进一步的产品开发、市场扩张、团队建设和运营资金	吸引风险投资（VC）的注意，此时需要展示清晰的商业模式、市场定位和增长潜力
A 轮及以后	A、B、D 轮	大幅增加，用于加速市场扩张、产品线扩展、品牌建设、大规模营销活动和国际扩张	与风险投资公司、私募基金等专业投资机构合作，此时需要展示强劲的收入增长、市场份额和明确的扩张计划

在制定具体资金需求时，应该结合自身的实际情况和市场环境，采取灵活多变的策略，确保能够有效支持企业的持续发展和创新。首先，需要明确里程碑来设定清晰的业务里程碑和达成这些里程碑所需的资金。其次进行合理的财务预测，包括收入、支出、现金流量和盈亏平衡点。同时需要进行风险评估，考虑不同阶段的风险水平，并为之准备充足的缓冲资金。另外，需要重点考虑投资者关系，建立和维护良好的投资者关系，为后续融资打下基础。最后，需要根据市场反馈和业务发展情况，灵活调整资金需求和融资计划。

相关数据库显示，在创业失败被迫关闭的创业公司中，一直都未获得投资的创业公司占所有关闭公司的 79.61%。从失败原因方面来看，突出在资金问题上，其中关键原因体现在融资能力不足、现金流断裂等问题上。对于还没有盈利能力的初创公司来说，没有充分的资金储备和优质的融资渠道，公司就不能实现快速的发展，也就无法在行业竞争中取得领先。在创业初期，创始人大部分精力都需要投入到融资体系中。

当前的创业融资现状受到了多重因素的影响，包括宏观经济环境、市场结构变化、政策导向等。近些年，我国新经济创业投资市场正在经历一场深度的市场重塑。募资端到投资端再到退出端的整体逻辑发生了变化。数据显示，资本更多集中在少数头部公司或独角兽身上，而大多数小型创业公司难以获得融资。说明投融资进入稳定的“新常态”，总体融资行情在近三四年呈现渐进式下跌的趋势，创投机构的投资意愿出现下滑，市场预期暂时不太乐观。随着资本逐步回归理性，很多风险投资速度明显放缓，而且投资人在市场趋势不明朗的情况下更趋于谨慎。

因此，创业者需要根据实际情况和长期目标来决定融资的规模。充分的商业计划书、财务报表等材料将成为成功融资的关键。制订详细的财务计划，包括收入预测、成本预算和现金流量预测，以确保启动资金的合理分配和使用。其中创业启动资金需要考虑的关键因素主要包括：

（1）业务发展计划：根据企业的商业模型、市场扩张计划和产品发展路线图来估算所需的资金。

（2）现金流预测：进行详细的现金流预测，确保企业在没有即时收入的情况下也能维持运营。

（3）研发投入：特别是科技型或创新型企业，需要大量资金用于新产品或技术的研发。

（4）运营成本：覆盖日常运营的成本，如租金、员工工资、市场推广等。

（5）风险缓冲：保持一定的资金缓冲，以应对市场变化、竞争压力和运营中的不确定性。

（6）里程碑和阶段性目标：设定清晰的业务里程碑和达成这些里程碑所需的资金。

（7）投资者的期望：了解潜在投资者的期望和他们的投资策略，平衡企业的估值和融资额度。

（8）股权稀释：考虑融资对股权的稀释效应，避免过度融资导致创始团队失去对企业的控制权。

（9）后续融资计划：考虑未来几轮融资的计划和安排，以及它们对当前资金需求的影响。

（10）市场和经济状况：市场和经济状况的变化可能会影响融资的可行性和条件。

（11）最小可行产品（MVP）：在产品开发初期，可能只需要足够的资金来开发一个 MVP，以测试市场反应。

（12）竞争环境：在竞争激烈的市场中，可能需要更多的资金来快速占领市场份额。

其中，现金流量预测是最为重要的一环。其相关财务指标需要特别关注，因为它们直接影响到企业的流动性、偿债能力和财务健康状况。

第二节 融资渠道与投资者关系管理

一、融资基础知识

本节将对创业者如何融资给予系统性划分及框架性的解释。在每个轮次中，需要考虑多个关键环节，这些环节对融资的成功至关重要。

以下是创业者融资环节概述。

（1）制作商业计划书（BP）：创业者需要准备一份详尽的商业计划书，阐述企业的商业模式、市场定位、团队介绍、产品或服务、财务预测等关键信息。

（2）接洽投资人：创业者通过各种渠道接触潜在的投资人，包括天使投资者、风险投资基金等，并尝试建立联系，形成投资意向。

（3）签署投资意向书（term sheet，TS）：与投资人就投资条款达成初步共识，并签署投资意向书，明确投资的主要条件。

（4）尽职调查：投资人对创业公司进行法律、财务和业务尽职调查，以评估投资风险。

（5）投资决策委员会审议：投资人所在的投资决策委员会对项目进行讨论，决定是否进行投资。

（6）签署投资协议：双方就投资条款达成一致后，签署正式的投资协议和相关交易文件。

（7）完成交割前事项：创业公司需要在投资款支付前，解决尽职调查中发现的问题，完成协议中约定的事项。

（8）投资款支付：投资机构在满足一定条件后，向创业公司支付投资款。

（9）完成交割后事项：投资款支付后，创业公司还需完成如更新股东名录、修改公司章程等交割后事项。

在整个融资活动中，确定融资渠道、融资策略和融资工具是最重要的环节，核心要点在于融资活动是和企业的生命周期紧密相连的。企业在不同的成长阶段，由于其自身所处的发展阶段及所面临的风险变化，其融资渠道、融资策略和融资工具也会有很大的不同。因此，需要结合之前明确的资金需求、市场条件以及投资者的期望来选择最合适的融资渠道，并建立有效的投资者关系管理（IRM）体系。融资渠道与投资者关系管理是创业公司资金运作的两个重要方面，它们相互关联。选择合适的融资工具、渠道和融资策略，并建立良好的投资者关系，共同影响公司的长期发展和市场表现。融资渠道的选择会影响 IRM 的策略和执行。例如，选择股权融资可能需要更多地关注投资者对公司治理和长期回报的期望，而债权融资则可能更侧重于公司的财务稳定性和偿债能力。同时，有效的 IRM 可以提升公司在潜在投资者中的吸引力，从而更容易通过各种融资渠道获取资金。良好的投资者关系还有助于提高公司在资本市场的声誉，降低融资成本，扩大融资规模。

首先，需要明确融资工具和融资渠道两个概念的差异。两者是相关但又有所不同的概念。融资工具是指创业者在融资过程中使用的各种金融产品或手段，如股票、债券、贷款、票据等。这些工具可以帮助创业者筹集资金，并在一定条件下给予投资方一定的回报。而融资渠道则是指创业者获取资金的来源或途径，如银行、证券市场、风险投资基金、天使投资人等。不同的融资渠道有不同的特点和适用范围，创业者需要根据自身的情况选择合适的融资渠道。

例如：创业者可以通过发行股票来筹集资金，股票是一种融资工具；创业者也可以选择在证券市场上发行股票，证券市场则是一种融资渠道。需要注意的是，选择合适的融资工具和融资渠道需要考虑多方面的因素，如企业的财务状况、融资成本、融资期限、风险承受能力等。同时，不同的融资工具和融资渠道也可能存在一定的风险和限制，创业者需要在融资前进行充分的评估和规划。

二、融资渠道

（一）融资渠道划分

从筹集资金的来源的角度看，融资渠道可以分为企业的内部渠道和外部渠道。

1. 内部融资渠道

企业内部融资渠道是指从企业内部开辟资金来源。从企业内部开辟资金来源有三个方面：企业自由资金、企业应付税利和利息、企业未使用或未分配的专项基金。一般在企业购并中，企业都尽可能选择这一渠道，因为这种方式保密性好，企业不必向外支付借款成本，因而风险很小。

2. 外部融资渠道

外部融资渠道是指企业以外所开辟的资金来源，其主要包括：专业银行信贷资金、非金融机构资金、其他企业资金、民间资金和外资。从企业外部筹资具有速度快、弹性大、资金量大的优点，因此，在购并过程中一般是筹集资金的主要来源。但其缺点是保密性差，企业需要负担高额成本，因此产生较高的风险，在使用过程中应当注意。

（二）融资渠道汇总

目前，企业的融资渠道主要有下面几种，即企业自我积累、向金融机构借款、向非金融机构及企业借款、企业内部集资、向社会发行债券和股票、租赁等。不同的融资渠道，其所承担的税负也不相同。

企业自我积累是由企业税后利润形成，积累速度慢，不适应企业规模的迅速扩大，而且自我积累存在双重征税问题。虽然这种筹资方式使业主权益增大，资金所有权与经营权合二为一，但税负却最重。

借款筹资方式主要是指向金融机构（如银行）进行融资，其成本主要是利息负债。向银行的借款利息一般可以在税前冲减企业利润，从而降低企业所得税。向非金融机构及企业筹资操作余地很大，但由于透明度相对较低，国家对此有限额控制。若从纳税筹划角度而言，企业借款即企业之间拆借资金效果最佳。

向社会发行债券和股票属于直接融资，避开了中间商的利息支出。由于借款利息及债券利息可以作为财务费用，即企业成本的一部分而在税前冲抵利润，减少所得税税基，而股息的分配应在企业完税后进行，股利支付没有费用冲减问题，这相对增加了纳税成本。所以一般情况下，企业以发行普通股票方式筹资所承受的税负重于向银行借款所承受的税负，而借款筹资所承担的税负又重于向社会发行债券所承担的税负。企业内部集资入股筹资方式可以不用缴纳个人所得税。

因而，通常的情况是：自我积累筹资方式所承担的税收负担要重于向金融机构贷款所承担的税收负担，贷款筹资所承担的税收负担重于企业之间相互拆借所承担的税收负担，企业之间相互拆借所承担的税收负担重于企业内部集资所承担的税负负担。从纳税筹资角度看，企业内部筹集和企业之间拆借方式产生的效果最好，金融机构发款次之，自我积累效果最差。原因是内部集资和企业之间拆借涉及人员和机构较多，容易使纳税利润规模降低。自我积累由于资金的使用者和所有者合二为一，税收难以分摊和抵消，而且从税负和经营效益的关系来看，自我积累资金要经过很长时间才能完成，同时，企业投入生产和经营之后，产生的全部税负由企业自负。贷款则不一样，它不需要很长时间就可以筹足，而且投资产生收益后，出资机构实际上也要承担一定的税收，因而，企业实际税负被大大降低了。

上述各种融资渠道实际可分为资本和负债两类，资本结构的变动和构成主要取决于长期负债与资本的比例构成，负债比率是否合理是判定资本结构是否优化的关键。因为负债比率大意味着企业经营风险很大，税前扣除额较大，节税效果明显，所以，选择何种融资渠道，构成怎样的资本结构，限定多高的负债比率是一种风险与利润的权衡取舍。在融资渠道的筹划过程中必考虑企业自身的特点以及风险承受能力。在实际操作中，多种融资渠道的交叉结合运用往往能解决多重经济问题，降低经营风险。

三、投资者关系管理

投资者关系管理，简而言之，是企业与投资者之间建立并维护良好沟通机制的过程。这一过程不仅限于信息的单向传递，更强调双向互动与理解，旨在通过透明、公正、及时的信息披露增强投资者信心，促进资本市场的健康发展。其重要性不言而喻：在提升企业形象的同时，有助于吸引更多潜在投资者、优化资本结构，最终提升企业市场价值，为企业的可持续发展奠定坚实基础。

投资者关系管理的核心目标是实现企业与投资者之间的有效沟通，确保投资者权益得到充分保障，进而推动企业长期稳定发展。为实现这一目标，应遵循公开、公平、公正的原则，确保信息披露的及时、准确、完整；同时，强调互动、互信、共赢，通过构建良好的投资者关系，形成企业与投资者之间的良性互动循环。

（一）投资者关系管理的主要内容

1. 信息披露与透明度提升

信息披露是投资者关系管理的基石。企业应定期发布财务报告、经营简报等，确保投资者能够及时了解企业运营状况。对于重大事项，如并购重组、资产出售等，应及时进行临时公告，避免信息不对称。此外，针对投资者关注的问题，企业应主动回应，提高信息透明度，减少市场猜测与误解。

2. 投资者沟通与互动

有效的沟通是建立良好投资者关系的关键。企业应积极组织投资者来访、电话会议、网络直播等活动，为投资者提供直接交流的平台。同时，通过建立投资者关系网站和社交媒体平台，拓宽沟通渠道，及时发布最新动态，收集并处理投资者意见和建议。这种互动不仅有助于增进了解，还能根据投资者反馈不断优化管理策略。

3. 股东权利保护与服务

股东是企业的重要利益相关者。企业应重视股东权利保护，确保股东大会的筹备与召开符合法律法规要求，保障股东的知情权、参与权和表决权。在股利分配方面，企业应制定合理的政策，确保股东收益与企业发展相协调。此外，通过完善股东服务体系，提供便捷的服务渠道和专业的咨询服务，提升股东满意度和忠诚度。

4. 危机管理与应对

在资本市场中，企业难免会遇到各种危机。投资者关系管理要求企业具备快速响应和有效应对危机的能力。面对市场传闻和谣言，企业应迅速澄清事实真相；对于股价异常波动，应深入分析原因并采取措施稳定市场情绪；在重大突发事件发生时，应启动应急预案并及时向投资者通报进展情况，维护企业声誉和投资者信心。

5. 投资者教育与引导

投资者教育是提高市场成熟度的重要途径。企业应积极普及投资知识和风险教育，倡导价值投资理念，帮助投资者树立正确的投资观念。同时，通过宣讲企业发展战略和市场前景，引导投资者关注企业的长期发展潜力而非短期波动，培养投资者的长期持有意识和忠诚度。

（二）投资者关系管理的实施策略与技巧

1. 制订投资者关系管理计划

明确的管理计划是实施投资者关系管理的前提。企业应结合实际情况制定具体的管理目标和重点任务，制订详细的工作计划和时间表，并分配相应的资源和责任。同时建立评估与反馈机制，定期回顾管理效果并适时调整策略。

2. 提升投资者关系团队的专业素养

专业的团队是保障投资者关系管理质量的关键。企业应选拔和培养具备专业素养的人才加入投资者关系团队，并加强团队内部的沟通与协作。通过定期组织培训和交流活动提升团队能力水平；建立激励机制和考核体系，激发团队活力与动力。

3. 精准把握投资者需求与心理

深入了解投资者需求与心理是提升投资者关系管理效果的重要途径。企业应通过数据分析等手段分析投资者的类型和特点、关注点和诉求、心理和行为模式等信息；针对不同类型的投资者提供个性化和差异化的服务方案，以满足其特定需求并增强其对企业的认同感和归属感。

4. 创新投资者关系管理方式方法

随着科技的不断进步和市场环境的变化，投资者关系管理方式方法也需不断创新，以适应新形势下的要求。企业应积极利用新媒体和互联网技术拓展沟通渠道，如建立微信公众号、开设直播间等；通过举办投资者见面会和路演活动增强互动体验；开展投资者调研和问卷调查收集反馈意见，以不断优化管理策略；同时借鉴国内外先进经验和做法，不断提升自身管理水平。

在关系管理中，需要重点注意一些关键环节：

（1）信息披露：确保公司信息对所有投资者公开透明，包括财务报告、业务进展和市场动态。

（2）沟通策略：制定有效的沟通策略，通过年报、新闻发布会、投资者会议等方式与投资者互动。

（3）反馈收集：收集投资者的反馈和建议，作为公司决策的参考。

（4）危机管理：在面对不利情况时，及时与投资者沟通，减少负面影响。

（5）价值传递：清晰地向投资者传达公司的价值和长期发展潜力。

四、关键环节——挑战及应对措施

在融资渠道对接时，必然会面临融资渠道多样难以制定清晰的融资策略，投资人融资条款太过苛刻难以接受，最后融资额太少难以抉择等挑战。需要关注以下要点：

第一，在融资过程中，公司的估值是一个重要的因素，但并不是唯一的决定因素。过于追求高估值可能导致公司在融资过程中做出不利于长期可持续发展的决策。例如，接受过高的估值可能意味着给予投资者过多的股权，从而减少创始人的股权和控制权。这可能对公司的未来发展产生不利影响。

第二，融资的主要目的是获得资金来支持公司的发展和实现业务目标。重要的是确保筹集到的资金能够满足公司的实际需求，所以在第一轮融资中，不能对融资额少、过低看得太重。在资本寒冬的情况下，初次对接适合的投资机构，高低不是最重要，必须还有多次融资。将注意力集中在资金的用途上，可以确保公司能够有效地利用资金来推动业务增长。

对于初创公司，在第一次融资时，对一个投资者来说，他们看一个团队首先是看创始人，其次才考虑团队和创业项目是否足够好。所以要想赢得投资人的认可，第一需要换位思考，站在投资人的角度来看自己。知己知彼才能跟投资人建立可信赖的投资关系。另外，对自己准备的详尽的商业计划要充分熟悉，充满激情。展现出对项目的热情和坚定的决心。投资人更愿意支持那些充满激情、执着追求并有克服困难的勇气的团队。第三，清晰地阐述创业项目的独特价值和竞争优势。说明项目解决了什么市场痛点，提供了哪些与众不同的产品或服务，以及如何满足客户的需求。构建一个可行且可持续的商业模式。解释如何盈利、收入来源和成本结构。展示盈利预测和商业计划的合理性。

在投资者关系管理领域，当公司业务发展很好时，遇到最大的挑战会是，面临投资人的众多选择，应该选谁的问题。在选择投资人时，不能只看融资金额，还应关注到投资人背后的软实力。比如各种资源等。同时，还要提前考虑，每轮融资都涉及股东结构调整。每个投资人都会有不同的诉求，股东过多，后期处理的人就会更复杂。基于以上要点，提供一些小技巧，帮创业者更好地应对挑战。第一，尽管面临众多投资人的压力，但要保持对项目的专注和坚定。不要被不同的意见和要求分散注意力，一定要坚持核心目标和战略方向。要清楚创业者才是公司最终决策的最后责任人。投资机构真正能够花在创业者身上的精力是有限的。所以，要避免围着投资人转，也没有必要以他们的节奏为核心。在不断融资过程中，接触的投资机构就越多，越容易丧失自己。这点需要特别谨慎。第二，在投资人之间可能会出现意见分歧和冲突。及时解决这些问题，通过开放的对话和妥协来寻求共同的解决方案。避免让冲突升级影响项目的进展。第三，不同的投资人可能有不同的投资目标、风险偏好和行业经验。了解他们的背景和需求，以便能够更好地回应他们的问题和关注点。

第三节 资金运作与财务管理

融资成功后，创业者需要精心规划和管理资金的使用，确保每一分投入都能够为公司的持续发展和下一轮融资打下坚实基础。资金运作与财务管理是确保企业健康成长的关键环节，涉及资金的运作、使用和管理等多个方面。一般情况下，创业者会相对严格地按照预算的融资成本来执行。但是计划往往会赶不上变化，实际操作过程肯定会出现一些偏差。需要从以下几个方面去思考如何合理有效地利用融到的资金。

一、资金运作与财务管理概述

（一）资金运作的定义与重要性

资金运作是指企业如何筹集、分配和管理资金的过程。它包括资金的筹集、使用和回收三个主要环节。有效的资金运作能够提高资金使用效率，降低成本，增强企业的市场竞争力。

（二）财务管理的目标

财务管理的目标是为企业创造价值，确保企业的财务健康和持续发展。这包括但不限于利润最大化、股东财富最大化、风险管理等。

（三）资金运作与财务管理的关系

资金运作是财务管理的重要组成部分。良好的资金运作能够为企业提供稳定的现金流，支持企业的运营和发展。同时，财务管理为资金运作提供指导和监督，确保资金的有效使用。

二、资金的有效管理

（一）预算计划的制订与执行

资金的有效管理始于预算计划的制订与执行。预算计划是企业对未来一段时间内资金收支情况的预估和安排，是资金管理的基石。

（二）预算编制的流程与要点

预算编制应遵循科学、合理、全面的原则，具体流程包括：

（1）确定预算目标。根据企业战略目标和年度经营计划，明确预算年度的主要经济指标和财务指标。

（2）收集基础数据。包括历史财务数据、市场预测数据、生产计划数据等，确保预算编制有可靠的数据支撑。

（3）编制预算草案。按照预算编制模板，逐项编制收入预算、成本预算、费用预算、资本支出预算等，形成预算草案。

（4）审核与调整。组织相关部门对预算草案进行审核，根据反馈意见进行调整，确保预算的合理性和可操作性。

（5）批准与执行。经企业高层审批后，正式发布预算，各部门按照预算执行资金收支活动。

（三）预算的执行与监控

预算的执行是预算编制的延续，关键在于监控与调整。企业应采取以下措施确保预算的有效执行：

（1）建立预算执行情况报告制度。定期编制预算执行情况报告，分析预算与实际的差异及其原因。

（2）实施预算控制。对超出预算的项目进行严格审批，确保预算不被随意突破。

（3）适时调整预算。当市场环境、经营条件发生重大变化时，应及时调整预算，确保预算的时效性和准确性。

（四）成本控制

成本控制是资金有效管理的重要组成部分，直接影响企业的盈利能力和市场竞争力。企业应通过以下途径加强成本控制：

（1）优化生产流程。通过技术改造、工艺改进等方式，提高生产效率和产品质量，降低单位产品成本。

（2）精细化管理。加强材料采购、库存管理、能源消耗等环节的管理，减少浪费和损失。

（3）推行全面预算管理。将成本控制贯穿于企业生产经营的全过程，形成全员、全过程、全方位的成本控制体系。

（4）建立成本考核与激励机制。将成本控制目标纳入员工绩效考核体系，激发员工的成本控制意识和积极性。

三、财务管理在初创企业中的重要性

初创企业面临着资金短缺、市场竞争激烈等多重挑战，财务管理对于初创企业的生存和发展具有至关重要的作用。

（一）提升财务管理能力的建议

1. 建立健全财务管理制度

初创企业应建立健全财务管理制度，包括会计核算制度、成本控制制度、预算管理制度等，确保财务管理的规范化和制度化。

2. 加强财务分析与预测

初创企业应注重财务分析与预测工作，通过对历史财务数据的分析，掌握企业的财务状况和经营成果；通过财务预测工作，为企业的战略规划和经营决策提供有力支持。

3. 提高资金运作效率

初创企业应注重提高资金运作效率，通过优化资本结构、加强应收账款管理、合理安排投资支出等方式提高资金使用效率；同时注重现金流管理，确保现金流的平稳运行。

4. 强化风险管理

初创企业应强化风险管理意识，建立健全的风险管理制度和风险控制机制；加强对市场环境、政策法规等外部因素的分析和预测工作，及时应对潜在的风险和挑战。

（二）财务管理对企业发展的影响

1. 促进企业稳健发展

良好的财务管理能够为企业提供稳定的资金支持和发展动力，通过科学合理的预算管理和成本控制工作降低企业的经营成本和财务风险，通过现金流管理和融资活动确保企业的偿债能力和运营安全，从而促进企业稳健发展。

2. 提高市场竞争力

财务管理能够提高企业的资金使用效率和经营效益，通过优化资本结构、降低融资成本等方式提高企业的盈利能力，通过加强内部控制和风险管理提高企业的运营效率和稳定性，从而提高企业的市场竞争力。

3. 支持企业战略实施

财务管理是企业战略实施的重要保障之一，通过财务分析和预测工作为企业的战略规划和经营决策提供有力支持，通过资金运作和融资活动确保企业战略目标的实现，从而支持企业战略实施并取得成功。

通过上述策略，创业者可以更有效地管理资金，避免资金短缺，并推动企业持续健康发展。同时，保持与投资人的沟通和透明，可以建立起信任关系，为未来融资打下良好基础。

四、关键环节——挑战及应对措施

在以往的资金运作案例中，许多初次创业者获得融资以后就会产生一些错误观念，心态容易发生巨大的变化。这将是许多创业者成功融资后面临的一个重大的挑战。提供以下要点和技巧，以更好地应对：

（1）获得融资需要更加努力地去验证自己的商业模式，才能够真正让资金发挥效果，并且得到下轮的融资。

（2）把握好融资的时间、节奏。有很多创业团队对于下轮融资启动的时间节点判断得过晚。结果就导致上一轮的资金所剩无几，然后就会非常艰难，甚至最糟糕的情况是导致资金断裂，项目无法支撑。在财务管理中，要有充分的计划去把控每一个时间节点，才能让一个项目能够源源不断地保证它的正向现金流。

（3）创始团队在融资之后要有相应的成长，否则就会没有形成清晰的商业模式和造血能力。这就需要定期和投资人进行业务和财务上的汇报，保持节奏同步。如果获得融资后，就开始埋头做自己的事情，不愿意和投资人进行交流，导致投资人无法客观掌握项目情况，企业就容易错过更好的发展机会。所以建议跟投资人主动建立一个周期性的例会，把自己当前的发展状况、遇到的问题和需求进行汇报。把财务方面的情况按照季度或月度向投资人定期汇报。这样不仅仅得到了投资人的资金，还能得到投资人很多其他方面的帮助。

思考题

1. 初创企业在不同发展阶段的资金需求有何特点？请结合实际案例分析企业如何根据自身所处的发展阶段制定合理的资金筹集计划，并选择合适的融资方式。

2. 请比较不同融资方式的优缺点，并分析企业在选择融资渠道时需要考虑哪些因素。结合实际案例，说明企业如何通过有效的融资渠道组合实现资金的优化配置。

3. 投资者关系管理在企业融资过程中扮演着怎样的角色？请结合案例分析企业如何通过良好的投资者关系管理提升自身的市场形象和融资能力。

4. 融资成功后，企业应如何进行资金的有效管理和运作？请结合财务管理的相关理论和实际案例，阐述企业在预算编制、成本控制、资金使用效率提升等方面的具体策略和方法。

5. 在当前的经济环境下，创业融资面临哪些挑战？企业应如何应对这些挑战，确保融资活动的顺利进行？请结合实际案例提出具有可操作性的建议和策略。

第九章

创业团队建设的关键环节

团队合作是创业成功的基石。一个团队的力量，智慧和技能的结合，比任何个人都要强大。

——史蒂夫·乔布斯

对于一个初创企业来说，拿到创业资金后，下一步重点工作将是如何构建符合自身特点的团队。创业团队建设的系统性划分是一个复杂而重要的过程，需要考虑人、财、物的合理搭配与运作。

如果没有一个标准的框架体系，对于团队建立将无从下手。可以根据加拿大麦吉尔大学教授明茨伯格（H.Mintzberg）的5P模型来搭建基于自己创业团队的框架。一般多从以下5个方面建立起自己的创业团队，具体包括目标（purpose）、人员（people）、定位（place）、权力（power）和计划（plan）。理解并使用5P模型中的每一要素，能够帮助企业建立健全、可操作、可实现的业务战略，帮助创业者组建一流的创业团队。

除了5P模型，还有其他的创业团队建设模型也值得参考，如贝尔宾团队角色理论，将团队成员分为九种角色，包括实干者、协调者、推进者、创新者等，强调团队成员角色的多样性和互补性；塔克曼团队发展阶段模型，将团队发展分为形成期、震荡期、规范期、执行期和解散期五个阶段，每个阶段都有不同的特点和挑战，需要采取相应的管理策略；高效能团队模型，关注团队的目标、角色、关系、流程和领导等方面，强调团队的高效运作和持续改进。

这些模型都可以为创业者提供有益的指导，但在实际应用中，需要根据团队的具体情况进行灵活调整和创新。可以根据自己的需求和团队特点，选择适合的模型来指导团队建设。

在以往时代，企业的核心竞争力是团队的确定性和效率。一件事情需要迭代很多年，解决企业的确定性问题。把很多复杂的问题，通过长时间的摸索和研究，制定标准的流程和规则，强调细化分工。这种组织形式是牛顿的机械论，自上而下的创新与执行。确定性最强且效率最优。但是在当下的场竞争中，企业的核心竞争力除了确定性和效率以外，还需要创新和速度。这就需要生态型团队，能更好地解决不确定性与创新并行的问题，是自下而上的创新过程和迭代。

随着智能化和新技术革命不断深化，新的技术赋能将带来工作、人才、技能要求和工作关系的重新整合，团队建设为生态型组织也是时代必然。组织打造生态型团队能有效应对复杂多变的外部环境，有利于整合资源，团队更加敏捷、透明、可增强协作，利于客户导向。

因此创业团队建设的核心思想是组织和个人的共赢，规律是非线性和不可预测的，大家都向正在生成的未来学习。其核心需要自下而上思考并建立成长型文化，创造安全的环境，以共同愿景牵引团队关注个人，相信每个人都有潜力，这样才能包容、创新、成长出新的业务。创业团队建设的系统性划分是一个复杂而重要的过程，涉及团队目标的设定、成员的选择与搭配、资源的整合以及运作机制的建立等多个方面。

本章将深入探讨创业团队建设的关键环节，从创业意愿与目标设定、创业资源的获取与整合、股权设计与激励机制、创业者个人素质培养、团队角色分工与员工培养，到领导力与沟通技巧，每一个环节都至关重要，缺一不可。通过本章的学习，读者将能够全面理解创业团队建设的内涵和外延，掌握打造高效团队的方法和策略，为创业之路奠定坚实的基础。

第一节　创业意愿与目标设定

在创业的征途上，每一步都充满了挑战与未知。而创业意愿与目标设定，作为这段旅程的起点，更是承载着创业者对未来的期许与规划。它们不仅指引着创业者前进的方向，更是激发着创业者内心的动力与激情。

在人类的历史发展进程中，使人类与众不同的并非语言或思维能力，而是合作的能力。人类能够基于共同的意愿，通过协同行动来创造共同的未来。当具有共同意愿的人们聚集在一起时，借助合作的力量，他们能够完成个人无法完成的任务。出于某种原因，人们也希望他人能始终与自己合作。合作的行为特征包括拥有共同的目标，尽管每个人在集体中的角色不同，但他们的身份能够得到他人的普遍认可。此外，所有参与合作的人都明白，他们的成功取决于彼此为对方所付出的努力。

一旦人们开始合作，就建立了相互依存的关系。因此，对于创业者而言，在团队建设中，搭建共同的创业意愿和目标设定，对团队每个成员都至关重要，可以让每个人都对自己充满信心，并向外界传递信号，希望他人也能如此信任自己。这种互相信赖、目标一致的关系将在团队中发挥至关重要的作用。由此，创业者开始通过在团队中界定自己的身份，除了个人身份外，人们还追求组织身份。一些心理现象，如集体荣誉感或集体耻辱感，就是组织身份的体现。

一、创业意愿：内心的呼唤与驱动力

创业意愿是创业者内心深处的呼唤和驱动力。它源于创业者对现状的不满、对未来的憧憬，以及对个人价值的追求。每个人都有自己的创业梦想，这些梦想或许源于儿时的兴趣爱好，或许来自职场中的一次触动，又或许是对社会需求的深刻洞察。

创业意愿的强烈与否，直接决定了创业者在面对困难与挫折时的坚持与毅力。一个强烈的创业意愿，能够激发创业者无尽的潜能，让他们在逆境中迎难而上，勇往直前。而一个微弱的创业意愿，则可能让创业者在遇到困难时轻易放弃，半途而废。

二、目标设定：明确方向与行动指南

目标设定，是创业者在明确创业意愿后，对未来发展的具体规划与展望。一个清晰、具体、

可衡量的目标，能够为创业者提供明确的行动指南，让他们知道自己应该做什么，怎么做，以及达到什么标准才算成功。

在设定目标时，创业者需要遵循 SMART 原则，即目标要具有具体性（specific）、可衡量性（measurable）、可达成性（achievable）、相关性（relevant）和时限性（time-bound）。这样的目标不仅能够激发创业者的行动力，还能够让他们在实现目标的过程中不断获得成就感与满足感。

同时，创业者还需要对目标市场进行深入调研与需求分析。通过对市场的了解，创业者可以更加准确地把握市场趋势与客户需求，从而为自己的产品与服务找到更加精准的定位。这不仅能够提高创业成功的概率，还能够让创业者在竞争中脱颖而出。

三、创业意愿与目标设定的考虑因素

创业意愿与目标设定并不是孤立存在的，而是需要相互融合与实践。创业者需要将内心的创业意愿转化为具体的目标设定，并通过实际行动去实现这些目标。在这个过程中，创业者需要不断调整与优化自己的目标设定，以适应市场的变化与客户的需求。

同时，创业者还需要保持对创业意愿的持续激发与培养。创业是一个长期的过程，需要创业者不断投入时间与精力。在这个过程中，创业者需要时刻保持对创业的热情与激情，不断寻找新的动力与源泉。只有这样，创业者才能够在创业的道路上走得更远、更稳。

在搭建共同意愿与目标设定时，创业者需要考虑以下几个方面：

（1）明确自己的愿景和使命。创业者需要明确自己想要创办的企业或组织的愿景和使命，即企业或组织存在的意义和价值。这有助于创业者制定更加明确和有意义的目标。

（2）制定具体、可衡量、可实现、相关和有时限的目标。创业者需要制定具体、可衡量、可实现、相关和有时限的目标，即前面所提到的 SMART 目标。这有助于创业者明确自己的目标，并为实现目标而制定相应的策略和行动方案。

（3）考虑市场和竞争环境。创业者需要考虑市场和竞争环境，了解自己的目标市场和竞争对手，制定相应的目标和策略。这有助于创业者在市场中脱颖而出，并取得竞争优势。

（4）考虑自身的资源和能力。创业者需要考虑自身的资源和能力，包括资金、技术、人才等方面。这有助于创业者制定更加实际和可行的目标，并为实现目标而合理分配资源。

（5）制定长期和短期目标。创业者需要制定长期和短期目标，将长期目标分解为短期目标，并为实现短期目标而制定相应的策略和行动方案。这有助于创业者逐步实现自己的目标，并保持持续的动力和信心。

创业意愿和目标设定是创业过程中的重要环节，它们相互关联，相互影响。一个强烈的创业意愿可以帮助创业者克服困难，坚持下去，并为实现目标而努力奋斗。而一个明确的目标可以帮助创业者明确自己的方向和重点，并为实现目标而制定相应的策略和行动方案。

四、关键环节——挑战及应对措施

对于领导来说，为了搭建彼此信赖的共同意愿和目标，最重要的挑战在于，在团队的日常工作实践中，我们应该怎样做才能在明确的合作要求与组织或个人的局限性的冲突之间进行调解？

把这个问题说得更具体一些：在给员工布置任务时，领导该怎样描述这个任务才能使大家愿意合作？同时，领导还要解决人与人之间的关系问题。员工要乐意并且有能力与同事真诚地合作、彼此互信合作。企业结构要杜绝各种障碍、消除等级沟壑，要实现上下级的直接沟通，才能自然交流。

对于一个初创企业，提前明确团队的愿景和使命是关键，设定互相信任、互相合作的企业文化是非常重要的。强调团队的合作力度，发布的公告就应该要鼓励人们积极、乐观地相互信任、互相合作。团队领导者应该明确传达合作的重要性，并将其作为企业文化的核心价值观之一。如果企业支持员工让他们发展合作型的个性，企业将会从中受益无穷。通过各种渠道，如会议、培训、内部通信等，向员工宣传合作的好处和意义。

在团队愿景和使命宣讲方面，必须传达出明确的信息，让大家知道在企业中最重要的是合作，而不是个人绩效的累积。企业必须不断重复，向企业的各个层面、各个部门宣传沟通合作的重要性。

在团队建设活动、项目合作等方面，培养员工的团队合作精神。对人们行为的塑造力要比个人心理动力的影响更大，与出身背景对个人的影响相比，人们更趋向于调解自我适应环境。

案例分析　阿里巴巴——愿景驱动的生态级目标设定

1999 年，阿里巴巴创立。其愿景是：“让天下没有难做的生意。”目标设定原则如下：① Specific（具体性），阿里巴巴设定了在三年内成为全球最大的 B2B（business-to-business）平台的目标；② Measurable（可衡量性），公司的目标是注册企业用户数突破 100 万，这一目标在 2001 年得以实现；③ Achievable（可实现性），依托浙江地区的产业集群优势，专注于服务中小企业；④ Relevant（相关性），构建信用保障体系，这是支付宝的早期雏形；⑤ Time-bound（时限性），目标是在 2002 年实现收支平衡。

关键挑战及应对。资金寒冬，面对 2000 年的互联网泡沫，阿里巴巴采取了削减成本的措施，关闭了 12 个国际站点，专注于中国供应商，并大幅削减人力成本。市场教育，通过创办“西湖论剑”峰会，教育中小企业了解数字化的价值。价值观具象化，将“客户第一”的价值观转化为具体的“定制化尊享客服”服务标准。目标穿透系统，开发了“阿里中供铁军”CRM 系统，将销售目标细化到每日的客户拜访次数。

案例启示　创业目标管理的三维法则

创业目标管理是一个多维度的过程，涉及韧性设计、数据穿透和组织进化三个关键方面。这些法则有助于企业在不断变化的市场环境中保持竞争力和适应性。

韧性设计，应对不确定性和挑战。在 2000 年互联网泡沫期间，阿里巴巴面临资金寒冬的严峻挑战。公司通过关闭 12 个国际站点，专注于中国供应商，大幅削减人力成本，展示了在面对不确定性时的适应性和韧性。这种策略不仅帮助公司渡过难关，还为其后续的增长打下了坚实的基础。这表明，创业目标管理需要建立在对市场动态的敏感性和对潜在风险的预判上。通过建立目标弹性区间和实施压力测试，企业可以更好地应对外部环境的变化，保持战略的灵活性和组织的韧性。

数据穿透，实时洞察和决策支持。阿里巴巴通过开发“阿里中供铁军”CRM 系统，将销售目标细化到每日的客户拜访次数，实现了对业务流程的精细管理和实时监控。这种数据驱动的方法使公司能够快速响应市场变化，优化运营效率。这表明，构建目标健康度仪表盘和预警-响应机制是数据穿透的关键。通过实时监控关键业务指标，企业可以获得对运营状况的深入洞察，从而做出更加精准和及时的决策。

组织进化，持续创新和适应性。阿里巴巴将“客户第一”的价值观转化为“定制化尊享客服”服务标准，这不仅是对内部文化的强化，也是对外部服务模式的创新。通过这种价值观的具象化，公司提升了客户满意度，增强了市场竞争力。这表明，组织进化要求企业不断进行自我反思和更新，以适应不断变化的市场需求。管理者前线轮岗制度和危机场景模拟训练等措施可以促进组织的学习和适应能力，提高企业的创新速度和市场响应能力。

阿里巴巴的案例展示了创业目标管理的三维法则——韧性设计、数据穿透和组织进化——在实际商业环境中的应用和效果。这些法则不仅帮助阿里巴巴在面对挑战时保持稳定和增长，也为其他企业提供了宝贵的经验和启示。在动态的市场环境中，这些法则是企业实现长期成功的关键。通过实施这些法则，企业可以更好地管理风险，优化决策过程，并促进组织的持续发展和创新。

第二节　创业资源的获取与整合

在创业的征程中，资源的获取与整合是至关重要的一环。创业者需要巧妙地利用各种资源为企业的创立和发展奠定坚实的基础。

一、创业资源的基础知识

（一）创业资源的定义与意义

创业资源，是指在创业过程中所需要的各种资源。这些资源涵盖了多个方面，包括人力资源、财力资源、物力资源等，每一种资源都在创业的不同阶段发挥着不可或缺的作用。

创业者在明确了创业意愿和目标设定之后，首先要考虑的是，如何建设一个创业资源的获取与整合完整思维与通路体系。整个创业过程是一个发现的过程，是一个创造性的行为。尽管获取创业资金、拥有人才在创业过程中起到基础支撑作用，但是成功的创业者宁愿创造而不是依赖资源。所以创业者能否成功发掘并推动创业机遇的发展，往往取决于他们手中掌握并能有效整合的资源，以及他们对于资源的高效运用能力。在创业初期，许多创业者面临资源短缺的困境，然而优秀的创业者却能够凭借其卓越的创业技能，创造性地发掘、获取、整合和运用资源，尤其是那些能够塑造并维持竞争优势的战略性资源。尽管与那些已进入成熟阶段的大型企业相比，创业型企业在资源储备上显得捉襟见肘，但创业者所拥有的创业精神、独特创新理念以及社会关系等无形资源，同样具有不可忽视的战略价值。创业者不仅需要凭借自身的创造力将有限的资源转化为尽可能大的价值，还需积极寻求并整合各类战略资源，为企业的长远发展奠定坚实基础。

（二）创业资源的种类

创业资源种类繁多，主要包括人力资源、财力资源、物力资源、信息资源以及技术资源等。人力资源是创业过程中最核心的资源，包括创业者自身、合作伙伴、员工等。财力资源则是创业过程中必不可少的资金支持，可以通过融资、自筹等方式获得。物力资源包括场地、设备、原材料等，是创业过程中必需的物质基础。信息资源则涵盖了市场调研、行业动态、竞争对手情报等，对于创业者做出正确决策具有重要意义。技术资源则是创业过程中可能涉及的专利、技术秘密、研发能力等，对于科技型企业尤为重要。

二、创业资源的获取渠道

创业资源的获取渠道多种多样，创业者需要根据自身需求和实际情况选择合适的渠道，见表 9-1。

表 9-1　创业资源获取渠道分类表

渠道类别	具体策略与说明
利用网络资源	通过众筹平台（如 Kickstarter）筹集资金； 在招聘网站（如 LinkedIn）招募人才； 利用行业论坛（如知乎、Reddit）获取技术动态
参加创业活动	参与创业比赛（如创新创业大赛）获取曝光； 加入创业训练营系统学习； 通过创业交流会对接投资人 / 合作伙伴
建立合作关系	与上下游企业战略合作共享渠道； 联合研发机构获取技术支持； 与行业协会合作开拓市场
整合内部资源	优化团队分工（如技术 / 运营互补）； 精细化预算管理（如优先保障核心业务）； 盘活闲置资产（设备 / 数据复用）
持续学习创新	参加行业培训更新知识； 建立用户反馈迭代产品； 开发差异化服务（如订阅制、定制化）
善于利用政策资源	申请政府创业补贴（如初创企业补助）； 享受税收优惠（如小微企业所得税减免）； 入驻孵化器获取场地支持
建立良好口碑	建立用户评价体系（如 NPS 评分）； 通过公益行动提升品牌形象； 利用案例白皮书增强可信度
保持耐心毅力	制定分阶段资源获取目标； 定期复盘调整策略； 建立风险储备机制（如应急资金池）

（1）利用网络资源。互联网是一个丰富的资源库，创业者可以通过网络平台、社交媒体、行业论坛等途径寻找资源。例如，创业者可以在众筹平台上筹集资金，在招聘网站上寻找人才，在行业论坛上了解技术动态。

（2）参加创业活动。如创业比赛、创业训练营、创业交流会等，是获取资源的有效途径。这些活动可以帮助创业者结识潜在的合作伙伴、投资者和导师，拓展社交资源。

（3）建立合作关系。与其他创业者、企业、机构建立合作关系，可以实现资源共享和优势互补。创业者可以通过合作获得资金、技术、市场等方面的支持。

（4）整合内部资源。创业者需要对内部资源进行整合，优化资源配置，提高资源利用效率。例如：合理安排人力资源，充分发挥团队成员的优势；优化资金使用，确保资金的合理分配。

（5）持续学习和创新。创业过程是一个不断学习和创新的过程。创业者需要持续学习，提升自己的能力和素质，同时不断创新，开发新的产品和服务，以吸引更多的资源。

（6）善于利用政策资源。政府为鼓励创业，出台了一系列扶持政策，创业者应关注并善于利用这些政策资源，如申请创业补贴、税收优惠等。

（7）建立良好的口碑。在创业过程中，创业者需要注重自身的形象和口碑。通过提供优质的产品和服务，树立良好的品牌形象，吸引更多的资源。

（8）保持耐心和毅力。资源的获取和整合是一个漫长而复杂的过程，创业者需要保持耐心和毅力，不断努力，逐步实现资源的积累和整合。

表 9-1 内容的逻辑说明：①纵向分类，按资源获取路径划分（外部→内部→长期能力）；②横向关联：政策资源与网络资源、活动资源形成互补；③实践导向：每个策略均包含方法论 + 示例（如“建立用户评价体系”对应“NPS 评分”），增强可执行性；④风险提示：在“保持耐心毅力”中隐含对资源积累周期性的认知，避免创业者急功近利。表 9-1 可作为创业者资源地图，建议搭配优先级评估矩阵（如按成本 / 时效性维度）进一步筛选适配渠道。

三、创业资源的整合与利用

（一）资源的整合

创业资源的整合是指将获取到的各种资源进行有效配置和优化组合，以发挥资源的最大效益。资源整合的关键在于协同效应的发挥，即不同资源之间相互配合、相互补充，产生“1+1>2”的效果。创业者需要根据企业的实际情况和发展战略制定资源整合方案，明确各种资源的角色和定位，确保资源的合理配置和高效利用。

（二）利用创业资源推动创业发展

获取和整合创业资源后，创业者需要充分利用这些资源推动企业的创立和发展。首先，创业者需要利用人力资源的优势，激发团队的创造力和执行力，为企业的快速发展提供动力。其次，创业者需要合理利用财力资源，确保企业的资金需求和财务稳健。同时，创业者还需要充分利用物力资源，确保企业的生产和运营顺利进行。此外，创业者还需要重视信息资源的利用，及时掌握市场动态和竞争对手情报，为企业的决策提供支持。最后，创业者需要发挥技术资源的优势，不断创新和升级产品和服务，提升企业的核心竞争力。

四、关键环节——挑战及应对措施

针对当前的市场形势和创业环境，资本垄断、行业竞争加剧导致创业资源越来越匮乏。因为找不到可以整合的资源，没有可以依托的资本，创业者将面临更严峻的资源短缺问题。因此，如何获得、整合内部资源，将是创业者面临的重大挑战。

为了应对挑战，关键环节在于，如何有效利用网络资源，寻找、融合既有资源，创造新的资源将成为关键。举措就在于凭借自身的创造力，将有限的资源转化为尽可能大的价值。

创业总是和创新、创造联系在一起。一位创业者结合自身创业经历提出了这样的观点：缺少资金、设备、雇员等资源，实际上是一个巨大的优势。因为这会迫使创业者把有限的资源集中于销售，进而为企业带来现金。为了确保公司持续发展，创业者在每个阶段都要用有限的资源获得更多的价值创造。很多创业者都是拼凑高手，通过加入一些新元素，与已有的元素重新组合，形成在资源利用方面的创新行为，进而可能带来意想不到的惊喜。创业者通常利用身边能够找到的一切资源进行创业活动，有些资源对他人来说也许是无用的、废弃的，但创业者可以通过自己的独有经验和技巧加以整合创造。

整合已有的资源，快速应对新情况，是创业的利器之一。拼凑者善于用发现的眼光洞悉身边各种资源的属性，将它们创造性地整合起来。这种整合很多时候甚至不是事前仔细计划好的，而往往是具体情况具体分析、“摸着石头过河”的产物。而这也正体现了创业的不确定性特性，并考验创业者的资源整合能力。

这里有一个核心思维模式，就是基于创业者激情和创造力，利用大数据及智能平台思维，实现资源有机融合，打造生态型组织。搭建一条基于资源智能融合的创业新路径。

需要了解数字化平台体系的结构特征和功能，就是指大数据、云计算、人工智能、区块链、物联网等一系列数字化技术组成的数字综合体。大数据是基础，物联网是架构，云计算是中心，区块链传递价值，人工智能是产出，共存共生，彼此依附。用人体来比喻：我们人类的各个器官感知世间万物的一切（大数据），经过人体经络（物联网）汇总到大脑，人类的大脑经过记忆、分析和总结（云计算），将分析的结果进行总结形成智慧（人工智能）。

案例分析 于刚的 1 药网创业案例

在 2015 年，1 药网平台的创始人于刚完成了互联网医药行业最大的一笔融资，开始垂直于医药行业，希望能用互联网的模式和思维方式，依赖数字和移动医疗技术体系，实现医疗资源的有效融合，以打造“互联网 + 医药”的生态圈，为顾客提供一站式的医疗健康服务。1 药网旗下已拥有 B2C 医药平台“1 药网”、互联网医院平台“1 诊”、B2B 医药平台“1 药城”等多个板块业务，通过创新的科技赋能的模式，全面实现 B 端和 C 端、线上和线下、自营和平台、医 + 药 + 保险的融合发展。2018 年 9 月 12 日，1 药网成功登陆美国纳斯达克，成为中国互联网医药健康赴美上市第一股。

当时的医疗行业，药品流通效率低，药品流通的中间环节多，资源分散，存在着老百姓“看病难，买药贵”的问题，在分析完行业现状之后，于刚基于互联网的资源整合能力，从以下几点，搭建出符合自身业务的资源的获取与整合通路体系：

第一，移动设备可以使互联网、电商渗透到三四五线城市甚至乡村。可以为大众提供随时、随身、随地的网络服务、进行网上购物，可以让有医疗需求的大众随时、随身、随地享受服务。

第二，利用互联网可以增加医疗流通领域的透明度，减少中间环节，提高效率，降低成本。而降低的这些成本可以回馈给大众。

第三，通过大数据和人工智能，可以提供非常精准化的营销和个性化的医疗服务。如果大众到网上药店来，可以随时寻求健康信息，以及精准推荐购药或咨询服务。

第四，现在的可穿戴设备越来越小，将来或许可以直接植入人体皮肤，监测所有生命体征。搭建了可穿戴设备，可以监测多达十四种生命体征，实时监控人体健康的变化。

之后，1 药网凭借在互联网科技、智能供应链、全渠道药品商业化、云服务等方面建立的优势，实现了医生、药店、医院、药企、药品流通商、保险企业等创业资源的有效融合。实现了所有资源的充分优化和共享，完成了 B2B 与 B2C 这两种模式的融合。包括共享药品上游的品牌商、流通商，共享仓储物流，共享数据，共享系统。当把 B 端、C 端融合之后，开始实现线上、线下融合。实现线上与线下资源的最优配置，形成线上线下一体化的医药健康生态圈。

第三节　股权设计与激励机制

哈佛商学院教授诺姆·沃瑟曼在《创始人的困境》一书中，综合了近万名企业创始人的经历发现，65%有潜力的创业企业最终失败，是因为人的问题，那些早期的决定，比如选择联合创始人、招聘员工等，会导致创业团队中，创始人和非创始人之间、创始团队与投资人之间致命的矛盾。归根结底是团队利益分配的不合理所导致。对于创业者来说，股权设计与激励机制是否科学合理，是创业成功的一个必要条件。在外界环境瞬息万变的创业环境中，建立之初就奠定合作的规则和团结的基石，将其契约化并共同恪守，这将是一个好的开端，可大大提高创业的成功率。也对于创业资源的获取与整合也是重要的保障。

一、股权设计与激励的基础知识

在对股权设计与激励机制进行阐述之前，需要对债权与股权两个概念有基本的认识。

债权：是指债权人向债务人提供资金，债务人承诺在未来的某个时间点偿还本金和利息的一种债务关系。

股权：是指股东对公司的所有权，股东通过购买公司的股份成为公司的所有者，并享有相应的权益，如分红、决策权等。

一般公司的资产负债主要包括三部分，即资产、负债和所有者权益。同时，资产＝负债＋所有者权益。债权和股权都代表了未来从公司获得收益的权利。负债的部分就是公司的债权人持有的这家公司的权益，而所有者权益就是公司的股东持有的这家公司的权益。债权通常有一个特点，就是其通过偿本付息的方式来偿还，利率一般固定，未来可以获得的回报是可预测的。而股权则不一样，上不封顶。随着公司的发展，资产可能越来越多，偿还了金额相对固定的债权人的债务后，剩余的都是股东的。当然，风险和收益是成正比的，当企业经营不善面临清算时，公司的剩余资产优先偿还的是债权人的债务，有剩余的再偿还股东。公司股东分红也是一种剩余的价值，“剩余”表现在清偿了债务的利息之后的净利润。所以，股权的本质就是获得公司“剩余价值”的权利。

股权设计，是创业公司在创立或发展过程中，对股权结构进行规划和安排的过程。涉及公司的所有权、控制权、决策权和利益分配等方面。通过合理安排公司的股权结构，达到激励和约束股东、优化公司治理、促进公司发展等目的的一系列制度安排和方法。其目标是实现公司价值最大化，同时平衡各方面的利益关系。一个合理的股权设计可以提高公司的决策效率、激励团队积极性、吸引外部投资，并为公司的长期发展奠定基础。在进行股权设计时，需要综合考虑公司的战略目标、发展阶段、行业特点、股东背景等因素，并遵循相关法律法规等。

股权激励机制，作为一种激励机制，被广泛应用于创业公司中，其目的是通过提供公司股份的方式，激发员工的积极性和忠诚度，以期实现公司的长期发展目标。通过给予员工股权或股权相关权益，以激励和留住核心人才的机制。它将员工的利益与公司的利益紧密联系在一起，使员工能够分享公司的成长和发展。通常包括股票期权、限制性股票、股票增值权及员工持股计划等。通过成体系的激励机制，可以使员工更加关注公司的长期发展，努力工作以提高公司业绩，同时，对于优秀人才具有吸引力，有助于公司留住关键员工。提高员工忠诚度、激励员工为公司创造更大的价值，推动公司的持续发展。

最后，股权设计和股权激励机制是密切相关的，它们相互关联、相互影响，共同服务于公司的发展和价值创造。两者之间的区别在于，股权设计主要涉及公司股权的结构安排，包括股东的权益分配、股权比例、股权类型等。一个合理的股权设计可以为公司的治理、决策和发展提供稳定的基础，同时也会影响到股权激励机制的实施。而股权激励机制则是在股权设计的基础上，通过给予员工股权或股权相关的权益，激励员工为公司的长期发展做出贡献。股权激励机制的设计需要考虑股权设计的特点和公司的战略目标，以确保激励措施与股权结构相匹配，并能够有效地激发员工的积极性和创造力。它们共同构成了公司治理和激励体系的重要组成部分。在设计和实施股权设计和股权激励机制时，需要综合考虑公司的战略目标、发展阶段、股东结构、员工需求等因素，以实现公司价值的最大化。

二、股权结构规划

（一）创始人股权分配

创始人股权的分配需要综合考虑各创始人的贡献、经验、资源等因素。一般来说，主导创始人或 CEO 应持有相对较大的股权，以确保决策效率和团队稳定性。同时，为避免未来股权过于分散，可以在创业初期就设定好股权回购或股权转让机制。

（二）投资者股权比例

在引入外部投资时，需要合理确定投资者的股权比例，既要保证投资者的利益，又要避免股权过度稀释影响创始人团队的控制权。

（三）员工持股计划

通过员工持股计划激励员工积极参与企业建设和发展，增强员工的归属感和忠诚度。

（四）股权结构设计原则与注意事项

在股权结构设计时需要遵循如下原则：

（1）公平性：股权分配应遵循公平原则，根据股东的出资额、贡献和风险等因素进行合理分配。

（2）激励性：股权设计应具有激励性，让股东有足够的动力去推动企业的发展。

（3）稳定性：股权结构应保持相对稳定，避免频繁变动带来的不利影响。

（4）灵活性：股权设计方案应具有一定的灵活性，以便应对企业发展的变化。

在股权机构设计时需要注意以下关键点：

（1）确定股权比例：根据股东的出资额、贡献和风险等因素，合理确定各股东的股权比例。

（2）划分股权类别：根据股东的权利和义务，将股权划分为不同的类别，如普通股、优先股等。

（3）确定分红方案：根据企业的盈利状况和股东的出资额，合理确定分红方案，保证股东的收益。

（4）制订股权激励计划：通过股权激励计划，让员工和核心团队成为企业的股东，激发其积极性和创造力。

（5）制定股权退出机制：明确股东退出企业的条件和程序，保证企业的稳定发展。

三、激励机制设计

激励机制是通过一套理性化的制度来反映激励主体与激励客体相互作用的方式。激励机制的内涵就是构成这套制度的几个方面的要素，见表 9-2。

表 9-2 激励机制设计框架

模块	核心要素	关键内容 / 原则
诱导因素集合	经济性奖酬	薪酬福利、绩效奖金、利润分红、升职加薪、一次性奖励等
	非经济性奖酬	管理层态度、舒适工作条件、参与管理、旅游福利、公费培训、荣誉授权等
行为导向制度	组织价值观引导	全局观、长远观、集体观
	十大奖励原则	奖励创新 / 冒险 / 高质量工作 / 合作等；反对内耗 / 短期行为 / 形式主义等
行为幅度制度	弗鲁姆期望理论	通过奖酬与绩效的关联性调节行为强度
	斯金纳强化理论	固定比率（高稳定绩效）、变动比率（高持续绩效）
行为时空制度	时间限制	奖酬与绩效关联周期、工作任务时间要求
	空间限制	地理范围约束，防止行为无限扩散
行为归化制度	组织同化	新成员价值观、技能、规范教育
	负向约束	事前明确处罚规则，违规后“处罚 + 再教育”

根据激励的定义，激励机制包含以下几个方面的内容：

（一）诱导因素集合

诱导因素就是用于调动员工积极性的各种奖酬资源。对诱导因素的提取，必须建立在队员个人需要进行调研分析和预测的基础上，然后根据组织所拥有的奖酬资源的实际情况设计各种奖酬形式，其中包括经济性奖酬（薪酬福利、绩效奖金、利润分红、升职加薪、一次性奖励等）和非经济性奖酬（管理层对员工的态度、舒适的工作条件、参与企业管理过程、旅游、公费培训、荣誉、更好的工作机会、更大的授权等）。

（二）行为导向制度

它是组织对其成员所期望的努力方向、行为方式和应遵循的价值观的规定。在组织中，由诱导因素诱发的个体行为可能会朝向各个方向，即不一定都是指向组织目标、与组织的价值观一致，这就要求组织在员工中间培养统驱性的主导价值观。行为导向一般强调全局观念、长远观念和集体观念，这些观念都是为实现组织的各种目标。以下为勒波夫列举的十大奖励原则：①奖励彻底解决问题的，而不是仅仅采取应急措施；②奖励冒险，而不是躲避风险；③奖励使用可行的创新，而不是盲目跟从；④奖励果断的行动，而不是无用的分析；⑤奖励出色的工作，而不是忙忙碌碌的行为；⑥奖励简单化，反对不必要的复杂化；⑦奖励默默无声的有效行动，反对哗众取宠；⑧奖励高质量的工作，而不是草率对付；⑨奖励忠诚、反对背叛；⑩奖励合作，反对内讧。

（三）行为幅度制度

它是指对由诱导因素所激发的行为在强度方面的控制规则。根据弗鲁姆的期望理论，对个人行为幅度的控制是通过改变一定的奖酬与一定的绩效之间的关联性来实现的。根据斯金纳的强化理论，按固定的比率和变化的比率来确定奖酬与绩效之间的关联性，会对员工行为带来不同的影响。前者会带来迅速的、非常高而且稳定的绩效，并呈现中等速度的行为消退趋势，后者将带来非常高的绩效，并呈现非常慢的行为消退趋势。通过行为幅度制度，可以将个人的努力水平调整在一定范围之内，以防止一定奖酬对员工的激励效率的快速下降。

（四）行为时空制度

它是指奖酬制度在时间和空间方面的规定。这方面的规定包括特定的外在性奖酬和特定的绩效相关联的时间限制。员工与一定的工作相结合的时间限制及有效行为，以防止员工的短期行为和地理无限性，从而使所期望的行为具有一定的持续性，并在一定的时期和空间范围内发生。

（五）行为归化制度

行为归化是指对成员进行组织同化和对违反行为规范或达不到要求的处罚和教育。组织同化（organizational socialization）是指把新成员带入组织的一个系统的过程，它包括对新成员在人生观、价值观、工作态度、合乎规范的行为方式、工作关系、特定的工作技能等方面的教育，使他们成为符合组织风格和习惯的成员，从而具有一个合格的成员身份。关于各种处罚制度，要在事前向员工交代清楚，即对他们进行负强化。若违反行为规范和达不到要求的行为实际发生了，在给予适当的处罚的同时，还要加强教育，教育的目的是提高当事人对行为规范的认识和行为能力，即再一次地组织同化。所以，组织同化实质上是组织成员不断学习的过程，对组织具有十分重要的意义。

上述激励机制设计以行为管理全流程为逻辑链，覆盖从动机激发（诱导因素）到行为规范（归化）的闭环设计，整合经典理论（如期望理论、强化理论）与实操原则（如十大奖励原则），体现学术与实务结合。

四、法律法规遵守与税务筹划

（一）公司法、证券法等相关法律条款解读

在股权设计和激励机制实施过程中严格遵守相关法律法规，避免法律风险。特别是在涉及公开发行证券、上市公司治理等方面要特别关注相关法律规定。

（二）税务优惠政策利用与合规性审查

合理利用国家出台的各项税务优惠政策降低企业税负成本，同时加强税务合规性审查，确保企业合法合规运营，避免因税务问题影响企业声誉和发展前景。

五、关键环节——挑战及应对措施

股权分配是创业初期至关重要的环节，直接关系到团队成员的激励机制、工作积极性以及企业长远发展的稳定性。

股权分配主要挑战如下：一是潜在的冲突与分歧，不同创始人和核心团队成员在贡献、角色定位、未来期望等方面存在差异，容易引发对股权分配的分歧，若处理不当，可能导致信任缺失，影响合作效率；二是未来融资稀释风险，初期股权分配不合理，可能在后续融资过程中造成股权过度稀释，影响创始团队的控制权和激励效果；三是股权激励的持续性，初期分配后，随着成员贡献的变化，原有股权结构可能不再匹配当前实际情况，导致激励效果减弱。

股权分配的公平性与合理性的应对措施如下：

第一，在进行股权分配前，应制定科学的评估标准，全面考量各方的贡献和潜力。具体措施包括：一是量化贡献，明确每位成员在资金、技术、市场、管理等方面的具体投入，量化其对企业的实际贡献，例如，技术创始人负责核心产品的研发，市场负责拓展用户基数等；二是未来潜力评估，不仅关注过去的贡献，还需评估成员未来在企业发展中的潜力和角色，例如，某成员在未来可能承担关键的管理职责，应在股权分配中得到充分体现；三是团队角色定位，明确各成员在团队中的角色和职责，确保股权分配与责任对等，例如，CEO 通常会获得较高的股权比例，以反映其在公司战略制定和整体管理中的核心作用。

第二，透明的沟通是确保股权分配公平性的重要保障。具体措施包括：一是制定明确的分配原则，在团队内明确制定股权分配的原则和标准，并确保所有成员理解和认同，例如，基于贡献、投入时间、关键技能等因素进行分配；二是公开讨论与决策，在分配过程中，邀请所有相关成员参与讨论，听取各方意见，达成共识，减少因信息不对称导致的误解和不信任；三是记录与备案，将股权分配的讨论过程、决策依据和最终结果进行详细记录，并达成协议，以备未来参考和防范潜在争议。

第三，股权结构需具备灵活性以适应变化。具体措施包括：一是设立股权激励池，即预留一定比例的股权作为激励池，用于未来吸引和留住关键人才，确保企业在不同发展阶段有足够的激励资源；二是设定股权归属机制，通过设定股权的归属期和分阶段释放，确保团队成员在一定时间内持续为企业做贡献，减少早期退出而对股权结构造成负面影响，例如，设定 4 年归属期，第一年为锁定期，之后每月或每季度逐步释放；三是定期评估与调整，定期评估股权结构的合理性，根据企业发展的实际情况和成员的贡献变化，适时进行调整，如引入新的核心成员或现有成员职责重大调整时，适当调整股权比例。

第四，确保股权分配过程符合法律法规，避免因法律风险导致的困扰。具体措施包括：一是聘请专业法律顾问，在股权分配前，寻求专业法律顾问的意见，确保分配方案合法合规，并具备可操作性；二是签订正式协议，将股权分配结果以正式协议的形式确认，包括股权比例、归属机制、退出机制等条款，确保各方权益有法可依；三是遵守相关法规，了解并遵守所在国家或地区关于股权分配、税务等方面的法律规定，避免因违规操作带来的法律风险。

第五，文化建设与团队凝聚力。股权分配不仅是利益分配，更涉及团队文化建设。具体措施包括：一是倡导公平与合作的文化，通过明确的股权分配和激励机制，倡导团队成员以合作、共享为核心，提升团队凝聚力和归属感；二是定期团队建设活动，通过团队建设活动增强成员间的信任与理解，减少因股权分配引发的潜在矛盾；三是透明的决策过程：在重大决策中，坚持透明的原则，增强团队成员对公司发展的信心和参与感。

总之，股权分配的公平性与合理性不仅关乎初期团队的稳定与合作，更对企业的长期发展和竞争力具有深远影响。通过综合评估、透明沟通、动态调整、法律保障、科学评估和文化建设等措施，创业团队可以有效应对股权分配中的挑战，建立一个稳定、激励充分且具备持续发展的股权结构，助力企业在激烈的市场竞争中脱颖而出。

案例分析　某肉夹馍创业团队

对于创业公司来说，创业者初级阶段，大家的关注点一般都放在开发产品、获得用户、创造营收上。按照项目方式来运营，对公司管理、股权等问题没有太多概念。而合理的股权划分与分配对于创业公司的长期发展至关重要。因为投资人在考察创业团队之际，皆会注重公司股权之分配。主要是担心创业者将股权皆视作己有，不愿与团队共享，那么团队的稳固性及前景亦将存在不确定性。因此，制定出公平、合理且具有动态调整能力的股权分配方案，对创业者来说将存在很大的挑战。

拿某肉夹馍创业团队案例来分析，在 2014 年，该肉夹馍创业团队在公司刚刚走上正轨时，创始团队分崩离析。甚至在 2015 年 3 月，创始人 M 和 L 将另一个创始人 S 告上法庭。当初，在开业不到一周，便有机构找来，并给出了4 000万元的估值。创始人认为这时候需要引入投资来扩大业务，但就在引入投资、协商股权架构的过程中，M和S之间的矛盾被激发。2014年5月初，创始人开始与投资人商讨有关投资的细节。当时M为了公司之后在海外的发展，希望组建VIE结构，他的投票权是其他创始人的3倍，除S外，其他人都表示同意。最终，S被迫离开公司经营管理层。

通过对当时案例的资料分析，可以看出，在团队成立之初的股权设计方面就存在问题。随后团队之间价值观的差异以及合伙人之间长期积压的不和，导致矛盾全面爆发。

分析来看，主要存在三个方面的问题。

第一，公司在成立之初，M、S和L分别持有40%、30%和30%的股份，形成了一种相对平衡的股权结构。然而，这种结构存在一个问题：如果三位合伙人意见不合，股东们将无法通过任何决议。此外，这种股权分配是基于合伙人贡献相当的前提下制定的。然而，随着M和S之间矛盾的加剧，人们开始质疑S的贡献是否与其所持股份相匹配。在设计之初，公司并未考虑到股份调整机制，导致股权结构过于僵化，缺乏灵活性。

其次，公司在成立时并未对股权退出机制做出明确规划。股权投资具有特殊性，一旦投资人履行出资义务，通常不能随意退出公司，只有在特定情况下，如公司上市或被并购时，才有机会退出。公司成立之初，三位合伙人满怀激情地开展业务，并未充分考虑退出机制。由于信任不足和价值观差异，这很容易导致团队内部矛盾。这也给S 30%股份的收购问题带来了很大的谈判障碍，并对公司融资产生了影响。

第三，公司在控制权调整方面的方法较为简单粗暴。公司搭建VIE架构并计划在海外上市，这本身是一项有利于公司长远发展的规划，也是所有股东共同的梦想。M在这一过程中要求增加其股份的投票权，这可能是因为他认为自己对公司发展做出了更大的贡献，或至少希望做出更大的贡献。通常，类别股份是在公司引入投资者时，用于创始团队与投资者之间的股份权利安排，赋予创始团队更大的投票权，如京东的AB股制度。然而，在创始团队股东之间直接安排类别股份，确实显得有些简单粗暴。如果需要这样做，也应该在公司成立之初就进行，而不是在成立后，这会增加沟通成本并容易引发矛盾。

这个例子中，足以说明科学合理的股权架构对一个公司的发展影响有多大。

第四节　创业者个人素质培养

在创业的征途中，创业者不仅是梦想的追逐者，更是企业航船的舵手。其个人素质的高低直接影响着企业的命运与发展轨迹。因此，创业者个人素质的培养显得尤为重要。

一、创业者个人素质培养的必要性

在全球市场竞争不断加剧的时代，对于每一个创业者来说，面对着残酷的成本和业绩的压力，很难有时间去思考和反思，如何对人的发展进行资源投入。我们正在进入“新认知科学”的时代，也必须要通过自我不断的实践，实现心智模式的突破。跟时代同步，一起实现认知升级。因此，在创业的路上，除了团队目标设定、资源整合和团队激励，创业者自身的个人素质培养将变得至关重要。成功创业者往往具备一系列关键素质，这些素质不仅帮助他们在商业上取得成功，也是他们在面对挑战时不屈不挠的动力源泉。这将是一个持续的过程，需要在实践中不断学习和提升。坚韧不拔的决心、持续的学习能力、卓越的领导力、敏锐的市场洞察力和创新思维，这些素质是成功创业者的共同特点。创业者可以逐步培养这些关键素质，为创业成功打下坚实的基础。

二、创业者必备的个人素质

（一）领导力

（1）决策能力。面对复杂多变的市场环境，创业者需具备敏锐的洞察力和果敢的决策力，能够迅速分析市场趋势，做出符合企业战略发展的明智选择。

（2）团队协作能力。优秀的领导者懂得如何激发团队成员的潜能，促进跨部门沟通与合作，共同推动企业向前发展。

（3）沟通与协调能力。良好的沟通是团队协作的基石，创业者需具备高超的沟通技巧，有效传达企业愿景，化解内部矛盾，营造和谐的工作氛围。

（二）创新思维

（1）敏锐的市场洞察力。创业者需时刻关注行业动态，捕捉市场先机，以独到的视角发现潜在需求和市场空白。

（2）创造性解决问题能力。面对挑战和困境，创业者应具备创造性思维，提出新颖的解决方案，引领企业走出困境，实现突破。

（3）持续学习意愿。在快速变化的时代背景下，创业者应保持终身学习的态度，不断更新知识结构，紧跟时代步伐。

（三）心理素质

（1）抗压能力。创业之路充满未知与挑战，创业者需具备强大的心理承受力，能够在逆境中坚持信念，勇往直前。

（2）自信心。坚定的自信心是创业者成功的关键，它让创业者在面对困难和质疑时依然能够保持冷静和坚定。

（3）适应力。市场环境瞬息万变，创业者需具备快速适应变化的能力，及时调整战略方向，确保企业在竞争中立于不败之地。

（四）道德素质

（1）诚信经营。诚信是企业立足之本，创业者应坚持诚信经营原则，建立和维护良好的企业形象。

（2）社会责任感。作为社会的一员，创业者应承担起相应的社会责任，关注环境保护、员工福利等议题，实现企业的可持续发展。

（3）良好的职业操守。遵守行业规范，树立正面形象，是创业者赢得市场尊重和信任的基础。

三、创业者素质培养途径

（一）教育与培训

（1）参加高质量的创业培训课程和研讨会，汲取行业前沿知识和实战经验。

（2）阅读经典创业书籍和成功案例，从中汲取灵感和智慧，丰富自己的理论素养。

（二）实践经验

（1）亲身参与创业活动，无论是自己创办企业还是加入初创团队，都能在实践中不断积累经验，提升实战能力。

（2）勇于面对失败，将每次挫折视为成长的契机，不断反思和改进自己的策略和方法。

（三）导师与社交网络

（1）寻找经验丰富的创业导师，建立师徒关系，获得宝贵的指导和支持。

（2）积极拓展社交网络，与同行交流心得，共享资源，形成互利共赢的合作局面。

四、培养效果评估

（一）自我评估

（1）设定清晰、可量化的个人发展目标，如领导力提升、创新思维突破等。

（2）定期进行自我反思和总结，评估自己在各方面的成长与进步。

（二）他人评估

（1）寻求同事、合作伙伴、客户等多方反馈，了解自己在他人眼中的形象和表现。

（2）参与 360° 评估，从多个角度审视自己的优缺点，为后续成长提供方向。

（三）市场与业绩评估

（1）将个人素质的提升与企业的市场表现和业绩成果相结合，观察两者之间的关联性和互动性。

（2）根据市场反馈和业绩数据调整个人素质培养计划，确保其与企业的实际需求和发展方向保持一致。

五、关键环节——挑战及应对措施

创业者个人素质的培养对于企业的成功至关重要，它涉及多个维度，包括领导力、创新思维、心理素质和道德素质等。这些素质不仅影响创业者自身的发展，也直接关系到企业的战略制定、团队建设和市场竞争力。创业者在提升个人素质时，往往面临理论知识与实践经验脱节的问题。理论知识虽然能够提供指导，但缺乏实际操作经验可能导致无法有效应用。

领导力的培养。领导力是创业者成功的关键素质之一。它包括决策能力、团队协作能力和沟通协调能力。决策能力是指创业者需要具备快速分析市场趋势并做出明智决策的能力。这要求创业者具备深厚的行业知识和敏锐的洞察力。团队协作能力是指优秀的领导者能够激发团队成员的潜能，促进跨部门合作，共同推动企业发展。沟通与协调能力是指良好的沟通技巧有助于创业者传达企业愿景，解决内部矛盾，营造积极的工作氛围。

创新思维的培养。创新思维是推动企业持续发展的动力。敏锐的市场洞察力意味着创业者需要关注行业动态，捕捉市场先机，发现潜在需求。创造性解决问题能力则表明，创业者面对挑战，应具备提出创新解决方案的能力，引领企业突破困境。持续学习意愿则在快速变化的时代背景下，创业者应保持终身学习的态度，不断更新知识结构。

心理素质的培养。心理素质决定创业者在面对压力和挑战时的应对能力。抗压能力意味着创业者需具备在逆境中坚持信念，勇往直前的心理承受力。坚定的自信心让创业者在困难和质疑面前保持冷静和坚定。适应力体现在快速适应市场变化的能力，确保企业在竞争中立于不败之地。

道德素质的培养。道德素质是企业长远发展的基石。诚信经营是指坚持诚信原则，建立良好的企业形象。社会责任感体现在关注环境保护、员工福利等，实现企业可持续发展。良好的职业操守则体现在遵守行业规范、树立正面形象。

应对培养过程中的挑战。在培养这些素质的过程中，创业者面临诸多挑战，需要采取相应的应对措施：平衡理论与实践，通过实践导向学习和案例分析，将理论知识应用于实际操作。有效管理时间，制订时间管理计划，利用碎片化时间进行学习。建立评估与反馈机制，设计综合评估体系，定期进行自我反思和总结，获取多方反馈。培养适应性思维，通过教育和培训，提高快速适应市场变化的能力。强化道德教育和社会责任实践，通过教育和自我反思，强化个人的道德素质和社会责任感。

创业者个人素质的培养是一个多维度、持续的过程，它要求创业者在领导力、创新思维、心理素质、道德素质等方面不断提升。面对培养过程中的挑战，创业者需要采取一系列应对措施，以确保个人素质的持续提升。通过这些措施，创业者可以为企业的成功打下坚实的基础，并在激烈的市场竞争中保持领先地位。这不仅有助于创业者个人的成长，也是企业实现长期发展和市场竞争力的关键。

案例分析　腾讯的创业团队

对于大多数创业者来说，在有意识地提升个人综合素质时，往往都聚焦在个人身上，在这个快速变化的市场环境中，在充分竞争的领域，仅仅依靠一两位优秀领导的认知是不够的，仅仅靠少数人学习也是不够的，而是整个团队都要学习。在除了个人能力方面提升以外，还必须考虑集体的方面。集体智慧的真正的共同思考和共同行动，必须在工作团队中培养。这对创业者来说是一个很大的挑战。

腾讯公司创始人马化腾就是一个很好的例子，对于很多组织的领导者来说，学习腾讯的战略、产品等领域的实践固然重要，但更值得大家思考与学习的是，马化腾在创业初期就非常清晰地意识到要用一个好的团队来代替一个人的领导，这体现了马化腾的谦卑和节制。这样的创业者个人素质，可以使个人能力内化到团队中。创业者的素质提升为整体整合素质，会使整个公司的架构、战略和格局大有不同。所以，一个企业创始人的认知模式决定了这个企业能走多远。在某种意义上，公司的天花板不一定是能力的天花板，但一定是创始人认知的天花板；创业者的能力不一定很强，但是可以通过改造、引进新的人才来提高。

第五节　团队角色分工与员工培养

在快速变化的商业环境中，团队的高效运作与员工的持续成长成为企业竞争力的核心要素。团队角色分工与员工培养是构建高效团队、实现组织目标和维持竞争优势的基础。团队角色分工的合理性与员工培养的有效性，直接关系到企业的创新能力、执行效率及市场响应速度。通过精心设计的角色分工和全面的员工培养计划，组织可以最大化团队潜力，推动创新，提高生产力，并在激烈的市场竞争中保持领先地位。

一、团队角色分工的艺术

（一）团队角色分工的意义

团队角色分工与员工培养是组织成功的关键因素，它们对团队成功的影响是多方面的。首先，团队角色分工确保了每个成员都能在其最擅长的领域发挥作用，从而提升整体的工作效率和质量。通过明确的角色定义，团队成员可以专注于自己的任务，减少资源浪费和重复劳动，同时促进团队内部的协同合作。其次，员工培养不仅有助于个人技能的提升，还有助于团队整体能力的成长。通过系统的培训和发展计划，员工可以不断学习新技能、掌握新知识，这不仅提高了他们的工作表现，也增强了团队的创新能力和适应性。员工培养还有助于激发员工的潜能，鼓励他们承担更多的责任，这对于团队的长期发展至关重要。此外，团队角色分工与员工培养的结合可以促进团队文化的建设。当团队成员清楚自己的角色和责任，并且得到持续的支持和培养时，他们更有可能形成积极的工作态度和团队精神。这种正面的团队文化可以增强成员之间的信任和合作，有助于解决冲突，提高团队的凝聚力和稳定性。

再者，团队角色分工与员工培养对于吸引和保留人才也至关重要。在竞争激烈的市场中，优秀的员工是组织最宝贵的资产。通过提供清晰的角色分工和持续的职业发展机会，组织可以展示其对员工成长的承诺，从而吸引顶尖人才并鼓励他们长期留在公司。

最后，团队角色分工与员工培养对于应对快速变化的商业环境至关重要。随着技术进步和市场需求的不断变化，团队需要不断地适应和创新。明确的团队角色分工可以帮助团队快速响应变化，而持续的员工培养则确保团队拥有必要的技能和知识来应对新的挑战。

（二）角色类型及其职责

1. 领导者

作为团队的舵手，领导者需具备战略眼光、决策能力和团队凝聚力。其职责包括设定团队愿景、制定战略方向、激励团队成员以及处理外部关系。在能力要求上，领导者需具备强大的沟通能力、领导力及危机处理能力。

2. 执行者

执行者是团队任务的具体承担者，负责将战略转化为实际行动。他们关注细节，追求效率，确保项目按时按质完成。执行者需具备扎实的专业技能、良好的时间管理和团队协作能力。

3. 创新者

在快速变化的市场中，创新成为企业持续发展的动力。创新者擅长发现问题、提出新观点并探索解决方案。他们应具备敏锐的观察力、批判性思维和创造力。

4. 协调者

协调者在团队中扮演“润滑剂”的角色，负责内部沟通、资源调配和冲突解决。他们需具备出色的沟通技巧、情绪管理和人际关系处理能力。

（三）分工原则与实施

分工应遵循能力匹配、任务均衡和灵活调整的原则。首先，通过全面评估团队成员的能力与特点，将合适的人放在合适的岗位上。其次，确保工作量的均衡分配，避免个别成员负担过重。最后，根据项目进展和外部环境变化，灵活调整分工，保持团队的灵活性和适应性。

在分工实施过程中，企业应建立有效的沟通机制，确保信息的透明与共享。同时，通过定期的团队会议和绩效评估，监控分工效果，及时调整策略以应对潜在问题。

二、员工培养：从需求到成长

（一）培训需求分析

培训需求分析是员工培养的第一步，旨在识别员工在岗位技能、职业发展和团队融入等方面的具体需求。企业可通过问卷调查、访谈和绩效数据等方式收集信息，确保培训内容的针对性和实用性。

（二）培训内容与方式

培训内容应围绕岗位技能、职业发展和团队建设三大维度展开。课程设计上，应注重理论与实践相结合，通过案例分析、模拟演练等方式提升学员的实战能力。培训方式上，可采用线上与线下结合、讲座与研讨互动等多种形式，满足不同学员的学习偏好和需求。

（三）培训效果评估与激励

培训效果评估是检验培训成效的关键环节。企业应制定明确的考核标准，通过考试、项目实践、同事评价等方式综合评估学员的学习成果。同时，建立有效的反馈机制，及时收集学员意见，不断优化培训方案。在激励方面，企业应将物质激励与精神激励相结合，通过奖金、晋升机会、表彰大会等方式激发员工的积极性和归属感。此外，设立明确的职业发展路径和晋升通道，帮助员工规划职业生涯，实现个人价值与企业目标的双赢。

三、策略实施与保障

（一）实施步骤

为确保团队角色分工与员工培养策略的有效实施，企业应制订详细的实施计划，明确时间节点和责任人。在资源配置上，确保培训场地、设备、师资等资源的充足供应。同时，建立监控与调整机制，定期检查实施进度和效果，根据反馈及时调整策略。

（二）保障措施

组织保障方面，成立专门的项目小组负责策略的实施与监控工作，确保各项任务的有序推进。制度保障上，完善相关管理制度和流程规范，确保策略落地的合法性和合规性。文化保障方面，营造积极向上的学习氛围和创新文化，鼓励员工自主学习和成长。

四、关键环节——挑战及应对措施

创业者往往需要面临组建一支创业队伍的问题。在一支队伍里，每个人的工作都有相对的独立性，又都与全局相关联。如果一个人只顾自己，不肯与他人协作，那么势必会影响团队的战斗力和整体形象。

首先，要在团队里建立和谐关系，培育良好的人际氛围。比如说，团队成员之间形成和谐、信赖的关系，那么团队内部相处的气氛就会更融洽，更有助于形成相互尊重、理解的工作氛围和友好宽松的工作环境，从而可以更大限度地发挥我们的聪明才智和工作热情。

其次，组织大家积极参与集体活动，增强团结协作精神。参加集体活动可以增强团结协作意识，进而产生协同效应。在遇到困难的时候，也才能更好地发动集体的力量想办法、出主意，更好地积聚集体的智慧和力量。

再次，营造你追我赶、力争上游的工作氛围。竞争是保持团队锐气的必要条件，它能促使团队成员在学习上更努力、工作上更用心、作风上更顽强，从而加快前进的步伐。提倡团队的协作精神和互补精神，就是要在目标一致的前提下团结起来，携手协作，力争创出一流的成绩。同时，还要避免团队内部的恶性竞争。

最后，还要充分信任同事和周围的人。信任别人是一种良好的美德。在与同事相处时，一定要给予充分的信任，可以说，要圆满完成既定的各项任务，就要搞好团结协作。

要想打造高绩效的团队，除了按照一定的角色与定位进行组合，更关键的是，如何让每个人有各具特色的技能专长，进行不同的角色定义，形成互补的优势。创始人关键挑战在于，如何识别和优化团队成员的角色，以确保团队的高效运作。

从管理学上讲，所有的成功都是用人的成功。梅雷迪思·贝尔宾在《管理团队：成败启示录》中总结出了组建完美团队的九种角色，分别是执行者、智多星、外交家、审议者、协调者、完成者、鞭策者、凝聚者、专业师。每种角色都有其独特的贡献和功能。应用这一理论，企业可以更好地理解团队成员的优势和短板，从而优化团队配置，提升团队效能。例如，协调者角色能够凝聚团队力量，鞭策者能够推动团队前进，而审议员则能够提供明智的决策支持。

案例分析　海底捞的团队角色分工与员工培养

海底捞作为一家闻名遐迩的火锅连锁企业，在餐饮业激烈的竞争中脱颖而出，其秘诀之一就在于清晰的团队角色分工与对员工的精心培养。

海底捞的店长作为领头羊，肩负着掌舵店铺的重任，负责制定店铺的经营目标与战略规划，点燃团队的热情之火，并与外部的食材供应商、总部之间架起沟通的桥梁。他们需要拥有出色的沟通技巧与强大的领导魅力。服务员和后厨工作人员构成了团队的执行核心，他们的使命是将战略蓝图转化为顾客眼前的美食与优质服务。他们对细节有着近乎苛刻的追求，力求在最短的时间内，用精湛的技艺和周到的态度，确保每一道菜品都能精准无误地送达顾客餐桌，让顾客享受到流畅愉悦的用餐体验，维持店铺日常运营的高效稳定。海底捞的研发团队和市场团队则是创新的先锋，他们时刻洞察市场潮流的变幻，钻研新的菜品口味，设计新颖的营销活动。他们擅长捕捉市场需求的细微变化，用创新的思维提出独特的解决方案，为海底捞在激烈的市场竞争中开辟新的道路。而店长助理和运营经理担当着协调者的角色，负责疏通内部信息渠道，合理调配人力、物力资源，化解团队成员之间的矛盾冲突。他们就像团队的润滑剂，保障了团队成员之间配合默契，提升了整体的运营效率。

在员工培养领域，海底捞同样施展着高超的手段。通过细致入微的日常观察、与员工面对面交流以及全面客观的绩效评估等多元手段，海底捞精准洞察员工在专业技能、职业晋升以及团队融合等多维度的需求。海底捞打造了一整套完善且系统的培训体系，课程内容覆盖了火锅烹饪技艺、顾客服务理念、团队协作精神等各个方面。在课程设计上，理论知识与实践操作紧密相连，借助真实案例剖析、模拟场景演练等丰富多样的教学方式，全方位锤炼学员解决实际问题的能力。培训方式灵活多样，线上课程方便员工随时随地学习理论知识，线下工作坊则为员工提供了面对面交流、实操演练的平台，还有经验丰富的导师一对一指导，为员工答疑解惑、传授实战经验。海底捞还建立了科学严谨的考核评价体系，综合运用理论考试、实践操作考核、项目成果评估以及同事互评等多种方式，全方位考量学员的学习成效。与此同时，高效的反馈机制贯穿始终，及时收集员工的意见建议，据此对培训方案进行动态优化调整，确保培训内容始终贴合员工成长需求与企业发展方向。在激励员工方面，海底捞深谙物质激励与精神激励相结合的奥义，运用丰厚的奖金、广阔的晋升空间、隆重的表彰典礼等多种激励手段，充分调动员工的工作积极性与创造力，让员工对企业产生强烈的归属感与认同感。

通过精准的团队角色分工，海底捞实现了人力资源的最优配置，确保每位员工都能在自己擅长的领域大放异彩，进而推动整体工作效率与服务质量的节节攀升。例如，服务员专注于将热情周到的服务理念融入每一个细微动作，后厨工作人员全心投入食材处理与烹饪环节，而店长则心无旁骛地谋划店铺的长远发展与团队建设，这种各司其职、各展所长的分工模式，使得海底捞的每一家店铺都能如同一台精密的仪器般高效运转。持续且深入的员工培养计划，为员工的职业生涯铺就了一条不断向上攀升的道路。无论是一名初出茅庐的新员工，还是已在岗位上积累了一定经验的老员工，都能在海底捞的培训体系中汲取成长养分，新员工借助系统的入职培训迅速适应工作节奏，融入团队大家庭，老员工则凭借持续不断地学习提升，解锁新的技能点，为未来的职业晋升积蓄力量。协调者借助高效的沟通机制与丰富多样的团队建设活动，营造出轻松愉悦又积极向上的工作氛围，不断加固团队成员之间的信任纽带，提升团队的凝聚力与协作效能。定期召开的团队分享会，让员工们有机会分享工作经验、交流心得感悟，携手共进。

一个卓越的团队离不开多种角色的协同作战，各类角色相互配合、相互补充，方能释放出团队的强劲能量。海底捞正是深悟此道，凭借明确的团队角色分工，让每一位员工都能绽放出独特的光芒，携手铸就团队的辉煌成就，从而在团队的整体战斗力上实现质的飞跃。员工培养作为企业发展战略中的关键一环，通过科学合理的需求调研、精心设计的培训课程以及严谨公正的效果评估，能够卓有成效地打磨员工的专业技能，雕琢员工的综合素质，提升员工的工作绩效。海底捞的培训体系，宛如一座员工成长的宝库，不仅贮藏了丰富实用的岗位技能提升资源，还珍藏着助力员工职业发展与团队融入的宝藏，这种全方位的培养机制犹如一把神奇的钥匙，能够开启员工的潜能大门，实现个人价值与组织愿景的同频共振、携手共进。激励机制更是员工奋进征程上的强大引擎，物质激励如同坚实的基石，筑牢员工生活的基础，精神激励恰似璀璨的星辰，照亮员工前行的道路，两者协同发力，满足员工多元需求，让员工心甘情愿为企业倾尽全力。

海底捞的实战经验，生动演绎了团队角色分工与员工培养落地生根后的累累硕果。凭借精准的团队角色分工，海底捞实现了店铺的精细化管理与优质服务的常态化输出；依托持续的员工培养，海底捞锻造出了一支高素养、强技能的精英团队，为企业的持续发展注入源源不断的动力，全方位提升了团队的综合竞争力。这些宝贵的实践经验，既与权威的管理学理论不谋而合，又如同一座明亮的灯塔，为其他企业照亮了前行的道路，清晰地指引着它们如何借助团队管理与员工发展之力，稳健地驶向成功的彼岸，达成组织的战略目标。

第六节　领导力与沟通技巧

在复杂多变的商业环境中，领导力与沟通技巧已成为团队成功的关键要素。它们不仅是管理者日常工作的基石，更是推动团队向前发展、应对挑战的重要工具。

一、领导力的定义与重要性

（一）领导力的概念解析

领导力，简而言之，是指个体影响并激励团队成员朝着共同目标努力的能力。它不仅涉及对团队方向的把控，更包括激发个体潜能、塑造团队文化等多方面内容。与单纯的管理职能相比，领导力更注重情感连接、愿景塑造以及变革引领。

（1）领导力的内涵。领导力是一种综合性的能力，它要求领导者具备战略眼光、决策能力、人际沟通、情绪智力等多方面的素质。同时，领导力还体现在领导者如何通过自身行为影响和激励他人，共同实现组织目标。

（2）领导力与管理力的区别。管理力侧重于对资源的分配、流程的优化以及日常运营的监控，而领导力则更侧重于激发团队活力、塑造组织文化和引领变革方向。管理力是领导力的基础，但领导力是超越管理之上的更高层次的能力。

（二）领导力在团队中的作用

1. 引领团队方向

领导者通过明确的目标设定和战略规划，为团队指明前进的方向。他们不仅关注短期目标的实现，更重视长远的发展蓝图，确保团队始终沿着正确的道路前进。

2. 激发团队潜能

优秀的领导者能够识别并激发每个团队成员的潜力，通过合理的分工、激励措施以及个性化的培养方案，让每个人都能在工作中找到成就感和价值感。

3. 塑造团队文化

领导力还体现在对团队文化的塑造上。领导者通过自身的言行举止、价值观传递以及团队建设活动等方式，逐步构建起具有鲜明特色的团队文化，增强团队的凝聚力和归属感。

（三）领导力对组织发展的长远影响

1. 提升组织竞争力

强大的领导力能够推动组织不断创新、优化流程、降低成本，从而在激烈的市场竞争中脱颖而出。通过不断提升组织的核心竞争力，确保组织在行业中保持领先地位。

2. 促进组织创新

领导者鼓励团队成员勇于尝试新事物、挑战现状，为组织注入源源不断的创新活力。通过营造开放包容的创新氛围，激发团队成员的创造力和想象力。

3. 培育组织人才

优秀的领导者注重人才培养和梯队建设，通过导师制度、内部培训以及外部引进等多种方式，为组织培养出一批批优秀的人才队伍。这些人才将成为组织未来发展的中坚力量。

二、如何提升领导力

（一）自我认知与领导力发展

1. 评估个人领导风格

领导者应首先明确自己的领导风格，了解自己在决策、沟通、激励等方面的优势和不足。通过自我评估或借助专业工具进行领导力风格测试，为后续的领导力发展奠定基础。

2. 识别领导力发展瓶颈

在明确个人领导风格的基础上，进一步识别领导力发展的瓶颈和障碍。这些瓶颈可能来源于知识结构的局限、经验积累的不足或心态调整的困难等方面。通过深入剖析自身存在的问题，为制订针对性的提升计划提供依据。

（二）领导力培养途径

1. 学习与实践相结合

领导力的提升离不开持续的学习和实践。领导者应积极参加各类领导力培训课程、阅读相关书籍和文章、关注行业动态和前沿趋势等，不断拓宽自己的知识面和视野。同时，将所学知识应用到实际工作中去，通过实践来检验和巩固学习成果。

2. 接受专业领导力培训

参加专业的领导力培训课程是提升领导力的重要途径之一。这些课程通常由经验丰富的导师授课，内容涵盖领导力理论、案例分析、实战演练等多个方面。通过系统的培训和学习，领导者可以更快地掌握领导力的核心要素和实践技巧。

3. 从失败中汲取教训

领导力的发展并非一帆风顺。在领导过程中难免会遇到挫折和失败。然而这些失败并非毫无意义，而是宝贵的经验积累。领导者应勇于面对失败，并从中汲取教训总结经验教训，不断完善自己的领导风格和策略。

（三）针对团队特点的领导力策略

1. 不同团队规模下的领导力展现

对于小型团队而言，领导者应更加注重亲和力和凝聚力，通过近距离的沟通和互动增强团队成员之间的信任和默契。对于中型团队，则需要更加明确的目标设定和分工协作，确保团队在复杂多变的环境中保持高效运转。而对于大型团队则更需要战略眼光和全局观念，通过制定长远的发展规划和建立有效的管理体系来引领团队不断前进。

2. 结合业务特点的领导力实践

不同的业务特点对领导力的要求也不同。例如创新型企业需要领导者具备敏锐的市场洞察力和勇于尝试的精神；而传统制造业则更强调流程优化和成本控制等方面的领导力。因此领导者应根据所在行业的业务特点制定相应的领导力实践策略，以更好地推动业务发展。

3. 应对市场变化的领导力调整

市场环境是不断变化的，领导者需要具备敏锐的市场洞察力和灵活应变的能力。当市场环境发生变化时，领导者应及时调整战略方向和资源配置，以应对新的挑战和机遇。同时还需要加强内部沟通和团队协作，确保团队能够迅速适应市场变化并抓住新的发展机遇。

三、有效的沟通技巧和策略

（一）沟通的基础要素

1. 倾听能力

倾听是沟通的基础。优秀的沟通者能够全神贯注地聆听对方的观点和意见，理解对方的情感和需求。通过倾听，沟通者可以建立起与对方的信任关系，为后续的交流打下良好的基础。

2. 表达能力

表达能力是沟通中的关键要素之一。优秀的表达者能够清晰、准确地传达自己的意图和观点，让对方能够迅速理解并作出反应。同时，表达者还需要注意语气、语调以及肢体语言等非言语信息的运用，以增强表达效果。

3. 反馈技巧

在沟通过程中及时给予对方反馈是非常重要的。通过反馈可以让对方了解自己的态度和观点，同时也可以促进双方更深入的交流和理解。反馈技巧包括积极倾听、明确表达以及尊重对方等。

（二）沟通技巧在团队中的应用

1. 上行沟通策略

上行沟通是指下属向上级汇报工作、提出建议或反映问题的过程。在上行沟通中下属应注意尊重上级的意见和决策，同时清晰地表达自己的观点和建议。上级则应保持开放的心态认真听取下属的意见和建议，并积极给予反馈和指导。

2. 下行沟通策略

下行沟通是指上级向下属传达指令、分配任务或提供指导的过程。在下行沟通中上级应明确任务目标、要求和期望，同时关注下属的感受和需求，给予必要的支持和帮助。下属则应认真听取上级的指示并积极响应和执行任务。

3. 平行沟通策略

平行沟通是指同一层级之间的沟通和协作过程。在平行沟通中各方应保持平等和尊重的态度，积极分享信息和资源共同解决问题，并推动工作进展。通过平行沟通可以增强团队成员之间的合作意识和协作能力，提高团队的整体效能。

（三）沟通中的障碍与应对方法

1. 文化差异导致的沟通障碍

在跨文化团队中，文化差异可能导致沟通障碍的出现。为了克服这一障碍，团队成员应尊重彼此的文化背景和价值观，通过学习和交流增进相互理解和信任。同时团队还可以制定明确的沟通规范和流程以减少文化冲突和误解的发生。

2. 信息传递失真问题

在信息传递过程中由于各种原因可能出现信息失真或误解的情况。为了避免这一问题，团队成员应确保信息的准确性和完整性，在传递过程中保持清晰明了的表达方式并注意核对和确认信息的准确性。同时建立有效的信息反馈机制，及时发现并纠正信息传递中的错误和偏差。

3. 情绪管理在沟通中的重要性

情绪是影响沟通效果的重要因素之一。在沟通过程中如果双方情绪过于激动或消极，则可能导致沟通效果大打折扣甚至引发冲突和矛盾。因此团队成员应学会管理自己的情绪，保持冷静和理性的态度，以更好地应对沟通中的挑战和问题。同时团队还可以提供情绪管理的培训和支持，帮助成员更好地掌控自己的情绪并促进有效的沟通。

四、领导力与沟通实践

（一）领导力在沟通中的体现

1. 以身作则的沟通示范

优秀的领导者在沟通中总是以身作则，通过自身的言行举止为团队成员树立榜样。他们注重诚信和透明度的原则，在沟通中保持真诚和坦率的态度，以赢得团队成员的信任和尊重。同时，他们还善于运用沟通技巧和方法引导团队成员积极参与沟通并达成共识。

2. 沟通中的愿景传递

领导者在沟通中不仅关注具体问题的解决，更重视愿景和目标的传递。他们通过清晰明确地阐述组织的愿景和目标激发团队成员的积极性和创造力，让每个人都能够明确自己在组织中的角色和价值所在。同时，他们还通过不断地沟通和反馈确保团队成员对愿景和目标的理解一致并共同为实现这些目标而努力。

（二）沟通技巧对领导力的增强作用

1. 通过有效沟通建立信任

信任是领导力的基石之一。通过有效的沟通，领导者可以与团队成员建立起深厚的信任关系。他们倾听团队成员的意见和建议，关注他们的需求和感受，及时给予反馈和支持。这种关注和支持让团队成员感受到被重视和尊重，从而更加信任和依赖领导者，进而增强整个团队的凝聚力和战斗力。

2. 运用沟通技巧解决团队冲突

在团队中难免会出现冲突和分歧。优秀的领导者善于运用沟通技巧和方法来化解这些冲突和分歧。他们保持冷静和理性的态度倾听各方的意见和建议，寻求共同点并寻求双赢的解决方案。通过有效的沟通，他们可以促进团队成员之间的理解和包容，减少误解和偏见，从而维护团队的和谐稳定和发展动力。

五、关键环节——挑战及应对措施

对于领导力与沟通技巧的培养和应用，领导者将面临多个关键环节的挑战。

（一）领导力与沟通技巧的综合运用

领导者在实际工作中需要同时运用领导力和沟通技巧，以应对复杂的团队管理和业务挑战。然而，这两者之间的协同效应并非自然而然形成，需要有意识地进行整合和实践。

具体应对措施：一是设计综合性的培训项目，将领导力与沟通技巧的培训相结合，通过模拟真实工作场景，让领导者在实践中学习如何同时运用这两种能力；二是案例分析与角色扮演。通过分析实际案例和进行角色扮演，领导者可以更好地理解在不同情境下如何灵活运用领导力和沟通技巧。

（二）适应不同团队和业务环境

不同的团队和业务环境对领导力和沟通技巧的要求各不相同。领导者需要根据具体情境调整自己的领导和沟通方式，以确保有效性和适应性。其主要应对方式有：一是情境领导模型，学习和应用情境领导模型，根据团队的发展阶段和具体情境选择最合适的领导风格和沟通策略；二是业务特点分析，深入分析所在行业的业务特点和团队文化，制定针对性的领导和沟通策略，以更好地推动业务发展。

（三）持续学习与自我提升

在快速变化的商业环境中，领导者需要不断学习和提升自己的领导力与沟通技巧，以保持竞争力和适应性。然而，繁忙的工作往往使得持续学习变得困难。一是制订合理的时间管理计划，为学习和自我提升预留固定时间，确定个人发展的关键领域，并优先分配时间以确保这些领域得到足够的关注；二是利用碎片时间，利用碎片时间进行学习，如阅读行业报告、听相关领域的播客、参加在线课程和研讨会等，这些方式相对灵活，可以根据自己的时间安排进行学习。

（四）评估与反馈机制的建立

缺乏有效的评估和反馈机制可能导致领导者无法准确判断自己的进步和需要改进的地方，从而影响领导力与沟通技巧的提升效果。建立定期自我评估机制，如季度或年度自我反思，以识别个人成长和待改善的领域。可以使用领导力评估工具和沟通技巧检查表来进行量化评估。从同事、导师、客户等不同来源收集反馈，以获得全面的个人表现视角。通过匿名调查和访谈，确保反馈的真实性和客观性。

（五）应对市场变化和危机管理

市场环境的快速变化和突发危机对领导者的领导力和沟通能力提出了更高的要求。领导者需要迅速调整战略方向，同时有效地与团队沟通，确保团队的稳定和应对能力。主要采取的应对措施有：建立预警机制，通过市场监测和数据分析建立预警机制，及时发现市场变化和潜在危机，以便提前制定应对策略。制订危机沟通计划，明确在危机情况下如何与团队、客户和媒体进行沟通。确保信息的一致性和透明度，以维护组织的声誉和信任。

总之，领导者在复杂多变的商业环境中，需要不断提升自己的领导力与沟通技巧，以应对各种挑战和变化。通过整合式培训、情境领导模型、持续学习与自我提升、建立评估与反馈机制及制订危机沟通计划等措施，领导者可以有效地提升自己的能力和团队的绩效。这不仅有助于个人的职业发展，也是组织实现长期成功和具有市场竞争力的关键。

案例分析　华为公司——领导力与沟通技巧的典范

华为公司作为全球通信科技行业的领军企业，以其卓越的技术创新和广泛的市场影响力而闻名。在任正非的领导下，华为不仅在技术研发上取得了巨大成功，还在团队管理和沟通方面树立了行业标杆。

（1）领导力在沟通中的体现。一是以身作则的沟通示范：任正非以身作则，通过自己的言行举止为团队成员树立榜样。他注重诚信和透明度，在沟通中保持真诚和坦率，赢得了团队成员的信任和尊重。例如，在技术研发过程中，任正非亲自参与每一个关键决策，与团队成员进行深入讨论，确保每个人都理解技术研究的方向和目标。二是沟通中的愿景传递：任正非在沟通中不仅关注具体问题的解决，更重视愿景和目标的传递。他清晰明确地阐述华为公司的愿景和目标，激发团队成员的积极性和创造力。例如，任正非经常在内部会议和公开演讲中强调“构建万物互联的智能世界”的理念，让每个人都能够明确自己在组织中的角色和价值所在。

（2）沟通技巧对领导力的增强作用。一是通过有效沟通建立信任：任正非通过有效的沟通与团队成员建立起深厚的信任关系。他倾听团队成员的意见和建议，关注他们的需求和感受，及时给予反馈和支持。例如，任正非会定期与核心团队成员进行一对一的沟通，了解他们的工作进展和遇到的困难，提供必要的指导和资源。二是运用沟通技巧解决团队冲突：在团队中难免会出现冲突和分歧。任正非善于运用沟通技巧和方法来化解这些冲突和分歧。他保持冷静和理性的态度，倾听各方的意见和建议，寻求共同点并寻求双赢的解决方案。例如，在技术研发团队与市场销售团队之间出现意见分歧时，任正非会组织双方进行面对面的沟通，引导他们找到共同的目标，从而达成一致。

（3）取得的主要效果。一是提升团队绩效，通过明确的团队角色分工和有效的沟通，华为公司的团队成员能够高效协作，确保技术研发和市场推广的顺利进行。例如，华为5G技术的多次成功研发和推广，展示了团队在任正非领导下的高效执行力。二是增强员工能力，任正非注重员工的个人发展，通过持续的培训和实践机会，帮助员工提升技能和知识水平。许多在华为公司工作的员工在任正非的培养下，成为了行业内的顶尖人才。三是促进团队合作，通过有效的沟通和团队建设活动，华为公司营造了积极向上的工作氛围，增强了团队成员之间的信任和合作。例如，任正非鼓励跨部门合作，通过定期的团队会议和项目评审，促进了不同部门之间的信息共享和协同工作。四是提高市场竞争力，任正非的领导力和沟通技巧使华为公司在激烈的市场竞争中保持领先地位。通过不断创新和优化产品，华为公司赢得了全球通信市场的广泛认可和忠诚度。

（4）任正非的领导风格体现了变革型领导的特点。他不仅关注团队的日常运营，更注重激发团队成员的潜力和塑造组织文化。通过愿景传递和以身作则，任正非成功地引导华为公司实现了多次重大创新。有效的沟通是领导力的重要组成部分。任正非通过倾听、表达和反馈等沟通技巧，建立了与团队成员的信任关系，促进了团队的协作和创新。他的沟通方式符合高绩效团队的沟通模型，确保了信息的准确传递和团队目标的达成。任正非注重团队协作，通过明确的角色分工和定期的沟通机制，确保团队成员之间的协同效应。这种协作模式符合跨功能团队协作的理论，通过整合不同部门的专业知识和技能，实现了技术的创新和市场的成功。

（5）华为公司的案例展示了领导力与沟通技巧在实际应用中的显著效果。通过任正非的领导，华为公司不仅在技术创新上取得了巨大成功，还在团队管理和沟通方面树立了行业标杆。这一案例为其他企业提供了一个成功的范例，指导如何通过领导力与沟通技巧的提升，实现组织目标和团队绩效的双重提升。

思考题

1. 创业团队建设中，5P模型（计划、计策、模式、定位、观念）如何帮助创业者搭建符合自身特点的团队框架？请结合实例说明每个要素在团队建设中的具体应用。

2. 在创业资源获取与整合过程中，面对资源匮乏的挑战，创业者可以采取哪些创新策略？请结合1药网的案例，分析其如何利用数字化平台思维实现资源的有机融合。

3. 股权设计与激励机制是创业成功的关键因素之一。请讨论在股权分配过程中可能出现的公平性与合理性问题，并提出相应的解决措施。以某肉夹馍创业团队为例，分析其股权设计存在的问题及对团队发展的影响。

4. 创业者个人素质的培养对于企业的成功至关重要。请列举创业者必备的个人素质，并结合马化腾的案例，分析这些素质如何在实际创业过程中发挥作用，帮助创业者实现个人与企业的共同成长。

5. 领导力与沟通技巧在团队成功中扮演着重要角色。请结合华为公司的案例，分析史蒂夫·乔布斯如何通过有效的沟通技巧来增强其领导力，以及这种领导风格对团队绩效和企业竞争力产生了哪些积极影响？

第十章 市场营销与品牌建设

品牌是企业最宝贵的资产，它代表了消费者对企业的信任和忠诚。

——维珍集团创始人理查德·布兰森

在当今这个竞争激烈的市场环境中，市场营销与品牌建设无疑是企业成功的两大基石。它们不仅是企业外部形象的展现，更是企业与消费者之间建立深厚情感的桥梁。市场营销策略的有效实施，能够帮助企业精准地触达目标客户群体，实现销售目标；而品牌建设的深入进行，则能够提升企业的知名度和美誉度，为企业带来持久的竞争优势。

市场营销与品牌建设的意义在于为企业构建强大的市场竞争力和消费者认知度。通过精心策划的营销活动和一致的品牌信息传播，企业能够在目标市场中建立权威和信任，吸引并保持客户，同时通过差异化的品牌策略，在消费者心中留下深刻印象，促进忠诚度的提升和市场份额的扩大，最终实现可持续的商业成功和品牌价值的增长。

本章将深入探讨市场营销与品牌建设的方方面面，从目标客户群体的识别到有效的市场推广策略，再到品牌建设与口碑营销，以及数据分析在市场营销中的关键作用，每一个环节都至关重要，缺一不可。通过本章的学习，读者将能够全面理解市场营销与品牌建设的内涵和外延，掌握打造卓越品牌、实现市场营销目标的方法和策略。

第一节　目标客户群体的识别与定位

在激烈的市场竞争中，精准定位目标客户群体是企业制定营销策略、提升市场竞争力的重要前提。

一、目标客户群体定义

目标客户群体是指企业根据市场细分原则，从整个市场中划分出来的具有相似需求、特征和购买行为的消费者集合。这些消费者是企业产品或服务的主要销售对象，也是企业营销策略的重点关注对象。这个定义被广泛接受，并用于指导企业在市场中的定位和营销策略制定。

二、市场细分

市场细分是指企业根据消费者需求的差异性，将整个市场划分为若干个具有相似需求的子市场的过程。每个子市场都代表着一群具有相似需求、偏好和购买行为的消费者。通过市场细分，企业可以更准确地识别目标客户群体，为不同消费者提供定制化的产品和服务。

市场细分的标准和依据是多元化的，主要包括地理位置、人口统计特征、心理特征和行为特征等维度。地理位置细分考虑了地域、气候、文化差异等因素，使得企业能够根据不同地区的消费者需求进行定制化营销。人口统计特征则围绕年龄、性别、职业、收入等要素进行划分，帮助企业洞察不同消费群体的基本特征和需求。心理特征细分则深入探索消费者的个性、价值观、生活方式等心理层面，揭示其深层次的消费动机和偏好。而行为特征则关注消费者的购买频率、品牌忠诚度、使用场合等实际行为，为企业制定针对性的营销策略提供有力支持。

每个细分市场都具有其独特的特点和需求。例如，年轻消费者市场注重个性化、追求时尚潮流，对新产品和新技术的接受度较高；中老年消费者市场则更加注重产品的实用性和性价比，对品牌和服务有着较高的忠诚度。因此，企业需要深入分析各细分市场的消费者行为、购买偏好和品牌忠诚度等因素，以制定更加精准、有效的营销策略。

同时，市场细分并非静态的，而是随着消费者需求的变化和市场竞争的加剧而不断演变的。企业需要持续关注市场动态和消费者行为的变化趋势，及时调整营销策略以适应市场变化。例如，随着健康意识的提升和环保理念的普及，健康食品和绿色产品市场逐渐崛起，企业可以针对这些细分市场推出符合健康理念和环保标准的产品和服务，以满足消费者的新需求。

在市场细分的过程中，企业还需要注意细分市场的可操作性和盈利性。细分市场的标准应基于企业自身的资源和能力，确保企业有能力满足细分市场的需求并实现盈利目标。同时，企业也需要关注细分市场的规模和增长潜力，选择具有较大发展空间的细分市场进行重点投入和拓展。

三、客户画像构建

客户画像是对目标客户群体的详细描绘，包括他们的基本属性、购买行为、心理特征等。通过构建客户画像，企业可以更深入地理解客户需求，预测其行为模式，从而提供更加个性化的产品和服务。

客户画像的构建步骤一般如下：

（一）数据收集

构建客户画像的第一步是收集相关的市场数据。这些数据包括：

（1）定量数据：如人口统计数据、消费记录、购买历史等。

（2）定性数据：如通过调查问卷、访谈、焦点小组等方式收集的反馈和见解。

（二）数据分析

分析收集到的数据，识别目标客户群体的特征和行为模式。这可以通过以下方法实现：

（1）统计分析：使用统计工具分析数据，识别关键特征和趋势。

（2）文本分析：分析客户反馈和评论，提取关键词和主题。

（三）客户细分

根据分析结果，将目标客户群体细分为更小的群体，每个群体具有相似的特征和行为模式。

这有助于企业更精确地定位和满足不同客户的需求。

（四）客户画像创建

基于细分结果，创建具体的客户画像。每个客户画像应包含以下内容：

（1）基本信息：如年龄、性别、职业等。

（2）心理特征：如价值观、生活方式等。

（3）购买行为：如购买动机、购买频率等。

（4）媒体消费习惯：如常用的社交媒体平台、阅读偏好等。

（五）验证和优化

通过市场测试和客户反馈，验证客户画像的准确性，并根据反馈进行优化。这有助于确保客户画像与实际客户特征相匹配。

客户画像提供了一种系统化的方法来收集和分析客户数据，帮助企业构建一个全面的客户视图。通过客户画像，企业能够：

（1）识别目标市场：明确哪些客户群体最有可能购买产品或服务。

（2）个性化营销：根据客户的特征和偏好定制营销信息和活动。

（3）产品开发：设计符合目标客户需求和期望的产品特性。

（4）优化客户体验：在客户旅程的每个阶段提供恰当的服务和支持。

四、定位策略

市场定位是企业根据自身优势和竞争对手情况，在目标客户心中树立独特品牌形象的过程。企业需明确自身的差异化竞争优势，通过市场定位策略将这一优势传递给目标客户。市场定位的步骤包括市场研究与分析、识别竞争对手、分析目标客户需求、确定差异化因素、制定定位策略等。具体步骤如下：

（一）市场研究与分析

深入的市场研究是市场定位的第一步。企业需要了解目标市场的特征，包括客户的需求、偏好、购买行为等。此外，还需要分析市场趋势、潜在的市场机会和威胁。

（二）竞争对手分析

识别主要竞争对手，并分析他们的市场定位、优势和劣势。这一步骤对于确定企业的市场定位至关重要，因为它可以帮助企业找到市场中的空白点或未被满足的需求。

（三）SWOT 分析

SWOT 分析是一种常用的战略规划工具，可以帮助企业评估自身的优势、劣势、机会和威胁。通过这一分析，企业可以更好地了解自己在市场中的位置，并制定相应的市场定位策略。

（四）客户需求分析

客户需求分析是市场定位的核心。企业需要深入了解目标客户的核心需求和期望，以及他们对产品或服务的具体要求。这一分析结果将直接影响到企业的市场定位策略。

（五）差异化因素的确定

基于 SWOT 分析和客户需求分析，企业需要确定自己的差异化因素。这些因素可以是技术创新、产品质量、客户服务、价格优势等。差异化因素是企业在市场中获得竞争优势的关键。

（六）定位策略制定

根据差异化因素，企业需要制定具体的市场定位策略。这包括确定品牌信息、价值主张、市场传播计划等。定位策略需要清晰、一致，并且能够与目标客户的需求和期望相匹配。在此基础上，企业需要建立有效的市场反馈收集机制，以了解市场对企业定位的反应。这包括客户反馈、市场调研结果和销售数据分析。通过定期进行内部评估，以确保企业的市场定位策略与企业的资源、能力和目标相一致。根据市场反馈和内部评估结果，企业需要适时调整甚至重新确定其市场定位策略。这可能涉及调整品牌信息、价值主张或市场传播计划。

市场定位是一个动态的过程，需要企业不断地评估市场环境，了解客户需求，强化自身的差异化竞争优势，并根据市场反馈进行调整。通过有效的市场定位策略，企业可以在目标客户心中建立起独特的品牌形象，从而在竞争中获得优势。

第二节　有效的市场推广策略

有效的市场推广策略是企业实现市场目标、提升品牌知名度、促进销售增长并建立长期竞争优势的关键所在。

一、市场推广策略的定义与意义

市场推广策略是企业为实现其市场目标而设计和实施的一套综合性计划。其核心目的在于有效地将企业的产品或服务推向市场，吸引潜在消费者，提升品牌知名度，促进销售增长，并最终实现企业的盈利目标。

市场推广策略的制定和实施，对于企业来说具有极其重要的意义。首先，通过明确的市场推广策略，企业能够精准地定位其目标市场和目标消费者群体，从而确保营销活动的针对性和有效性。其次，市场推广策略有助于企业在激烈的市场竞争中脱颖而出，通过差异化的营销策略和创新的推广手段，吸引消费者的注意力并提升品牌形象。最后，市场推广策略的实施还能够帮助企业建立完善的销售网络和渠道体系，提高市场占有率和销售额，为企业的长期发展奠定坚实的基础。

因此，市场推广策略的制定和执行对于企业的成功至关重要。企业需要综合考虑市场环境、竞争对手、消费者需求等多方面因素，制定出符合自身实际情况的市场推广策略，并不断地进行调整和优化，以适应市场的变化和满足消费者的需求。

二、传统市场推广手段

传统市场推广手段是企业营销活动中不可或缺的一部分，它们包括广告、公关、销售促销等多种方式，旨在提高品牌知名度、吸引潜在客户、促进销售增长。以下是常见的传统市场推广手段：

（1）广告策略与媒介选择：广告是企业向目标客户传递产品信息、塑造品牌形象的重要手段。企业需根据目标客户群体的特点和偏好选择合适的广告媒介和策略，如电视、广播、报纸、杂志等传统媒体以及户外广告、直邮等。同时，注重广告内容的创意性和吸引力，以激发目标客户的购买欲望。

（2）公关活动与事件营销：公关活动通过策划具有影响力的公关事件和营销活动，提升品牌形象和知名度。企业需结合时事热点、社会趋势等因素，制定富有创意和话题性的公关活动方案。事件营销则通过参与或赞助大型活动、展览等方式，扩大品牌曝光度和影响力。

（3）销售促进与直接营销：销售促进包括降价、赠品、抽奖等多种形式，旨在刺激目标客户短期内增加购买量。直接营销则通过邮件、电话、短信等方式直接向目标客户推销产品或服务。企业需根据市场情况和目标客户特点灵活运用这些手段，以实现销售目标。

三、数字营销

在传统市场推广手段基础上的数字营销，是指利用数字技术来增强和提升传统市场推广手段效果的一种创新营销方式。它将传统的广告、公关、销售促销等手段与数字技术相结合，形成了更加高效、精准的营销策略。

（1）搜索引擎优化（SEO）与搜索引擎营销（SEM）：SEO 通过优化网站结构和内容提升在搜索引擎中的排名，吸引目标客户访问；SEM 则通过购买关键词广告在搜索引擎中展示产品信息。企业应注重 SEO 与 SEM 的结合运用，提升品牌在线曝光度和点击率。

（2）社交媒体营销策略：社交媒体已成为企业与目标客户互动的重要平台。企业需根据目标客户群体的社交媒体使用习惯选择合适的平台（如微信、微博、抖音等），制定个性化的社交媒体营销策略。通过发布有价值的内容、参与话题讨论、与粉丝互动等方式提升品牌知名度和用户黏性。

（3）内容营销与博客写作：内容营销通过提供有价值的信息吸引目标客户关注并建立信任关系。企业可通过撰写博客文章、制作视频等多种形式进行内容营销。博客写作是内容营销的重要手段之一，通过分享行业知识、解答客户疑问等方式提升品牌专业形象。

（4）电子邮件营销与自动化工具：电子邮件营销是向目标客户发送个性化邮件推广产品或服务。企业可利用邮件营销自动化工具实现邮件的批量发送、跟踪和分析等功能，提升邮件营销效率和效果。同时，注重邮件内容的创意性和针对性，以激发目标客户的购买兴趣。

四、联盟营销与合作伙伴关系

联盟营销与合作伙伴关系在企业营销活动中占据着举足轻重的地位。通过与其他企业或个人携手合作，共同推广产品或服务，企业能够实现资源共享、互利共赢，进而提升品牌知名度，促进销售增长。以下是对联盟营销与合作伙伴关系的详细阐述：

（1）合作伙伴的选择与管理：联盟营销是企业与其他企业或网站合作推广产品或服务的方式。企业应选择与自身品牌调性相符、目标客户群体重叠的合作伙伴进行合作。通过明确合作目标、制定合作规则等方式加强对合作伙伴的管理，确保合作活动的顺利进行。

（2）联盟营销计划的制订与执行：制订详细的联盟营销计划是确保合作活动成功的关键。企业应明确合作内容、推广方式、利益分配机制等要素，并与合作伙伴达成共识。在执行过程中注重沟通协调和效果评估，及时调整优化合作策略以实现共赢目标。

（3）共赢策略的构建与实施：共赢策略是联盟营销成功的核心要素之一。企业应注重与合作伙伴的互利共赢关系建立，通过资源共享、优势互补等方式提升双方品牌影响力和市场竞争力。同时注重合作活动的创新性和差异化特点，以吸引目标客户关注并促进购买决策。

第三节　品牌建设与口碑营销

品牌建设与口碑营销对企业至关重要。品牌建设能塑造独特形象，提升消费者认知和忠诚度，为产品销售打下坚实基础。而口碑营销则通过消费者间的正面传播，增强品牌信誉，促进销售增长。二者相辅相成，共同推动企业长期发展。在激烈的市场竞争中，重视品牌建设与口碑营销，是企业赢得消费者心智，实现持续发展的关键。

一、品牌建设基础

品牌建设是企业在市场中建立独特形象和声誉的过程。一个成功的品牌不仅能够吸引消费者，还能在激烈的市场竞争中保持其独特性和竞争力。

（一）品牌定义与识别

品牌不仅仅是一个标志或名称，它代表了企业的核心价值、文化和个性。品牌定义了企业在消费者心中的位置，是消费者对企业产品或服务的总体印象和情感联系。

（二）品牌识别系统

品牌识别是品牌视觉和语言元素的集合，包括品牌标志、色彩、字体、口号等。这些元素共同构成了品牌的视觉形象体系并传递着品牌的独特价值和理念信息，给目标客户群体留下深刻印象并激发购买欲望，提升整体市场竞争力水平。因此，企业应注重这些元素的设计和创新工作，以确保它们能够准确地传达出品牌的核心理念和价值观，并吸引目标客户群体的关注和认可程度，提升整体品牌形象和市场影响力水平。

（1）品牌标志：是品牌识别的核心，通常包括图形和文字元素。一个易于识别且有意义的品牌标志可以增强品牌的可识别性。

（2）色彩：色彩在品牌识别中起着至关重要的作用。色彩不仅能够吸引消费者的注意力，还能传达品牌的情感和价值。

（3）字体：字体的选择和设计应与品牌的整体风格和个性相匹配，可增强品牌的一致性和专业性。

（三）品牌定位

品牌定位是确定品牌在市场中的位置和目标消费者群体的过程。品牌定位策略应基于对市场、竞争对手和目标消费者的深入理解。

（1）差异化：品牌定位的核心是差异化。企业需要找到与竞争对手不同的优势，并将其作为品牌定位的基础。

（2）目标市场：明确目标市场是品牌定位的关键。企业应了解目标消费者的需求、偏好和购买行为，以便更好地满足他们的需求。

（3）价值主张：品牌定位应清晰地传达品牌提供的独特价值。这包括产品或服务的质量、价格、便利性等。

（四）品牌个性

品牌个性是指品牌所具有的人格特质，它影响着消费者对品牌的认知和情感反应。品牌个性的构建应与企业的核心价值观和目标市场相一致。

（1）品牌个性的维度：品牌个性可以通过多个维度来描述，如真诚、能力、精致、刺激等。企业应选择与品牌定位和目标市场相匹配的个性维度。

（2）品牌故事：品牌故事是传达品牌个性的有效方式。通过讲述品牌的历史、创始人的故事或产品背后的故事，企业可以增强消费者对品牌的情感联系。

（五）品牌价值主张

品牌价值主张是企业向消费者传达的品牌提供的独特价值和好处。一个清晰的价值主张可以帮助企业在市场中脱颖而出。

（1）价值主张的构成：价值主张通常包括产品或服务的质量、价格、便利性、创新性等。企业应根据目标市场的需求和偏好来确定价值主张的构成。

（2）价值主张的传达：品牌价值主张应通过所有营销渠道和触点一致地传达，这包括广告、包装、销售点、客户服务等。

二、品牌建设策略

品牌建设策略是企业在市场中塑造独特形象和声誉的一系列行动和计划。这些策略不仅有助于企业吸引和保留客户，还能提升品牌价值和市场竞争力。以下是品牌建设的具体步骤：

（一）讲好品牌故事

品牌故事是品牌建设中的核心元素，它通过讲述品牌的历史、创始人的故事或产品背后的故事，增强消费者对品牌的情感联系。

（1）故事的构建：品牌故事应真实、引人入胜，能够反映品牌的核心价值和个性。故事的构建需要考虑品牌的历史、创始人的愿景、产品的独特性等因素。

（2）故事的传播：品牌故事应通过各种渠道传播，包括广告、社交媒体、包装、客户服务等。故事的一致性和重复性是关键，有助于加深消费者对品牌的印象。

（二）保持品牌一致性

品牌一致性是指品牌在不同时间和不同触点上保持一致的形象和信息。这有助于建立消费者的信任和忠诚度。

（1）视觉一致性：品牌的视觉元素，如标志、色彩、字体等，应在整个品牌生态系统中保持一致。这包括网站、社交媒体、广告、包装等。

（2）信息一致性：品牌传达的信息和价值主张也应保持一致。无论是在广告中、产品描述中还是在客户服务中，品牌的信息都应一致且清晰。

（三）促进品牌的扩展与延伸

品牌扩展是指将品牌应用于新的产品或服务，而品牌延伸则是指将品牌应用于新的市场或领域。这两种策略都可以帮助企业扩大市场份额和增加收入。

（1）扩展的策略：在进行品牌扩展时，企业应确保新产品或服务与现有品牌的核心价值和形象相匹配。扩展的策略应考虑市场的需求、竞争状况和消费者的期望。

（2）延伸的风险：品牌延伸可能会稀释品牌的核心价值，因此企业在进行品牌延伸时需要谨慎。延伸的决策应基于深入的市场研究和战略规划。

（四）加强数字化品牌建设

在数字时代，数字化品牌建设变得尤为重要。企业需要利用数字媒体和社交平台来建立和维护品牌形象。

（1）社交媒体策略：社交媒体是品牌与消费者互动的重要平台。企业应通过社交媒体发布有价值的内容；与消费者互动，并及时响应消费者的反馈。

（2）内容营销：通过创造和发布高质量的内容，企业可以吸引和保留消费者。内容营销的形式包括博客文章、视频、图像、电子书等。

（3）搜索引擎优化：通过优化网站和内容，企业可以提高在搜索引擎中的可见性，吸引更多的潜在客户。

（五）注重品牌体验

品牌体验是指消费者与品牌互动的整个过程。一个积极的品牌体验可以增强消费者对品牌的忠诚度。

（1）全渠道体验：企业应确保消费者在所有渠道（线上和线下）都能获得一致且积极的品牌体验，这包括网站导航、客户服务、产品包装等。

（2）个性化体验：通过利用数据和技术，企业可以为消费者提供个性化的体验，这包括个性化的产品推荐、定制化的服务等。

（六）培养品牌忠诚度

品牌忠诚度是消费者对品牌的忠诚和支持。高品牌忠诚度可以带来稳定的收入和口碑传播。

（1）忠诚度的培养：企业应通过提供高质量的产品、优秀的客户服务和积极的品牌体验来培养消费者的忠诚度。

（2）忠诚度的衡量：企业可以通过客户满意度调查、重复购买率、推荐指数等指标来衡量品牌的忠诚度。

品牌建设是一个长期且复杂的过程，需要企业在多个方面进行战略规划和执行。通过有效的品牌故事、一致性、扩展策略、数字化建设、品牌体验和忠诚度管理，企业可以在市场中建立强大的品牌形象，吸引和保留消费者。

三、口碑营销与社区建设

口碑营销与社区建设在企业品牌建设中扮演着举足轻重的角色。它们通过消费者之间的正面传播和品牌社区的构建，有效地提升品牌知名度和美誉度。

（一）口碑营销的定义和原则

口碑营销是一种基于消费者之间自然传播的营销策略，它利用消费者的亲身体验和推荐，将品牌信息传递给更多人。其核心原则在于诚信、真实和有价值，要求品牌提供高质量的产品或服务，赢得消费者的信任和好评。

（二）口碑营销的原理与优势

口碑营销是通过目标客户群体之间口口相传的方式推广品牌、产品或服务，它具有传播速度快、成本低廉及影响力强等优势，能够快速提升品牌知名度和美誉度。因此，企业应注重口碑营销工作，通过提供优质产品和服务及积极回应客户投诉和建议等方式激发目标客户群体参与口碑传播活动，促进品牌形象塑造和市场竞争力提升。

（三）社区建设与用户参与度的提升

社区建设是提升用户参与度和忠诚度的重要手段之一，通过创建专属社区平台吸引目标客户群体加入并参与讨论和交流活动，能够加深目标客户群体对品牌认知和记忆程度，并激发其购买欲望和忠诚度，提升整体品牌形象和市场竞争力，因此企业应注重社区建设工作，通过提供优质内容和互动体验等方式吸引目标客户群体参与社区活动，并促进品牌与目标客户群体之间良好关系建立，达成共赢局面，实现可持续发展目标。

（四）危机管理与品牌声誉的维护

在品牌发展过程中难免会遇到各种危机事件对企业形象和声誉造成不良影响，因此企业应建立完善的危机管理体系和应急预案，以应对可能发生的危机事件，降低负面影响，并通过积极回应和解决问题等方式维护品牌形象和声誉，确保品牌可持续发展目标达成预期效果，同时注重日常管理和维护工作，以预防危机事件发生，确保品牌形象和声誉始终处于良好状态，提升整体市场竞争力水平。

第四节　数据分析与决策支持

数据分析与决策支持在现代管理中至关重要，它们通过科学的方法和技术，深入挖掘数据价值，为决策者提供准确、及时的信息支持，有效规避风险，把握市场机遇，提升组织效率和竞争力，是实现科学决策、推动持续发展的重要保障。

一、市场数据收集与分析

（一）数据来源与收集方法

市场数据是制定营销策略和进行决策的重要依据之一，因此企业应注重市场数据收集工作，通过多种渠道和方式（如市场调研报告、销售记录以及社交媒体反馈等）收集相关数据，以确保数据全面和准确，为后续分析工作提供有力支持。同时，注重数据收集方法选择，以确保数据收集效率和质量满足分析需求。

（二）数据分析工具与技术的选择

选择合适的数据分析工具和技术对于提升数据分析效率和准确性具有重要意义，因此，企业应根据分析需求和自身条件选择合适的数据分析工具和技术（如 Excel、SPSS 以及 Python 等），以确保数据分析工作顺利进行并得出准确结论，为决策提供支持依据。同时，注重数据分析技术的学习和应用，以提升团队整体数据分析能力。

（三）数据清洗与预处理

在进行数据分析之前需要对收集到的原始数据进行清洗和预处理，以确保数据质量满足分析需求，包括去除重复数据、填补缺失值及处理异常值等操作，以确保数据分析结果准确可靠。

二、数据分析方法

数据分析是理解和解释数据的过程，它帮助企业从原始数据中提取有价值的信息、发现模式、识别趋势并做出基于数据的决策。常用的数据分析方法如下：

（一）描述性统计分析

描述性统计分析是对收集到的数据进行基本统计描述和分析的方法，包括平均数、中位数及标准差等指标计算，以了解数据分布特征和变化趋势等信息，为后续深入分析提供基础依据。同时，注重描述性统计分析结果解读和应用，以指导营销策略制定和优化。

（二）预测性分析与建模

预测性分析与建模是通过建立数学模型对未来市场趋势和目标客户需求进行预测和分析的方法，它能够为企业制定前瞻性营销策略提供有力支持依据，因此企业应注重预测性分析与建模工作，通过收集历史数据和建立预测模型等方式对未来市场趋势和目标客户需求进行准确预测和分析，以指导营销策略制定和优化。

（三）文本分析与情感分析

文本分析与情感分析是针对非结构化文本数据进行深入挖掘和分析的方法，通过提取文本中关键信息和情感倾向等指标来评估目标客户群体对品牌或产品的态度及反馈情况，从而为企业改进产品和服务质量提供有力支持，因此，企业应注重文本分析与情感分析工作，通过收集目标客户评论和反馈等信息进行文本挖掘和情感倾向分析，以了解目标客户群体需求和反馈情况，并据此改进产品和服务质量，提升整体品牌形象和市场竞争力。

三、数据驱动的决策过程

数据驱动的决策过程是一种系统化的方法，它依赖于数据收集、分析和解释来指导业务决策。数据驱动的决策过程强调使用数据和分析来支持决策，而不是仅依赖直觉或经验。这个过程有助于提高决策的准确性、效率和透明度。企业应该建立一个数据驱动的文化，鼓励使用数据来指导业务决策，并投资于数据分析工具和技能。该过程可以细分为以下步骤：

（一）数据解读与洞察提取

在完成数据分析工作之后需要对分析结果进行深入解读和洞察提取工作，以挖掘出隐藏在数据背后的有价值信息和规律，指导营销策略制定和优化工作，因此，企业应注重数据解读和洞察提取工作，通过深入分析数据指标和趋势等信息发现潜在市场机会和风险因素，并据此制定针对性营销策略和风险控制措施，以提升企业市场竞争力。

（二）决策框架与流程的构建

构建科学合理的决策框架和流程对于确保决策质量和效率具有重要意义，因此企业应注重决策框架和流程构建工作，明确决策目标、原则及流程步骤等内容，并注重决策过程监控和调整工作，以确保决策结果科学合理并符合企业实际情况，同时注重决策团队建设和培训工作，以提升团队整体决策能力。

（三）风险评估与决策优化

在决策过程中需要对潜在风险进行评估和预测工作，并据此制定相应风险控制措施，以确保决策结果顺利实施，因此，企业应注重风险评估和决策优化工作，通过收集和分析市场反馈信息及内部运营数据等信息对潜在风险进行评估和预测，并据此制定相应风险控制措施以降低风险发生概率和影响程度。

四、数据可视化与报告

（一）数据可视化工具与技术

数据可视化是将复杂数据转化为直观易懂的图形，通过选择合适数据可视化工具和技术，能够将分析结果以图形化形式展示出来，便于人们直观理解数据背后的含义和价值，提升信息传递效率。因此，企业应注重数据可视化工具和技术，同时注重数据可视化设计原则和规范制定工作，以确保数据可视化结果准确美观。

（二）数据报告的撰写与呈现

撰写详细准确的数据报告是向管理层和利益相关者传达分析结果和决策建议的重要方式之一，因此企业应注重数据报告撰写和呈现工作，明确报告结构、内容要求及呈现方式等内容，并注重报告语言准确性和逻辑性，确保报告内容清晰易懂且具有说服力，同时注重报告反馈收集和分析工作，以持续改进和优化报告质量。

（三）数据故事的讲述与沟通

讲述生动有趣的数据故事能够增强信息传递效果和说服力水平，因此企业应注重数据故事讲述和沟通工作，通过深入挖掘数据背后的故事元素，将枯燥的数字转化为富有情节和意义的叙述，使受众更容易理解数据所传达的信息和价值。这不仅能够吸引受众的注意力，还能激发他们的情感共鸣，从而更有效地推动决策的制定和行动的实施。企业可以通过以下步骤来构建和讲述数据故事：

（1）明确数据故事的目标和受众。在开始讲述数据故事之前，企业需要明确故事的目标，是为了说服管理层增加投资、激励销售团队改进工作，还是向客户展示产品的价值等。同时，要深入了解受众的需求、背景和知识水平，以便调整故事的内容和表达方式，使其更具针对性和吸引力。

（2）挖掘数据背后的故事元素。数据本身往往是枯燥和抽象的，企业需要通过深入分析和挖掘，找出数据中的趋势、异常、关联等有意义的模式，并将其转化为具有情节和冲突的故事元素。例如，通过分析销售数据发现某个地区的销售额持续增长，进一步挖掘可能发现是由于当地经济发展的带动、竞争对手的退出、企业营销活动的有效开展等多种因素共同作用的结果，从而构建出一个关于市场拓展和成功的故事。

（3）构建故事框架和情节。一个完整的数据故事需要有一个清晰的框架和引人入胜的情节。企业可以采用传统的叙事结构，如开头、中间和结尾，来组织数据故事。开头部分可以引入背景信息、提出问题或引发受众的兴趣；中间部分详细阐述数据发现、分析过程和关键结论，通过数据可视化和具体案例来支撑故事的发展；结尾部分则总结核心观点、提出行动建议或展望未来的发展趋势，使受众对故事有一个清晰的认识和深刻的印象。

（4）运用数据可视化和多媒体手段。为了增强数据故事的可视化效果和感染力，企业应充分利用数据可视化工具和技术，如图表、图形、地图等，将复杂的数据以直观易懂的形式呈现出来。同时，还可以结合多媒体手段，如视频、音频、动画等，丰富故事的表现形式，使数据故事更加生动有趣、富有吸引力。

（5）练习讲述和沟通技巧。数据故事的讲述不仅依赖于内容的质量，还取决于讲述者的表达能力和沟通技巧。企业应鼓励员工通过反复练习来提高讲述数据故事的能力，注意语言的表达要清晰、简洁、准确，语调要富有变化，肢体语言要自然得体。同时，要善于与受众进行眼神交流和互动，及时捕捉他们的反馈和反应，调整讲述的节奏和重点，以确保数据故事能够有效地传达给受众并达到预期的效果。

思考题

1. 在目标客户群体的识别与定位中，市场细分和客户画像构建是两个关键步骤。请结合一个熟悉的企业或品牌，详细说明它是如何通过市场细分确定目标客户群体并构建客户画像来指导其营销策略的制定和实施的。

2. 有效的市场推广策略需要综合运用多种手段。请对比传统市场推广手段和数字营销手段，分析它们各自的优缺点，并举例说明在不同的情境下，企业应如何选择合适的推广手段来实现其市场目标。

3. 品牌建设与口碑营销相辅相成，共同推动企业的长期发展。请结合一个成功的品牌案例，阐述该品牌是如何通过品牌建设提升知名度和美誉度，并利用口碑营销增强品牌信誉和促进销售增长的。

4. 数据分析在市场营销中起着关键作用。请描述一个熟悉的企业是如何收集、分析和利用市场数据来支持其营销决策的。具体来说，可以包括数据来源、分析方法及如何根据数据分析结果调整营销策略等方面。

5. 联盟营销与合作伙伴关系是企业拓展市场的重要手段。请分析一个企业通过联盟营销取得成功的案例，重点讨论该企业是如何选择合作伙伴、制定联盟营销计划及实现共赢策略的。

第十一章 创新、技术与知识产权

> 创新是推动人类进步的引擎，而技术则是实现创新梦想的翅膀。
>
> ——托马斯·爱迪生

在当今这个日新月异的时代，创新与技术已成为推动社会进步的核心动力，尤其在创业领域，它们更是扮演着举足轻重的角色。创新不仅是企业持续发展的源泉，更是企业在激烈市场竞争中立于不败之地的关键。而技术的应用，则为企业带来了前所未有的机遇和挑战。

本章将深入探讨“创新与技术应用”在创业过程中的方方面面。从创新管理的理念到创新文化的建设，我们将一同剖析如何让创新成为企业发展的内在驱动力。同时，我们也将关注新技术应用对创业模式、商业模式产生的深远影响，以及人工智能这一前沿技术如何为创业企业赋能，助力企业在智能化时代脱颖而出。

此外，创业法规与知识产权保护作为创业过程中不可或缺的一环，也将在本章中得到详尽的阐述。本章将探讨如何在合规的前提下，充分利用法律武器保护企业的创新成果和知识产权，为企业的稳健发展保驾护航。通过本章的学习，读者将能够全面理解创新与技术应用在创业中的重要地位和作用，掌握推动创新、应用新技术、保护知识产权等方面的策略和方法，为创业之路注入强大的动力和保障。

第一节　创新管理和创新文化建设

一、创新管理

（一）创新管理的定义

创新管理是指企业在当今快速变化的市场环境中，通过对新思维、新产品、新服务和新流程的探索、实施和控制，为企业创造长期价值的一系列活动。它是企业保持竞争优势、推动持续发展的重要手段。

（二）创新管理的原则

创新管理的核心原则包括鼓励尝试、容错、持续学习和快速迭代。鼓励尝试意味着要为员工创造一个安全的环境，激发他们提出新的想法和解决方案。容错则是要接受在创新过程中可能会出现的失败，并从中汲取教训，不断完善。持续学习强调企业和个人要不断地吸收新知识、新技能，以适应市场的快速变化。快速迭代则是要在短时间内多次试验和改进，迅速响应市场需求，提升产品和服务的竞争力。

（三）创新管理的方法

创新管理的方法多种多样，包括敏捷开发、设计思维、客户旅程映射等。敏捷开发是一种灵活的项目管理方法，它注重团队的协作和快速响应变化，通过迭代和增量交付来满足客户需求。设计思维则是一种从用户的角度出发，通过迭代和原型设计来解决问题的方法，它强调同理心和共创，有助于发现新的创新机会。客户旅程映射则是要深入了解客户在使用产品或服务的过程中的每一个环节，发现痛点和改进点，以提升客户体验和满意度。

（四）创新管理对企业的影响

创新管理对企业的影响是深远的。它不仅可以提高企业的市场竞争力，还可以激发员工的创造力和归属感。通过创新管理，企业可以更快地响应市场的变化，更好地满足客户的需求，从而赢得更多的市场份额和客户忠诚度。同时，创新管理也可以帮助企业建立起一个持续创新的文化，为企业的长期发展提供源源不断的动力。

二、创新文化建设

（一）创新文化的定义和特征

创新文化是指在企业内部形成的一种有利于创新活动的文化氛围，它包含了对创新的价值观、信念、行为规范和环境等方面的认知和实践。创新文化的特征主要体现在以下几个方面：

（1）鼓励尝试和容错：创新文化鼓励员工勇于尝试新事物，即使失败了也能得到理解和支持。企业为员工提供安全的环境，让他们敢于挑战现状，寻求改进和创新的机会。

（2）持续学习和进步：创新文化强调持续学习的重要性，鼓励员工不断吸收新知识、新技能，以适应市场的快速变化。企业为员工提供培训和发展机会，帮助他们提升创新能力和专业素养。

（3）开放合作与共享：创新文化倡导开放合作的精神，鼓励员工之间、部门之间以及企业与外部合作伙伴之间的沟通与协作。通过共享资源、知识和经验，激发创新火花，推动创新成果的产生和转化。

（二）创新文化建设的步骤和方法

创新文化建设是一个系统工程，需要企业从多个方面入手，逐步培育和塑造有利于创新的文化氛围。以下是创新文化建设的主要步骤和方法：

（1）明确创新价值观：企业应首先明确创新的核心价值观，将其纳入企业文化体系，并通过各种渠道进行宣传和推广。让员工充分认识到创新对企业发展的重要性，形成共同的创新理念和追求。

（2）制定创新战略和规划：企业应根据市场趋势和自身发展需求制定创新战略和规划。明确创新的目标、方向、重点任务和保障措施，为创新活动提供有力的指导和支持。

（3）搭建创新平台：企业应搭建多样化的创新平台，如技术研发中心、创新实验室、创业孵化器等，为员工提供充足的创新资源和条件，激发他们的创新热情和创造力。

（4）完善创新激励机制：企业应建立完善的创新激励机制，对在创新活动中取得突出成绩的员工给予奖励和认可。通过设立创新奖励基金、提供晋升机会等方式，激发员工的创新动力和创新意识。

（5）加强创新培训和教育：企业应加强对员工的创新培训和教育，提升他们的创新能力和专业素养。通过组织内外部培训、分享会、研讨会等方式，让员工了解最新的创新理念和技术动态，拓宽他们的创新视野和思维方式。

创新文化建设的实践案例

海尔集团“人单合一”模式。海尔集团是全球领先的家电制造企业。为应对市场竞争和数字化转型需求，海尔于2012年启动“人单合一”管理模式改革，推动组织从传统科层制向开放型创业生态转型。通过构建“全员创客化”的创新文化，海尔不仅提升了内部创新能力，还孵化了多个生态品牌。截至2024年，海尔连续6年蝉联《财富》世界500强，旗下工业互联网平台“卡奥斯”入选全球“灯塔工厂”标杆案例，验证了其创新文化建设的实效性。

创新文化建设的实践路径有以下几条：

一是明确创新价值观：倡导“人的价值最大化”。提出“人人都是CEO”理念，打破员工与企业的雇佣关系，将员工转变为自主决策的“创客”。通过“三自循环”（自创业、自组织、自驱动）机制，赋予小微团队独立经营权。雷神科技小微团队由3名员工发起，依托海尔供应链资源，开发游戏笔记本产品。团队从市场调研到产品上市仅用8个月，2017年营收突破10亿元，并于2021年独立上市。允许失败：智能马桶盖项目因技术不成熟终止，但团队核心成员转入智慧家居事业部继续参与创新。

二是制定创新战略：聚焦生态化转型。发布“生态品牌战略”，围绕用户需求构建智慧家庭、工业互联网、大健康三大生态圈。“卡奥斯”平台对外开放智能制造解决方案，吸引全球开发者共创。在纺织行业，卡奥斯为鲁泰纺织搭建数字化平台，实现从接单到交付全流程效率提升30%，能耗降低18%。2022年，卡奥斯赋能青岛啤酒打造“灯塔工厂”，订单交付周期从20天缩短至7天。

三是搭建创新平台：构建全链条支撑体系。成立“海创汇”创业加速平台，提供资金、技术、供应链等资源支持。建立HOPE开放式创新平台，整合全球50多万科研机构和专家资源。海创汇孵化的“乐家诚品”生鲜品牌，依托海尔冷链物流体系，3年内覆盖全国200个城市，年销售额超15亿元。通过HOPE平台，海尔联合中国科学院研发“磁悬浮中央空调技术”，节能效果达50%，占据全球市场份额第一。

四是完善创新激励机制：以用户价值为导向。推行“用户付薪”模式：员工薪酬与用户满意度直接挂钩。实施“利润激励”：小微团队承诺目标，超额利润按比例分配。空调小微团队通过研发“自清洁技术”，用户好评率提升至98%，团队获得年度利润分成1 200万元。设立“创新容错基金”：累计投入2亿元支持高风险项目，其中30%项目实现商业化。

五是强化创新培训：打造学习型组织。成立“海尔大学”，开设“创客训练营”“数字化转型工作坊”等课程。推行“跨界轮岗计划”：研发人员参与市场端用户调研，供应链团队介入产品设计。2024年，海尔大学培训覆盖12万人次，孵化出“智慧厨房”“健康饮水”等国家级创新项目15个。冰箱研发团队通过轮岗发现母婴用户需求，推出“全空间保鲜冰箱”，上市首年销量突破50万台。

挑战与应对

一是针对组织惯性阻力现象，部分中层管理者抵触权力下放，设立“转型先锋奖”，表彰支持创新的管理者。通过“创客大会”分享成功案例（如“卡萨帝高端品牌”年营收增长60%），强化文化认同。

二是应对资源分配矛盾问题，存在小微团队与主业资源冲突现象。建立“资源竞标制”：小微团队通过路演竞争资源，确保高潜力项目优先获得支持。

案例启示

一是文化制度化：将“用户驱动创新”写入《海尔创新管理白皮书》，通过200余项制度固化文化要求。

二是生态协同化：卡奥斯平台连接2.3万家企业，形成“需求—研发—应用”闭环生态。

三是迭代常态化：每季度召开“创新战略复盘会”，动态调整创新重点领域。

截至2024年，海尔累计获得国际设计奖项356项，专利授权超4万件。小微创业团队存活率达70%，远高于行业平均的35%。海尔集团研发投入占比从2015年的3.1%提升至2024年的6.8%。

海尔通过“价值观引领—平台赋能—机制保障”三位一体的创新文化建设，实现了从传统制造企业向生态型组织的跨越。其经验表明，创新文化的核心在于激发个体创造力，并通过系统性支持将其转化为可持续的商业价值。

（三）创新文化对企业的影响

创新文化对企业的影响是深远的。首先，创新文化可以激发员工的创造力和创新意识，推动企业不断开发出具有竞争力的新产品和服务。其次，创新文化可以促进企业内部的沟通和协作，提高团队的凝聚力和执行力。最后，创新文化可以帮助企业建立起一个良好的品牌形象和声誉，吸引更多的人才和资源加入企业。

第二节　新技术应用对创业的影响

一、新兴技术趋势与应用

当前新兴技术趋势包括大数据、云计算、物联网、人工智能与机器学习、区块链、5G通信、虚拟现实与增强现实及边缘计算，其正以前所未有的速度重塑商业和社会发展的格局。这些技术通过提供强大的数据处理能力、增强的连接性、智能化的决策支持，以及沉浸式的用户体验，为企业带来了创新的机遇和挑战，推动了效率的提升、成本的降低和新业务模式的诞生。

新技术应用是指在企业运营过程中，采用最新的科技手段和方法，以提高生产效率、降低成本、优化管理、拓展市场等为目的的一系列实践活动。新技术应用的特征主要体现在以下几个方面：

（1）创新性：新技术应用往往伴随着创新，包括技术创新、管理创新、商业模式创新等，推动企业不断向前发展。

（2）高效性：通过新技术应用，企业可以更加高效地利用资源，提高生产效率和市场竞争力。

（3）风险性：新技术应用也带来了一定的风险，包括技术风险、市场风险、管理风险等，需要企业进行全面的风险评估和防范。

二、技术对创业的促进作用

新技术应用对创业的影响是深远的，它改变了传统的创业模式和商业逻辑，为创业者提供了更多的机会和挑战。

（1）降低了创业门槛：新技术的不断涌现和应用，使得创业者可以利用更低的成本和更短的时间来开发新产品和服务，降低了创业的门槛。例如，云计算、物联网、人工智能等技术的普及，使得创业者可以更加便捷地获取所需的计算资源和数据分析能力，加速了创新的步伐。

（2）拓展了市场空间：新技术应用打破了传统的地域限制和行业壁垒，为创业者提供了更广阔的市场空间。通过互联网和电子商务技术，创业者可以迅速触达全球消费者，实现产品的快速传播和销售。

（3）加剧了市场竞争：新技术应用也加剧了市场竞争的激烈程度。随着技术的不断进步和成本的降低，越来越多的企业开始采用新技术来提升自身的竞争力，这使得市场竞争更加激烈。创业者需要不断创新和优化自身的商业模式和产品服务，以保持竞争优势。

三、新技术应用的机遇与挑战

（一）新技术应用的机遇

（1）市场机遇：新技术应用为企业开拓了新的市场空间。例如，互联网、物联网、大数据等技术的应用，使得企业能够迅速触达全球消费者，实现产品的快速传播和销售。同时，新技术还催生了新的商业模式和服务业态，为企业提供了更多的盈利机会。

（2）创新机遇：新技术应用推动了企业的创新转型和升级。通过引入新技术，企业可以改造传统产业、拓展新市场、开发新业务等，实现企业的可持续发展。此外，新技术还为企业提供了更多的研发和创新资源，推动了企业的技术创新和产品升级。

（3）效率提升机遇：新技术应用提高了企业的生产效率和管理水平。例如，自动化、智能化等技术的应用，使得企业能够降低人力成本、提高生产效率、优化管理流程等，从而提升企业的核心竞争力和市场竞争力。

（二）新技术应用的挑战

（1）技术风险挑战：新技术应用往往伴随着技术风险。由于新技术的复杂性和不确定性，企业在应用过程中可能会面临技术难题、技术更新迭代过快等问题，导致企业无法及时掌握和应用新技术，从而影响企业的正常运营和发展。

（2）市场风险挑战：新技术应用也带来了市场风险。随着新技术的不断涌现和应用，市场竞争也日益激烈。企业需要不断创新和优化自身的商业模式和产品服务，以保持竞争优势。同时，企业还需要密切关注市场动态和消费者需求的变化，及时调整自身的战略和业务布局。

（3）管理风险挑战：新技术应用还带来了管理风险。随着新技术的引入和应用，企业需要面临组织架构调整、人员培训、管理流程优化等问题。如果企业无法及时适应和应对这些变化，可能会导致管理混乱、效率低下等问题，从而影响企业的正常运营和发展。

新技术应用为企业带来了诸多机遇和挑战。企业应抓住机遇、应对挑战，通过加强技术研发和创新、优化商业模式和产品服务、加强人才培养和引进，以及完善风险管理体系等方式，推动企业不断向前发展并实现可持续发展目标。

第三节　人工智能技术赋能创业

一、人工智能技术的原理与发展

（一）人工智能技术的定义和原理

人工智能技术是一种模拟人类智能的科学技术，它通过研究人类的思维过程和智能行为，构建出能够自主感知、学习、推理、决策和行动的智能系统。人工智能技术的核心原理主要包括知识表示、推理与搜索、学习与优化等方面。知识表示是将现实世界中的知识以计算机可理解和处理的方式表示出来，以便进行推理和决策。推理与搜索则是通过一定的推理机制和搜索策略，从知识库中推导出问题的答案或找到最优的解决方案。学习与优化则是通过不断地学习和优化算法，提高智能系统的性能和适应性。通过模拟人类的思维过程和行为方式，人工智能技术可以实现自动化决策、智能推荐等功能。随着技术的不断发展，人工智能技术在创业领域的应用潜力日益凸显。

（二）人工智能技术的发展历史

人工智能技术的发展经历了多个阶段，从最初的符号主义、连接主义到深度学习的崛起，不断推动着人工智能技术的进步。在符号主义阶段，人工智能技术主要通过符号运算和逻辑推理来模拟人类的思维过程。连接主义则通过构建神经网络模型来模拟人类的神经系统，实现了一些简单的感知和学习能力。而深度学习的出现则进一步推动了人工智能技术的发展，通过构建深度神经网络模型，实现了更加复杂和高效的学习和推理能力。

二、人工智能技术在创业中的应用

（一）人工智能技术在创业中的具体应用场景

（1）自动化客户服务：利用自然语言处理和语音识别技术，人工智能可以实现 24 小时不间断的在线客户服务。通过智能问答和语音交互，解答用户疑问，提供个性化服务，有效提升客户满意度和忠诚度。

（2）智能推荐系统：基于用户的历史行为、兴趣偏好以及实时行为数据，人工智能可以构建精准的用户画像，并为用户推荐感兴趣的内容和产品。这在电商、音乐、视频等领域有着广泛的应用，可以显著提高用户黏性和转化率。

（3）数据分析与决策支持：人工智能技术可以对企业运营过程中产生的大量数据进行分析和挖掘，发现潜在商机，预测市场趋势，为企业决策提供有力支持。

（4）自动化生产与管理：在制造业中，人工智能技术可以实现生产流程的自动化管理和优化。通过智能调度、设备监控、质量控制等手段，提高生产效率，降低生产成本。

（5）智能安全与防护：利用人工智能技术的图像识别、目标检测等功能，可以实现智能安防系统。对异常行为进行实时监控和预警，保障企业安全运营。

（二）人工智能技术应用的效果和价值

（1）提升效率：通过自动化和智能化手段，降低人力成本，提高工作效率。

（2）优化用户体验：提供个性化、精准化的服务，满足用户多样化需求，提升用户满意度。

（3）数据驱动决策：基于数据分析的决策支持，降低决策风险，提高决策效率。

（4）创新商业模式：人工智能技术为企业带来新的商业机会和创新空间，推动产业升级和转型。

（三）人工智能技术应用面临的挑战和解决方案

（1）数据隐私与安全问题：加强数据加密、访问控制等安全措施，确保用户数据的安全性和隐私性。

（2）技术更新迭代风险：持续关注行业动态和技术发展趋势，及时跟进新技术应用，保持竞争优势。

（3）人才短缺问题：加强人才培养和引进工作，建立完善的人才激励机制，吸引和留住高素质人才。

（4）法律法规限制：遵守相关法律法规要求，合规经营，确保企业稳健发展。

（四）人工智能技术在创业中的创新应用

（1）智能产品研发：人工智能技术可以应用于产品研发过程中，通过数据分析和模拟实验等手段，加速产品创新周期，提高研发效率。例如，在智能穿戴设备领域，利用人工智能技术可以对用户的健康数据进行分析和预测，为产品研发提供有力支持。

（2）智能供应链管理：通过人工智能技术可以实现供应链的智能化管理和优化。利用大数据分析和机器学习算法等手段，对供应链中的各个环节进行实时监控和预测，提高供应链的响应速度和灵活性。

（3）智能金融服务：在金融领域，人工智能技术可以应用于风险控制、投资决策等方面。通过构建智能风控模型和投资决策支持系统，实现对金融风险的精准识别和有效控制，提高投资决策的准确性和效率性。

（五）人工智能技术应用的未来趋势

随着科技的不断进步和应用场景的不断拓展，人工智能技术在创业中的应用将呈现出以下趋势：一是更加个性化和精准化的服务将成为主流；二是智能化和自动化的生产和管理将进一步提高效率降低成本；三是数据驱动决策将成为企业决策的主要方式；四是跨界融合和创新将推动产业升级和转型。

在未来的发展中，创业者需要关注以下几个方面：一是加强技术创新和研发投入；二是推动跨界合作和共享共赢；三是加强人才培养和团队建设；四是关注伦理道德和社会责任等方面的问题和挑战。只有这样才能更好地把握人工智能技术的发展机遇并推动创业创新的持续发展，实现更加美好的未来。同时我们也需要认识到，人工智能技术的发展是一个长期的过程，需要持续的努力和探索才能实现其更大的价值和潜力。

三、人工智能技术的挑战与应对策略

人工智能技术在创业应用中也面临着一些挑战：

（一）技术挑战

（1）算法与模型复杂性：构建高效、准确的 AI 模型需要深厚的算法知识和大量的数据。对于初创企业而言，往往缺乏足够的资源和技术积累来应对这一挑战。

（2）数据获取与处理：AI 技术的核心是数据。然而，数据的获取、清洗、标注和存储都是一项巨大的挑战，尤其是在处理大规模、高维度的数据时。

（二）商业挑战

（1）市场接受度：新技术的市场接受度往往是个未知数。如何培育市场、培养用户习惯是 AI 创业企业需要面对的重要问题。

（2）商业模式创新：将 AI 技术转化为可盈利的商业模式需要创新思维和市场洞察力。传统的商业模式可能不适用于 AI 驱动的产品和服务。

（三）伦理与法律挑战

（1）数据隐私与安全：随着数据量的增加，数据泄露和滥用的风险也在加大。如何保护用户隐私和数据安全是 AI 企业必须考虑的问题。

（2）合规性问题：不同国家和地区对于 AI 技术的监管政策各不相同，这给跨国经营的 AI 企业带来了合规性挑战。

（3）针对以上所存在的风险挑战，创业者可以参考以下策略以更好面对人工智能技术应用中所存在的挑战：

① 技术策略：

• 合作与研发：与高校、研究机构或其他企业进行技术合作，共同研发先进的 AI 技术，降低技术门槛和成本。

• 开源与共享：利用开源社区的力量，共享技术和知识，加速 AI 技术的传播和应用。

② 商业策略：

• 市场定位与细分：明确目标市场和客户群体，通过精准的市场定位和产品差异化来增强竞争力。

• 跨界合作与生态构建：与其他行业的企业进行跨界合作，共同打造 AI 生态圈，实现资源共享和互利共赢。

③ 伦理与法律策略：

• 加强数据治理：建立完善的数据管理制度和流程，确保数据的合法获取、使用和存储。

• 关注合规动态：密切关注各国和地区的法律法规动态，及时调整经营策略以确保合规性。

第四节 创业法规和知识产权保护

一、创业法规概述

（一）创业法规的定义和适用范围

创业法规是指一系列旨在规范和保护创业活动的法律法规的总称。这些法规涵盖了从创业初期的筹备、注册、融资，到运营过程中的合同管理、劳动用工、税务缴纳，再到企业终止时的清算、注销等各个环节。创业法规的适用范围广泛，不仅适用于传统的实体企业，也适用于新兴的互联网、科技、电子商务等领域的创业企业。

（二）创业法规的主要内容

（1）企业注册与登记：规定了企业注册的条件、程序、所需材料以及注册后的变更、注销等事项。创业者需要按照法规要求，选择合适的企业形式（如个体工商户、公司制企业等），并完成相关注册手续，以获得合法经营资格。

（2）合同管理：涉及合同的订立、履行、变更、解除以及违约责任等方面。创业者在与其他企业或个人进行经济往来时，应签订书面合同，明确双方的权利和义务，以减少纠纷和风险。

（3）劳动用工：规定了劳动合同的签订、履行、变更、解除以及劳动报酬、社会保险、劳动争议处理等方面。创业者需要遵守劳动法规，保障员工的合法权益，营造和谐的劳动关系。

（4）税务缴纳：涉及税种、税率、纳税申报、税款缴纳以及税务稽查等方面。创业者需要按照税法规定，如实申报纳税，避免偷税漏税等违法行为。

（5）知识产权保护：包括专利、商标、著作权等知识产权的申请、保护、管理以及侵权行为的处理等方面。创业者需要重视知识产权保护，防止自身知识产权被侵犯，同时也要避免侵犯他人的知识产权。

二、知识产权保护在创业中的重要性

知识产权是保障创新成果和市场竞争力的重要手段之一。在创业过程中企业需要注重知识产权的申请和保护工作，以防止创新成果被侵权或抄袭。同时加强知识产权管理也可以提高企业的整体创新水平和市场竞争力，为企业带来更多的商业价值和竞争优势。

（一）知识产权保护的定义和范围

知识产权保护是指通过法律手段保护创作者的智力劳动成果，防止其被他人非法使用或侵犯。在创业过程中，知识产权主要包括专利、商标、著作权等。这些知识产权不仅是企业的重要资产，也是企业在市场竞争中取得优势的关键。

（二）知识产权保护在创业中的重要性

（1）保障创新成果：知识产权是企业创新成果的重要体现，保护知识产权就是保护企业的创新能力和核心竞争力。在激烈的市场竞争中，拥有自主知识产权的企业往往能够占据更有利的市场地位，获得更高的经济回报。

（2）防止恶意侵权：知识产权的侵权行为屡见不鲜，如抄袭、盗用、仿冒等。这些行为不仅损害了企业的声誉和形象，还可能导致企业失去市场份额和客户资源。通过加强知识产权保护，企业可以有效防止这些恶意侵权行为的发生，维护自身的合法权益。

（3）促进技术交流与合作：知识产权保护不仅有利于企业自身的创新发展，还有助于促进技术交流与合作。在保护知识产权的前提下，企业可以更加放心地与他人进行技术交流和合作，共同推动行业技术的进步和发展。

（4）提升品牌形象：拥有自主知识产权的企业往往能够树立起良好的品牌形象和口碑。这不仅有助于提升企业的知名度和美誉度，还能够吸引更多的客户和合作伙伴，为企业的长期发展奠定坚实基础。

三、知识产权的申请与保护

（一）知识产权申请的流程

知识产权申请是保护创新成果的第一步，也是确保企业合法合规运营的重要环节。一般来说，知识产权申请主要包括专利申请、商标注册和著作权登记等方面。

（1）专利申请：专利申请是保护发明创造的重要手段。在申请专利前，申请人需要进行充分的市场调研和专利检索，以确保自己的发明创造具有创新性和实用性。接下来，申请人需要向国家知识产权局提交专利申请文件，包括说明书、权利要求书、摘要和附图等。经过审查后，如果专利申请符合相关法律法规的要求，国家知识产权局将授予专利权，保护申请人的合法权益。

（2）商标注册：商标注册是保护企业品牌形象和商誉的重要手段。在申请商标前，申请人需要进行商标检索，以确保自己的商标不会侵犯他人的合法权益。接下来，申请人需要向国家知识产权局提交商标注册申请文件，包括商标图样、商品和服务类别等。经过审查后，如果商标注册申请符合相关法律法规的要求，国家知识产权局将授予商标权，保护申请人的合法权益。

（3）著作权登记：著作权登记是保护文学、艺术和科学作品的重要手段。在申请著作权登记前，申请人需要准备好作品原件或复制件以及相关证明材料。接下来，申请人需要向国家版权局提交著作权登记申请文件。经过审查后，如果著作权登记申请符合相关法律法规的要求，国家版权局将颁发著作权证书，保护申请人的合法权益。

（二）知识产权保护的措施

知识产权保护措施是确保企业创新成果得到充分保护的关键环节。一般来说，知识产权保护措施主要包括以下几个方面：

（1）加强知识产权管理：企业应建立完善的知识产权管理制度，明确知识产权的归属、使用、保护等方面的规定，确保知识产权得到有效的管理和保护。同时，企业还应加强员工的知识产权保护培训和教育，提升员工的知识产权保护意识和能力。

（2）强化知识产权维权：一旦发现他人侵犯自身的知识产权，企业应立即采取法律手段进行维权，包括起诉、索赔等。同时，企业还应加强与相关部门的沟通和协作，共同打击知识产权侵权行为。在维权过程中，企业应注重证据收集和保存，以便在诉讼过程中提供有力证据支持自己的主张。

（3）合理利用知识产权信息：企业应充分利用知识产权信息进行市场调研和竞争对手分析，了解行业动态和竞争对手的技术布局和市场策略。同时，企业还应关注国内外知识产权法律法规和政策动态，及时调整自己的知识产权战略和管理策略。

（4）建立知识产权合作机制：企业可以通过与其他企业或机构建立知识产权合作机制来共同推动技术创新和产业升级。例如，企业可以与高校、科研机构等建立产学研合作关系，共同开展技术研发和成果转化工作；也可以与其他企业建立技术联盟或专利池等合作机制来共享技术资源和降低研发成本。

（三）知识产权侵权的应对措施

面对知识产权侵权行为时，企业应采取积极有效的应对措施来维护自身的合法权益。一般来说，知识产权侵权的应对措施主要包括以下几个方面：

（1）立即调查取证：发现侵权行为后，企业应立即进行调查取证工作，收集相关证据材料以证明侵权事实的存在和侵权行为的严重性。这些证据材料可以包括侵权产品、销售记录、广告宣传等。

（2）发出警告函或律师函：在收集到充分证据后，企业可以向侵权方发出警告函或律师函要求其停止侵权行为并赔偿损失。警告函或律师函可以起到震慑作用，并促使侵权方主动停止侵权行为。

（3）提起诉讼或仲裁：如果警告函或律师函未能取得预期效果时，企业可以向法院提起诉讼或向仲裁机构申请仲裁来解决纠纷。在诉讼或仲裁过程中，企业应注重证据材料的整理、提交及法律条款的引用和阐述，来支持自己的主张并取得胜诉结果。

（4）加强与执法部门的沟通协作：企业还应加强与执法部门的沟通协作来共同打击知识产权侵权行为并维护市场秩序和公平竞争环境。例如可以向工商部门举报假冒伪劣产品等违法行为并协助其进行调查处理工作等。

思考题

1. 在创新管理与创新文化建设中，敏捷开发、设计思维和客户旅程映射等方法被广泛应用。请结合一个你熟悉的企业案例，详细说明其中一种创新管理方法是如何在该企业中具体实施的，并分析其对企业创新和市场竞争力提升所产生的积极影响。

2. 新技术应用给创业既带来了机遇，也带来了挑战。请从技术、市场和管理三个方面，分析一个你熟悉的企业在新技术应用过程中所面临的挑战，并提出相应的应对策略。

3. 人工智能技术在创业中的应用日益广泛。请结合本书内容和实际案例，探讨人工智能技术在创业中的一个具体应用场景，并分析其对该创业企业带来的主要价值和潜在风险。

4. 创业法规与知识产权保护是创业成功的重要保障。请阐述在创业过程中，企业应如何在合规的前提下，有效保护自身的知识产权，并结合实际案例说明知识产权保护对企业发展的关键作用。

5. 在创新文化的建设过程中，领导者的角色至关重要。请结合本书中海尔集团的案例，分析领导者应如何通过自身的行动和决策来推动创新文化的形成和发展，并探讨创新文化对企业的长期发展和市场竞争力产生了哪些深远影响。

第十二章 创业扩张

> 扩张是企业成长的自然结果，但不是目的本身。真正的目标是创造价值和满足需求。
>
> ——亚马逊创始人杰夫·贝索斯

在创业历程中，扩张是企业持续成长和壮大的必由之路。它不仅是企业增强市场影响力和竞争力的关键，更是实现可持续发展和价值创造的基础。创业扩张的意义在于多维度地增强企业的生命力和市场地位。它不仅意味着业务规模的扩大和市场份额的提升，还涉及企业品牌影响力的扩散、产品和服务多样化的实现，以及对新兴市场和技术的适应与把握。通过有效的扩张策略，企业能够更好地满足客户需求，优化资源配置，提高运营效率，增强风险抵御能力，并最终实现长期的盈利增长和可持续发展。这一过程对于激发创新、促进就业、推动行业进步乃至社会经济发展都具有深远的影响。

本章将深入探讨“创业扩张”的多重维度，从商业模式创新与技术革新，到品牌建设与市场拓展，再到国际化战略与跨国经营，以及创业风险与危机管理、创业伦理与社会责任等方面，力求为读者呈现一幅全面而深入的创业扩张图景。

第一节　商业模式创新与技术创新

在创业扩张的征途中，商业模式创新与技术创新如同双轮驱动，推动企业在激烈的市场竞争中不断前行。对于创业者而言，深刻理解并掌握这两者的定义、重要性、实践策略以及融合案例，不仅是提升核心竞争力的关键，也是确保创业活动合法合规、有效保护创新成果的重要途径。

一、商业模式创新概述

（一）商业模式创新的定义与重要性

商业模式创新是指企业通过重新设计其创造、传递和获取价值的方式，来超越现有的市场规则和竞争边界，从而创造新的市场机会和竞争优势的过程。它涵盖了客户价值主张、盈利模式、关键业务过程和价值网络等多个维度。

在快速变化的市场环境中，传统的商业模式往往难以持续维持企业的竞争优势。商业模式创新能够帮助企业发现新的市场机会，优化资源配置，提高运营效率，进而实现可持续增长。同时，通过创新商业模式，企业还能更好地满足客户需求，提升客户满意度和忠诚度。

（二）商业模式创新的驱动力

商业模式创新的驱动力主要可以分为内部驱动力和外部驱动力两大类。

内部驱动力主要源于企业自身对发展的追求。首先，企业对更高利润和更大市场份额的追求是商业模式创新的重要驱动力。为了实现这一目标，企业可能会通过改进产品或服务、优化运营流程、拓展新市场等方式来创新商业模式。其次，技术进步也是推动商业模式创新的关键因素。随着科技的不断发展，新技术、新材料、新工艺等不断涌现，为企业提供了更多的创新机会和可能性。企业可以利用这些技术来改进产品或服务，提高效率和质量，从而获得竞争优势。最后，企业家精神也是商业模式创新的重要驱动力。企业家们通常具有敏锐的市场洞察力和强烈的创新意识，他们能够发现并抓住市场机遇，通过创新商业模式来推动企业快速发展。

外部驱动力则主要来自市场环境的变化和客户需求的变化。首先，市场竞争是推动商业模式创新的重要力量。在激烈的市场竞争中，企业为了获得竞争优势，需要不断创新商业模式来适应市场的变化。其次，客户需求的变化也是商业模式创新的重要驱动力。随着消费者需求的多样化和个性化趋势的加剧，企业需要不断创新商业模式来满足客户的需求。此外，政策法规的影响也不容忽视。政策法规的变化可能会对企业的商业模式产生重大影响，企业需要密切关注政策法规的动态并及时调整自己的商业模式。

二、商业模式创新的实践策略

商业模式创新是企业适应和引领市场变化、实现持续增长的关键策略。根据搜索结果，以下是一些实现商业模式创新的常见策略：

（1）客户价值主张创新：深入了解客户需求和痛点，提供超越客户期望的产品或服务体验。例如，Airbnb 通过共享经济的模式，为旅行者提供了更个性化、更经济的住宿选择。

（2）盈利模式创新：探索多元化的盈利途径，降低对单一收入来源的依赖。如亚马逊通过电子商务平台、云计算服务和 Kindle 电子书等多个业务板块，构建了多元化的盈利模式。

（3）关键业务过程创新：优化生产、运营和服务流程，提升效率和响应速度。例如，特斯拉通过自动化生产线和直营销售模式，大幅降低了成本并提高了客户满意度。

（4）重构价值网络：打破传统行业的界限，与不同领域的合作伙伴共同创造价值。比如，网约车通过整合出租车、专车、顺风车等多种出行方式，构建了一个开放、共赢的出行生态系统。

三、技术创新概述

技术创新是指通过科学研究和技术开发，创造出新的技术、产品或服务，或对现有技术进行实质性改进的过程。它涵盖了新技术、新工艺、新材料、新设备的研发与应用等多个方面。

技术创新是企业提升核心竞争力的关键。通过技术创新，企业可以开发出具有独特优势的产品或服务，满足市场需求，降低生产成本，提高产品质量，增强品牌影响力，拓展市场份额。同时，技术创新也是企业转型升级、实现高质量发展的必由之路。

四、技术创新的实践策略

在当今快速发展的数字化时代，企业要想保持竞争力并实现可持续发展，技术创新已成为不可或缺的核心战略。技术创新不仅涉及新技术的研发，更包括对现有技术的改进、集成和应用。企业必须不断探索和实践新的技术创新策略，以适应不断变化的市场需求和技术进步。

（1）研发管理创新：建立高效的研发管理体系，确保技术创新活动的有序进行。明确研发目标、制订详细计划、合理分配资源、加强团队协作，提高研发效率和成功率。

（2）技术引进与合作：积极寻求国内外先进技术的引进与合作机会。通过技术许可、合资合作等方式，快速获取先进技术成果，缩短研发周期，降低研发风险。

（3）知识产权管理：加强知识产权的申请、保护和运用工作。建立健全的知识产权管理制度，及时申请专利、商标等知识产权，保护企业的创新成果不受侵犯。同时，积极运用知识产权进行市场布局和竞争策略的制定。

技术创新是企业适应数字化转型、实现长期增长的关键。通过上述实践策略，企业可以构建起强大的技术基础，促进创新思维的培育，加强与外部资源的合作，以及提升产品和服务的竞争力。最终，企业将能够在激烈的市场竞争中占据有利地位，实现技术领先和市场领先。让我们以开放的心态拥抱变化，以创新的精神引领发展，共同开启企业技术创新的新篇章。

第二节 品牌建设与市场拓展的战略协同

在创业企业的扩张进程中，品牌建设与市场拓展构成其实现可持续增长的核心战略支柱。二者相辅相成，共同作用于提升企业形象、强化市场竞争壁垒，并最终驱动业务规模与价值的提升。深入理解其内涵、战略价值及实施路径，对创业企业的长期生存与发展至关重要。

一、品牌建设的战略基石作用

（一）品牌建设的概念界定

品牌建设是指企业通过系统化、战略性的活动，塑造独特的市场认知，提升品牌知名度与美誉度，并最终积累品牌资产的过程。其内涵不仅包含品牌名称、标识（Logo）、视觉识别系统（visual identity system，VIS）等具象元素的设计，而且深度涵盖品牌核心价值理念、文化内涵及叙事体系的构建与传播。

（二）品牌建设的战略重要性

（1）构筑差异化竞争优势：强势品牌能有效吸引目标客群关注，增强企业定价能力与市场话语权，从而在高度同质化的竞争环境中脱颖而出。

（2）提升客户忠诚度：独特的品牌形象与深厚的品牌文化能引发消费者的情感共鸣与身份认同，形成稳定的品牌偏好，促进重复购买行为，降低客户流失率。

（3）实现无形资产增值：品牌作为企业核心的无形资产，其价值随市场影响力扩大而显著提升，可为后续融资、并购、特许经营等资本运作创造有利条件。

二、品牌建设的系统化策略

（一）确立品牌定位

品牌定位是品牌战略的根基，明确了品牌在目标市场中的独特价值主张与竞争占位。其确立过程包含以下关键步骤：

（1）市场调研与分析：运用问卷调查、深度访谈、大数据挖掘等方法，系统分析目标消费群体的需求特征、行为模式及未满足痛点。

（2）竞争对手分析：深入剖析主要竞争对手的品牌定位、市场策略、优势与劣势，识别差异化机会与潜在市场空白。

（3）内部资源与能力评估：基于企业自身资源禀赋与核心能力，清晰界定品牌所能提供的、具有竞争力的独特价值主张（unique value proposition，UVP）。

（二）塑造品牌形象体系

品牌形象是目标受众对品牌的整体认知与感受，涉及视觉呈现、服务体验、传播调性等多个维度。塑造策略包括：

（1）构建专业视觉识别系统（VIS）：统一、规范且具有辨识度的视觉系统（如Logo、标准色、字体、应用规范）是强化品牌识别度与记忆度的基础。

（2）打造品牌叙事（brand storytelling）：通过富有感染力的品牌故事，有效传递品牌核心价值理念与文化内涵，深化消费者情感联结。

（3）优化客户体验旅程（customer journey）：在售前、售中、售后全流程中提供卓越且一致的客户体验，是提升客户满意度、口碑传播及忠诚度的关键。

（三）制定整合品牌传播策略

品牌传播是连接品牌与目标受众的桥梁，策略制定需考量：

（1）目标受众精准洞察：依据目标受众的媒介使用习惯、信息偏好及触达路径，科学选择传播渠道（如社交媒体、内容营销、公关活动、传统广告等）与沟通方式。

（2）预算约束下的资源优化配置：在既定预算框架内，通过ROI（投资回报率）分析，高效分配传播资源，追求传播效果最大化。

（3）建立效果评估与优化机制：设定明确的传播效果衡量指标（如品牌知名度、美誉度、考虑度、网站流量、转化率等），持续监测评估，并据此进行策略动态调整。

三、市场拓展的战略规划

（一）市场拓展的概念界定

市场拓展是指企业为扩大市场份额、提升销售业绩，通过市场分析、策略制定与执行，进入新地域市场或深化现有市场渗透的系列战略行为。其核心环节包括市场细分（market segmentation）、目标市场选择（targeting）及市场进入策略（market entry strategy）的制定。

（二）市场拓展的战略意义

（1）发掘新的业务增长引擎：拓展新市场可为企业带来增量客户群体与收入来源，是驱动业务持续增长的核心动力。

（2）分散经营风险：多元化市场布局有助于降低对单一市场的依赖，增强企业抵御区域经济波动或竞争冲击的能力。

（3）提升品牌影响力与规模效应：成功的市场拓展能显著提升品牌知名度与行业影响力，同时可带来采购、生产、研发等方面的规模经济效益。

（三）市场拓展的实施路径

1）市场细分与目标市场选择

（1）识别细分市场。基于地理变量（区域、城市等级）、人口统计变量（年龄、收入、教育）、心理变量（生活方式、价值观）及行为变量（使用率、忠诚度）对整体市场进行有效细分。

（2）评估细分市场吸引力。综合评估各细分市场的规模潜力、增长率、盈利性、竞争强度及与企业资源能力的匹配度。

（3）确定目标市场。选择与企业战略目标契合度高、具备发展潜力且竞争优势可及的细分市场作为重点目标。

2）制订市场拓展计划

（1）设定明确目标。制定可量化、可衡量、有时限的市场拓展目标（如 x 年内达到 y% 市场份额，实现 z 销售额）。

（2）设计营销组合策略（4Ps）。针对目标市场特点，制定适配的产品 / 服务策略（product）、定价策略（price）、渠道策略（place）及推广策略（promotion）。

（3）资源配置与组织保障。为市场拓展计划匹配必要的人力、财力、物力资源，并建立相应的组织架构与流程保障。

3）执行市场拓展计划

（1）构建高效渠道网络。发展和管理多元化的分销渠道（直销、经销商、代理商、电商平台等），提升产品市场覆盖广度与深度。

（2）实施整合营销活动。综合运用促销（sales promotion）、广告（advertising）、公共关系（public relations）、人员推销（personal selling）、数字营销（digital marketing）等手段，提升品牌认知度与市场拉力。

（3）建立市场监测与反馈机制。持续追踪关键绩效指标（KPIs），收集市场反馈与竞争情报，及时评估策略效果，并据此进行必要调整。

案例分析　海底捞市场拓展与品牌建设协同策略分析

一、海底捞品牌建设：以极致服务为核心的差异化战略

1. 品牌定位创新

价值主张。超越餐饮的“社交体验服务商”，定位“不只火锅，更是惊喜服务”（如美甲、擦鞋、变脸表演）。

情感锚点。将“被尊重”作为核心需求，填补中端餐饮市场情感价值空白（对比高端餐厅的距离感与快餐的功能性）。

2. 海底捞品牌形象系统化构建

维度	策略实施	理论映射
视觉识别	统一红白 LOGO、笑脸符号、明厨亮灶设计	品牌触点管理
服务体验	“服务授权制”（一线员工可自主送菜 / 免单）	服务主导逻辑
文化叙事	创始人张勇“双手改变命运”故事强化平等文化	组织文化品牌化

3. 品牌传播裂变机制

（1）用户生成内容（UGC）驱动。消费者自发传播“海底捞隐藏吃法”“生日惊喜”，形成社交货币。

（2）危机公关范式。“老鼠门”事件后48小时全透明整改直播，转化信任危机为责任感背书。

二、市场拓展：梯度渗透与本地化适配

1. 目标市场选择逻辑

城市分级渗透模型，如下所示：

一线城市标杆店 → 新一线复制 → 二三线下沉 → 海外华人区

选址策略：核心商圈＋交通枢纽（覆盖商务/家庭/游客场景），单店覆盖半径3～5 km消费群。

2. 市场进入策略组合

区域	策略	案例表现
国内下沉	供应链前置仓降本	三四线城市客单价降低15%仍盈利
海外扩张	文化融合菜单	伦敦店推“麻辣香锅＋英式下午茶”
新场景	快餐副牌“十八余”试水	验证模型可复制性

3. 渠道创新与数字化

私域流量池：会员体系（超1亿用户）驱动复购（会员贡献80%营收）。

生态链延伸：自热火锅进驻便利店渠道，突破时空限制覆盖长尾市场。

三、协同效应：品牌赋能市场，市场反哺品牌

1. 扩张效率提升

品牌溢价支撑高租金选址：上海核心商圈坪效约为行业2倍。

标准化服务降低新店培训成本：员工培训周期缩短至7天。

2. 风险对冲机制

国内下沉市场用副牌试水（如“乔乔的粉”），避免主品牌稀释。

海外市场通过华人社群建立初始口碑，降低冷启动成本。

3. 数据闭环驱动迭代模型

数据闭环驱动迭代模型如下所示：

门店服务数据 → 中央厨房优化SKU → 会员系统精准营销 → 新店选址模型

海底捞品牌市场扩张案例启示：一是正向循环，品牌资产积累→降低市场进入阻力→规模效应提升品牌曝光→反哺品牌价值；二是本地化本质是价值重构，非简单产品适配，而是将核心价值（如海底捞的“关怀感”）通过文化符号转换实现移植；三是危机响应能力即品牌护城河，快速透明的危机处理可转化信任风险为品牌韧性证明。

第三节　国际化的进阶路径

在全球价值链深度重构的背景下，国际化战略与跨国经营构成企业突破增长边界、构建可持续竞争优势的核心路径。对创业扩张期企业而言，跨国经营不仅是市场地理范围的扩展，更是对组织能力、技术体系与管理范式的系统性升级。本节基于国际商务理论框架，系统解构国际化战略的制定逻辑、跨国组织架构的设计原则及本土化落地方案，为创业者提供可操作的全球化决策模型。

一、国际化战略与跨国经营的概念

（一）概念体系建构

（1）国际化战略。企业为实现全球资源优化配置、市场边界拓展及持续竞争力构建所制定的系统性行动框架，涵盖全球市场定位、差异化产品策略、跨国营销体系及风险管控机制，其本质是通过跨境价值网络实现规模经济与范围经济。

（2）跨国经营。国际化战略的操作化实施过程，指企业在多国管辖权下开展生产运营活动（包括但不限于分支机构设立、合资合作及跨国并购），要求企业具备跨文化资源整合能力与制度风险应对机制。

（二）战略价值的理论诠释

（1）市场广度扩展。突破地理边界约束，获取新兴市场增长红利，利用南北半球季节性差异平衡产能利用率。基于内部化理论，企业通过跨国经营将跨境交易内部化，克服市场不完全性导致的空间摩擦成本，削减交易成本，缓解信息不对称。

（2）资源配置效率。跨国经营的本质是通过区位优势（location-specific advantages）重构企业价值网络，实现生产要素的全球帕累托改进。一是通过生产要素的成本洼地捕获，将生产环节配置于具有显著要素价格差异的区位，如劳动力要素优化、资本要素套利、土地要素集约等；二是技术要素的梯度转移与升级，通过产品生命周期理论构建技术扩散链条，如创新中心前置化、成熟技术迁移、技术反哺循环等。

（3）品牌资产增值。通过国际认证体系 ISO 9001/CE 等认证，降低信息不对称，提升全球消费者信任度，提升消费者支付意愿。同时，推动文化资本积累，把本土文化符号融入全球品牌叙事。

（4）创新能力跃迁。跨国经营通过构建跨边界知识传递通道，驱动企业实现创新能力的阶梯式跃迁。该过程本质是“知识获取—转化—再创造”的三阶螺旋演进。第一阶段，显性知识的外部捕获。企业通过技术许可引进（如专利购买）、研发联盟（如校企合作）、逆向工程等方式，系统获取东道国的技术标准、管理流程等编码化知识。第二阶段，隐性知识的本土转化。在东道国设立本地化研发中心，将显性知识置于特定文化制度环境中进行情境化重构。第三阶段，创新成果的逆向反哺。经本土实践验证的知识，通过结构化转移机制回流母国研发体系，触发技术范式升级和创新生态扩容。

（5）风险分散机制：多元化市场布局平滑区域经济周期波动。从投资组合到经营组合的范式迁移。基于投资组合理论的战略化延伸，跨国经营通过地理多元化实现系统风险重配，将国别特定风险（country-specific risk）转化为可分散的非系统风险，通过产业周期相位互补、政策冲击吸收、贸易壁垒规避等路径实现风险分散与控制。

二、国际化战略的制定

（一）评估国际市场的吸引力

（1）分析目标市场的经济规模、增长速度、消费水平、政策环境等因素，评估其市场潜力和进入难度。

（2）关注目标市场的竞争格局，了解竞争对手的优势和劣势，为制定差异化竞争策略提供依据。

（二）确定国际化战略目标

（1）明确企业国际化的长期和短期目标，如市场份额、品牌影响力、技术创新等。

（2）根据企业实际情况和资源能力，设定切实可行的国际化战略目标。

（三）规划国际化战略路径

（1）制定详细的国际化路线图，包括目标市场的选择顺序、进入方式（如绿地投资、并购等）、产品与服务定位等。

（2）考虑不同市场之间的协同效应，实现资源共享和优势互补。

三、跨国经营的组织架构

在跨国经营中，组织架构的设计和实施是至关重要的，它决定了企业内部各部门、各分支机构之间的权责关系、决策机制及信息流通方式。

（一）跨国公司的组织架构与权责关系

跨国公司的组织架构通常包括总部和分布在不同国家的分支机构。总部负责制定全球战略、管理全球业务、控制风险和协调资源。分支机构则负责在所在国家（地区）实施总部战略，开展本地业务，拓展市场，服务客户。

而关于跨国公司的权责关系，公司总部拥有全球决策权，制定统一的标准和政策，对分支机构进行业务指导、控制和监督。而分支机构在总部的指导下，拥有一定的自主经营权，负责本地市场的运营和管理，同时向总部反馈市场信息和业绩情况。

（二）决策机制

跨国公司的决策机制通常采用集中与分散相结合的方式。在全球战略、财务、人力资源等关键领域，总部集中决策，确保全球业务的一致性和协同性。在本地市场运营、产品开发、营销策略等方面，分支机构则拥有较大的决策权，以便更好地适应本地市场需求。

跨国经营中，信息流通的畅通与否直接关系到企业的运营效率和决策准确性。因此，建立高效的信息流通机制至关重要。

（1）纵向信息流通：总部与分支机构之间的信息流通，包括战略指导、业绩反馈、市场情报等。通过定期报告、会议、信息系统等方式实现信息的上传下达。

（2）横向信息流通：各分支机构之间的信息共享和协作，以便实现资源的优化配置和市场的协同发展。通过内部网络平台、协作工具等方式促进横向信息流通。

四、跨国经营的具体实施策略

（一）组织架构与管理体制

（1）建立适应跨国经营的组织架构，明确总部与分支机构之间的权责关系，确保信息畅通和决策高效。

（2）实施全球化的人力资源管理，吸引和培养具有国际视野和跨文化沟通能力的人才。

（二）市场进入策略

（1）选择合适的进入模式，如出口、许可协议、合资、独资等，根据目标市场的特点和自身资源能力灵活调整。

（2）制订详细的市场推广计划，包括品牌建设、渠道拓展、客户服务等方面，快速占领市场。

（三）跨文化管理

（1）建立尊重和理解不同文化的企业文化氛围，促进员工之间的沟通与协作。

（2）实施本地化策略，尊重当地文化和习俗，融入当地社会，增强企业的亲和力和认同感。

（四）本地化战略与全球协同

在保持全球统一品牌形象和价值观的基础上，根据当地市场需求和竞争环境进行产品和服务的本地化调整。

（五）技术整合与数字化转型

在完成组织架构优化、市场进入布局、跨文化融合及本地化协同的基础上，跨国企业需进一步通过技术整合与数字化转型强化全球运营效能。这一阶段的核心在于利用数字技术打通跨国经营链条，实现资源的高效配置与风险的可控管理。

（1）搭建全球一体化数字平台。建立统一的 ERP（企业资源计划）系统，集成采购、生产、物流、财务等核心模块，实现总部与分支机构数据实时共享。部署 AI 驱动的数据分析平台，通过机器学习预测市场需求波动（如季节性销量变化）、供应链风险（如港口拥堵预警）及汇率波动趋势。

（2）推进智能制造与柔性生产。在海外生产基地引入工业互联网技术，构建“数字孪生工厂”，实现远程监控与工艺优化。采用模块化设计理念，开发可快速适配不同市场标准的产品架构（如兼容 110 V/220 V 电压的电器模块）。

（3）强化跨境数据合规与网络安全。建立分级数据管理体系：核心研发数据仅限总部访问，区域运营数据按 GDPR（欧盟）、CCPA（美国）等当地法规加密存储。与当地网络安全企业合作，构建分布式防御节点（如在新加坡、法兰克福部署数据安全中心）。

（4）策略协同与动态优化。数字化转型需与本地化战略深度结合：在印度推广“语音交互式工业 App”以适配低识字率工人，在欧洲开发符合碳足迹追踪要求的生产管理系统。通过技术整合反哺组织架构改革：采用区块链技术实现跨境合同智能签约，减少区域子公司决策层级。技术整合与数字化转型是跨国经营从“规模扩张”向“质量增效”升级的关键跳板。通过构建智能化、弹性化的全球运营体系，企业不仅能够降低跨境协作成本，更能以技术创新驱动本土市场深度渗透，最终实现全球价值链的持续增值。

加强全球范围内的信息共享和资源整合，实现研发、生产、销售等环节的协同作战。

案例分析　华为的全球化之路

华为作为全球领先的通信设备供应商，其国际化战略的成功实施值得借鉴。华为通过持续的技术创新和产品优化，不断提升自身竞争力；同时，采取灵活的市场进入策略，根据不同国家和地区的特点选择合适的进入方式。在跨文化管理方面，华为注重本地化人才培养和团队建设，确保在全球各地的分支机构都能高效运作。通过全球协同作战和本地化战略的有机结合，华为成功打入多个国际市场并占据领先地位。

第四节　创业风险与危机管理

一、创业风险的识别与评估

（一）创业风险的类型

（1）市场风险：由市场需求、竞争态势等因素引起的风险。例如，市场需求下降、新产品替代、竞争加剧等都可能对企业的生存和发展构成威胁。

（2）技术风险：与技术研发、应用及更新迭代相关的风险，包括技术难度过大、研发进度延误、技术泄露或被模仿等。

（3）财务风险：涉及资金筹集、运用和回报等方面的风险，如资金链断裂、投资回报率低于预期、成本控制失控等。

（4）法律风险：因法律法规变动或合规问题导致的风险，如合同违约、知识产权侵权、税务违规等。

（5）团队与组织风险：与团队稳定性和组织能力相关的风险，包括核心成员流失、内部沟通不畅、组织结构不合理等。

（二）风险识别方法与工具

（1）市场调研与分析：通过深入的市场调研，了解行业动态、市场需求和竞争对手情况，揭示潜在的市场风险。

（2）SWOT 分析：评估企业的优势、劣势、机会和威胁，帮助企业全面识别内外部风险。

（3）专家咨询：请教行业专家或顾问，获取专业意见和建议，识别特定领域内的风险。

（4）风险清单：根据历史经验和行业知识，列出可能的风险因素，形成风险清单供企业参考。

（5）情景分析：模拟不同情景下的企业发展状况，分析可能面临的风险和挑战。

（三）风险评估与量化

（1）风险概率评估：利用历史数据、市场调研等信息估算各种风险发生的概率。这有助于企业对风险进行排序和优先级设定。

（2）风险影响评估：衡量风险发生后可能对企业造成的损失程度，包括直接经济损失、市场份额下降、品牌声誉受损等。

（3）风险量化模型：运用数学模型和统计方法对风险进行量化和分析，如蒙特卡洛模拟、决策树分析等。

（4）风险承受能力评估：评估企业在面对风险时所能承受的最大损失程度。这取决于企业的财务状况、市场地位、团队能力等多方面因素。

（5）制定风险应对策略：根据风险评估结果，制定相应的风险应对策略，包括风险规避、风险降低、风险转移和风险承受等。

二、创业风险应对策略

创业风险应对策略是指在风险识别与评估的基础上，为降低风险对企业的影响而采取的一系列措施和手段。这些策略旨在帮助企业应对潜在的风险，确保创业过程的顺利进行。

（一）风险规避策略

风险规避策略是指企业主动放弃或改变可能导致风险的行动计划，以避免潜在损失。具体做法包括：

（1）市场调研与谨慎决策：在创业初期，通过深入的市场调研，了解行业动态、市场需求和竞争对手情况，谨慎选择创业方向和项目。

（2）合作与联盟：寻求与具有优势资源的合作伙伴建立战略联盟，共同分担风险，实现资源互补。

（3）政策与法规遵守：密切关注政策法规的变动，确保企业合法合规经营，避免法律风险。

（二）风险降低策略

风险降低策略是指企业采取措施降低风险发生的概率或影响程度。具体策略包括：

（1）多元化经营：拓展业务领域，降低对单一市场或产品的依赖，分散风险。

（2）技术创新与升级：持续投入研发，提升技术水平和产品质量，增强企业竞争力。

（3）财务风险管理：建立健全的财务管理体系，合理规划资金使用，降低财务风险。

（三）风险转移策略

风险转移策略是指企业通过合同、保险等手段将风险转移给第三方。具体做法包括：

（1）购买保险：针对可能出现的风险购买相应的保险，如财产保险、责任保险等。

（2）合同条款约定：在合同中明确双方的权利和义务，将部分风险转移给供应商、客户等合作伙伴。

（四）风险承受策略

风险承受策略是指企业根据自身的风险承受能力，选择接受并承担一定风险。这要求企业具备以下条件：

（1）强大的财务实力：具备充足的资金储备和盈利能力，以应对潜在的风险损失。

（2）灵活的战略调整能力：在风险发生时，能够迅速调整战略和业务模式，适应市场变化。

（3）积极的风险管理意识：树立全员风险管理意识，建立完善的风险管理体系，提升企业的风险应对能力。

三、危机管理计划与执行

在快速变化的市场环境中，企业面临着各种潜在的危机，如自然灾害、供应链中断、技术革新带来的冲击等。因此，危机管理成为企业持续稳健运营不可或缺的一环。同时，计划执行的有效性也直接关系到企业能否达成预定目标，应对各种挑战。

（一）危机预警系统建设

危机预警系统是企业防范潜在危机、减少不利影响的重要工具。以下是危机预警系统建设的关键要点：

（1）明确预警目标：企业需要明确预警系统的目标，即要预警哪些类型的危机，以及预警的准确度和时效性要求。

（2）信息收集与分析：建立多渠道的信息收集机制，包括内部运营数据、市场环境变化、行业动态等，并对收集到的信息进行深入分析，以识别潜在的危机苗头。

（3）制定预警标准：根据企业实际情况和历史数据制定科学合理的预警标准，包括定量指标和定性指标，以便准确判断危机的发生概率和影响程度。

（4）建立预警流程：明确预警信息的传递流程，确保信息能够及时、准确地传递给相关部门和人员，同时建立预警信息的反馈机制，以便对预警效果进行评估和调整。

（二）危机管理计划制订

危机管理计划是企业应对危机的行动指南。以下是危机管理计划制订的关键步骤：

（1）风险评估：全面评估企业可能面临的危机类型、发生概率和影响程度，为制订针对性的危机管理计划提供依据。

（2）明确计划目标：根据风险评估结果，明确危机管理计划的目标，即要应对哪些危机、达到什么效果。

（3）制定应对策略：针对不同类型的危机，制定相应的应对策略和措施，包括预防、减轻、转移和承受等。

（4）资源调配与演练：明确危机应对所需的资源，并进行合理调配。同时，定期组织危机应对演练，提高应对能力。

（三）危机应对与恢复

危机应对与恢复是企业在危机发生后迅速响应、控制事态并恢复正常运营的关键环节。以下是危机应对与恢复的主要步骤：

（1）启动应急响应：在危机发生后，迅速启动应急响应机制，组织相关人员进行现场处置和救援。

（2）信息沟通与协调：建立有效的信息沟通机制，确保内外部信息畅通无阻。同时，协调各方资源共同应对危机。

（3）危机控制与处理：采取果断措施控制事态发展，防止危机扩大和蔓延。对受影响的人员和财产进行妥善安置和处理。

（4）恢复与总结：在危机得到控制后，迅速恢复正常运营秩序。同时，对危机应对过程进行总结和反思，完善危机管理策略和计划。

案例分析 智行科技创业风险与危机管理

智行科技是一家专注于智能驾驶技术研发的初创企业，致力于通过先进的算法和传感器技术提升驾驶安全性和便捷性。企业拥有一支由博士、硕士等高学历人才组成的研发团队，技术实力在行业内处于领先地位。然而，在创业过程中，智行科技也面临着诸多风险和危机。

1. 面临的风险与危机

（1）技术风险：智能驾驶技术涉及多个领域，如计算机视觉、机器学习、控制理论等，技术难度大且更新迭代速度快。智行科技需要不断投入研发资源，保持技术领先地位，否则可能面临技术落后的风险。

（2）市场风险：智能驾驶市场竞争激烈，国内外巨头纷纷布局该领域，智行科技需要不断拓展市场份额，提升品牌影响力，否则可能面临市场被抢占的风险。

（3）资金风险：智行科技作为初创企业，资金实力相对较弱，需要不断筹集资金以支持研发、市场推广和运营等方面。然而，融资环境的不确定性给企业带来了资金风险。

（4）法律与合规风险：智能驾驶技术涉及法律法规、道路安全等方面，智行科技需要密切关注相关政策法规的变动，确保合规经营。否则，可能面临法律纠纷和行政处罚等风险。

2. 采取的管理策略及效果评估

（1）技术风险管理策略：智行科技建立了完善的技术研发体系，与高校、科研机构等建立紧密合作关系，共同开展技术研发和攻关。同时，企业加大研发投入，引进优秀人才，提升自主创新能力。这些策略有效降低了技术风险，使智行科技在智能驾驶领域保持了技术领先地位。

（2）市场风险管理策略：智行科技积极开展市场调研和分析，了解客户需求和市场动态。企业制定了针对性的市场营销策略，拓展销售渠道，提升品牌影响力。同时，智行科技还注重与合作伙伴的协同作战，共同开拓市场。这些策略使智行科技在市场竞争中脱颖而出，成功抢占了市场份额。

（3）资金风险管理策略：智行科技通过多种渠道筹集资金，包括政府补贴、风险投资、银行贷款等。企业建立了严格的财务管理体系，合理规划资金使用和回报计划。同时，智行科技还注重与投资者的沟通和协作，共同应对资金风险。这些策略有效保障了企业的资金安全和发展需求。

（4）法律与合规风险管理策略：智行科技成立了专门的法务团队，负责企业的法律事务和合规管理。企业密切关注相关政策法规的变动，及时调整经营策略以确保合规经营。同时，智行科技还注重知识产权保护和合同管理等方面的工作。这些策略使智行科技在法律与合规方面保持了良好的记录并避免了潜在的法律纠纷。

第五节　创业伦理与社会责任

在创业扩张的过程中，创业伦理与社会责任的重要性日益凸显。随着企业规模的不断扩大和市场份额的逐步增加，企业需要更加关注自身的道德行为和对社会的责任担当。

一、创业伦理概述

创业伦理是指在创业过程中，创业者及其企业所应遵循的道德规范和行为准则。这些规范和准则不仅关乎创业者个人的道德品质，更体现了企业对社会的责任和担当。创业伦理要求创业者在追求经济利益的同时，也要注重社会效益和道德价值，实现企业与社会的共赢。在创业扩张中，创业伦理的要求主要体现在以下几个方面：

（1）诚信经营：诚信是创业扩张的基石。企业需要遵守法律法规，诚实守信地履行合同义务，维护与合作伙伴和客户的良好关系。通过诚信经营，企业能够树立良好的品牌形象，赢得市场和消费者的信任。

（2）公平竞争：在激烈的市场竞争中，企业需要遵循公平竞争的原则，不得采取恶意竞争、诋毁对手等不正当手段来获取市场份额。公平竞争能够促进市场的健康发展，提高企业的竞争力。

（3）尊重知识产权：在创业扩张中，企业需要尊重他人的知识产权，不得侵犯他人的专利权、商标权等合法权益。同时，企业也需要加强自身的知识产权保护意识，防止自身的知识产权被侵犯。

创业伦理对企业发展的影响是深远的，它涉及企业形象的塑造、企业文化的建设、企业竞争力的提升以及企业可持续发展的实现等多个方面。创业伦理对企业形象的塑造起着至关重要的作用。在创业过程中，企业遵循诚信、公正、尊重等创业伦理原则，能够树立良好的企业形象，赢得消费者和社会的信任。这种信任是企业宝贵的无形资产，有助于提升企业的品牌价值和市场竞争力。其次，创业伦理对企业文化的建设具有重要影响。企业文化是企业的灵魂，它反映了企业的核心价值观和行为准则。创业伦理作为企业文化的重要组成部分，能够引导员工树立正确的道德观念，形成积极向上的工作氛围，提高企业的凝聚力和向心力。再次，创业伦理有助于提升企业的竞争力。在激烈的市场竞争中，企业遵循创业伦理原则，能够公平对待合作伙伴和消费者，维护市场秩序和公平竞争。这不仅能够为企业赢得良好的口碑和市场份额，还能够促进企业的创新和发展，提升企业的整体竞争力。最后，创业伦理对企业可持续发展的实现具有重要意义。企业可持续发展需要企业在追求经济利益的同时，注重社会效益和环境保护。创业伦理还要求企业承担社会责任，关注员工福利和环境保护等问题，为企业的可持续发展奠定坚实的基础。

综上所述，创业伦理对企业发展的影响是多方面的，它不仅是企业长远发展的内在要求，也是企业与社会和谐共赢的重要保障。

二、企业的社会责任

社会责任是指企业在追求经济利益的同时，需要承担的对社会、环境和员工的责任。在创业扩张中，企业需要关注以下几个方面：

（1）环境保护：企业需要关注环境保护问题，采取环保措施来减少生产过程中的污染排放。同时，企业也需要倡导绿色消费理念，推动可持续发展。

（2）员工福利：企业需要关注员工的福利待遇和职业发展问题。为员工提供合理的薪酬待遇和良好的工作环境，提高员工的工作满意度和忠诚度。通过关注员工福利，企业能够提高员工的工作效率和创新能力。

（3）社会公益：企业需要积极参与社会公益活动，回馈社会。通过捐款捐物、志愿服务等方式来支持教育、环保等公益事业的发展。参与社会公益活动能够提升企业的社会形象和公众认可度。

（一）社会责任的内涵与边界

社会责任的内涵十分丰富，它要求企业在追求经济效益的同时，关注社会整体利益，积极履行对社会的责任。这种责任不仅体现在企业的产品和服务上，更体现在企业的经营理念、管理方式以及企业文化等多个方面。社会责任的边界则相对模糊，它涉及经济、社会、环境等多个领域。在经济方面，企业需要关注自身的盈利能力和市场竞争力，确保企业的稳健运营和持续发展。在社会方面，企业需要关注员工权益、消费者权益、社区关系等，积极履行对社会的责任。在环境方面，企业需要关注环境保护、资源节约等，努力实现绿色发展和可持续发展。然而，企业的社会责任并非无限制的，它需要在法律框架内、道德准则下及自身能力范围内进行。企业需要根据自身的实际情况和经营环境明确自身的社会责任边界，确保在履行社会责任的同时不损害企业的合法权益和市场竞争力。

（二）企业社会责任的履行方式

企业社会责任的履行方式多种多样，以下是一些主要的方式：

（1）诚信经营：企业应遵守法律法规和商业道德，诚实守信地开展经营活动，维护良好的市场秩序和公平竞争环境。

（2）员工福利：企业应关注员工的福利待遇和职业发展，为员工提供合理的薪酬待遇、良好的工作环境和完善的职业发展规划，提高员工的工作满意度和忠诚度。

（3）环境保护：企业应关注环境保护问题，采取环保措施减少生产过程中的污染排放，推动绿色发展和可持续发展。

（4）社会公益：企业应积极参与社会公益活动，通过捐款捐物、志愿服务等方式回馈社会。

（5）合作伙伴关系：企业应积极与供应商、分销商等合作伙伴建立良好的合作关系，实现互利共赢和共同发展。

企业的社会责任是企业在追求经济利益的同时所应承担的对社会、环境和员工的责任。企业需要明确自身社会责任的内涵与边界，积极履行社会责任，并采取多种方式回馈社会，实现企业与社会的和谐共赢发展。

案例分析　小米——让科技触手可及

小米公司自成立以来，一直致力于打破科技的界限，让每个人都能享受到科技带来的便利。这种理念不仅贯穿于小米的产品设计，更体现在其社会责任实践中。

小米深知，教育是推动社会进步和科技普及的关键。因此，公司投入大量资源，通过举办科技讲座、编程培训等活动，提高公众对科技的认识和兴趣。这些活动不仅覆盖了城市，还深入到了乡村和偏远地区，让更多人有机会接触到最新的科技知识。

同时，小米始终坚持让利于消费者的原则，通过优化供应链、提高生产效率等方式降低成本，为消费者提供高性价比的产品。这使得小米的产品不仅功能强大，而且价格亲民，让更多人能够享受到科技带来的便利。

通过以上举措的实施，小米在推动科技普及和亲民化方面取得了显著成效。越来越多的人开始关注科技、了解科技，并享受到科技带来的便利。小米的产品也因其高性价比而受到了广大消费者的喜爱和追捧。

思考题

1. 在创业扩张中，商业模式创新与技术创新是企业发展的双轮。请结合一个实际案例分析企业如何通过商业模式创新与技术创新的结合实现市场竞争力的提升和可持续发展，并探讨在这一过程中可能遇到的挑战及应对策略。

2. 品牌建设和市场拓展是创业扩张的关键环节。请分析品牌建设与市场拓展之间的关系，并结合海底捞的案例，说明企业如何通过有效的品牌建设和市场拓展策略实现全球市场的成功布局。

3. 国际化战略与跨国经营为企业带来了新的机遇和挑战。请结合华为或海尔的案例，分析企业在实施国际化战略过程中，如何克服跨文化管理、市场进入、技术整合等方面的困难，实现全球范围内的资源优化配置和价值创造。

4. 创业过程中风险与危机是不可避免的。请结合智行科技的案例，分析创业企业可能面临的风险类型及其应对策略，并讨论如何构建一个全面有效的危机管理体系以保障企业的持续发展。

5. 创业伦理与社会责任是企业可持续发展的重要基石。请结合小米的案例，探讨企业在追求经济利益的同时，如何践行创业伦理与社会责任，实现企业与社会的和谐共赢，并分析这对企业长期发展的影响。

第十三章 创业挑战与创业教育实践

创业不是一场孤军奋战的旅程，它需要智慧的传承和经验的积累。

——海尔集团创始人张瑞敏

在当今这个快速发展的时代，创业已成为越来越多大学生的选择。大学生创业不仅有助于实现个人价值，还能推动社会经济的进步和创新。

第一节　创业挑战与应对策略

当前的创业环境带来了许多机遇，但同时也面临着诸多挑战。一方面，政策支持、市场需求等因素为创新创业者提供了难得的机遇，鼓舞他们投身创业。但另一方面，激烈的市场竞争、融资难、人才缺乏、技术迭代加快、监管环境复杂等问题也给创业之路蒙上了阴影。创业者只有充分认识到这些挑战，并以积极进取的姿态来应对，才能在竞争中脱颖而出，在转型中抢得先机，在机遇与挑战并存的创业环境中实现持续发展。

一、挑战

（一）资金筹集

在创业过程中，资金筹集无疑是最重要也最棘手的挑战。初创企业普遍面临着融资难的问题，这对企业的后续发展造成了严重制约。

一方面，一些初创企业缺乏良好的信用记录和抵押担保，这给银行贷款带来了较大风险，导致贷款难以获批。同时，创业企业自身资金往往十分有限，难以满足日益增长的运营需求。

另一方面，目前国内风险投资市场虽然发展迅速，但投资者对初创企业的风险评估标准较高，对于一些刚起步的企业而言，能够获得风险投资的机会并不多。企业在融资过程中还需要投入大量时间和精力，这也给企业的正常运营带来了挑战。

此外，股权融资作为一种重要的融资渠道，也存在着估值定价、股权结构调整等方面的困难。一些企业在进行股权融资时，难以与投资方达成共识，影响了融资进度。

（二）人才招聘与管理

创业初期，企业资金和知名度有限，很难吸引优秀的人才加入。优秀人才通常更倾向于选择稳定的大企业，而不愿意承担创业企业的风险。这给创业公司的人才招聘带来了很大困难。

创业公司的组织架构和管理制度往往不够健全，缺乏明确的晋升通道和培养机制。优秀员工难以看到自己的发展前景，容易出现流失的问题。

创业公司规模较小，资金实力有限，很难为员工提供有竞争力的薪酬待遇。员工工资水平不高、福利待遇不足，也会影响企业吸引和留住人才的能力。

创业企业往往处于快速发展阶段，组织结构和管理方式需要不断调整。这需要创业者具备出色的管理能力，才能有效整合和激发团队的潜能，保证企业的快速发展。应对策略：提供有竞争力的薪资待遇和发展空间，营造积极向上的工作氛围，注重培养和激发员工的创新潜能。

（三）市场拓展和竞争

市场开拓往往需要大量的资金投入。对于刚起步的创业企业来说，资金实力通常较为有限，很难在短时间内大规模进行市场推广。因此，创业者需要根据自身条件制定精准的营销计划，选择性价比高的推广渠道，如社交媒体、线上广告等，最大限度地提高投入产出比。

创业企业在进入市场时，往往很难迅速打造出品牌形象和客户黏性。需要持续优化产品和服务，提升用户体验，同时采取有针对性的营销策略，如免费试用、会员激励等，不断增加客户黏性。

市场竞争也是创业企业需要应对的重大挑战。创业企业通常规模较小，在资金、技术、渠道等方面难以与行业巨头抗衡。因此，创业者需要准确定位市场细分，瞄准特定的目标客户群，利用自身的灵活性和创新能力找到差异化竞争的切入点。

（四）技术创新

创新型技术的研发投入常常高昂。创业企业通常资金较为有限，难以承担大规模的研发成本。而没有足够的技术投入，也很难取得突破性进展。创业者需要谨慎评估研发预算，合理分配资金，同时积极寻求政府补助、风险投资等外部支持。

技术人才的引进和培养也是一大挑战。创新型技术的研发需要高素质的专业人才，但优秀人才往往受到大企业的青睐。创业企业在薪酬待遇、发展空间等方面难以竞争。因此，创业者需要制定有竞争力的人才引进和激励计划，同时注重内部培养和团队建设。

技术创新成功与否也很大程度上取决于市场需求的把握。创业企业如果对市场需求判断出现偏差，即便技术再先进，也难以获得良好的市场反响。因此，创业者需要密切关注市场动态，充分理解用户需求，并将技术创新与市场需求有机结合。

知识产权保护也是创业企业面临的技术挑战之一。在激烈的市场竞争中，创新技术很容易受到模仿和侵权。创业企业需要采取专利申请、商标注册等手段，加强对自身知识产权的保护。

（五）政策法规

政策支持力度不足：很多创业企业在起步阶段都面临着资金、人才等瓶颈。但相关的政策扶持力度往往不足，很难获得足够的政府补贴、税收优惠、创业贷款等支持。这限制了创业企业的发展空间。

行业管制和监管不明：某些行业存在较为严格的市场准入和业务管制，对创业企业的商业模式和运营方式都会造成一定限制。同时，相关法规不太明确，监管不透明，容易带来法律风险。

知识产权保护问题：在激烈的市场竞争中，创新技术和商业模式往往容易遭到模仿和侵权。

但知识产权保护体系不健全，创业企业难以有效维护自身权益。

劳动用工法规复杂：创业企业在招聘、薪酬、福利等用工管理方面，常常需要遵守各种法律法规。这给人力资源管理带来一定挑战，增加了创业成本。

融资渠道狭窄：创业企业在风险投资、银行贷款等融资方式上都面临着各种政策和法规的限制。应对策略：密切关注相关法规动态，聘请专业律师团队提供指导，严格合规管理。

二、应对策略

（一）资金筹集

创业企业在资金筹集过程中，可以采取多元化的融资渠道。除了传统的银行贷款和风险投资，还可以尝试众筹融资、天使投资等新兴方式。通过众筹，创业企业可以利用互联网平台面向广大群众募集启动资金；而通过寻找有创业经验和资金实力的个人天使投资人，也能获得种子轮融资。

创业企业还要密切关注政府出台的各类创业扶持政策，积极申请创业补贴、贷款贴息等支持。与此同时，创业企业还需要优化自身的商业计划书，提高其质量和说服力。要清晰阐述公司的市场定位、产品特色、盈利模式等，合理预测财务数据，客观分析行业竞争态势和风险因素，增强投资者的信心。

此外，创业企业还应建立健全的财务管理制度，提高资金使用效率，同时通过与小额贷款公司合作等方式，逐步积累良好的企业信用记录，为未来融资创造有利条件。

（二）人才招聘与管理

提供有竞争力的薪资待遇和发展空间。创业公司可以通过股权激励、绩效奖金等方式，为员工提供更具吸引力的薪酬和晋升机会。这不仅有助于吸引优秀人才加入，也能有效提高员工的工作积极性和归属感。

营造积极向上的工作氛围，注重培养和激发员工的创新潜能。创业公司可以建立健全的绩效考核和培训机制，为员工提供持续的发展支持和培养，激发他们的创新创业热情。同时，营造良好的团队协作氛围，也有助于提高员工的工作满意度。

不断健全组织架构和管理制度，为员工提供明确的晋升通道。创业企业要根据自身发展阶段，及时优化组织结构，建立完善的晋升体系和职业发展规划，帮助员工明确未来发展方向，增强其对企业的认同感和忠诚度。

（三）市场拓展

对于创业企业来说，市场开拓往往需要大量资金投入。但初创企业资金实力通常较为有限，很难在短时间内大规模进行市场推广。为应对这一挑战，创业企业需要根据自身条件制订精准的营销计划，选择性价比高的推广渠道。

创业企业可以充分利用社交媒体进行低成本、高效率的线上营销。通过在微博、微信公众号等平台上发布优质内容，不断增加品牌曝光度和影响力，吸引潜在客户关注。同时，创业企业还可以投放各类线上广告，如搜索广告、信息流广告等，根据受众群体的特征精准投放，提高广告转化效果。此外，创业企业还可以利用线上活动、社区运营等方式，与目标客户进行深度互动，培养良好的品牌黏性。

在吸引和留住目标客户方面，创业企业需要持续优化产品和服务，提升用户体验。通过不断改进产品功能、完善售后服务等，满足客户的多样化需求，赢得客户好评。同时，创业企业可以采取免费试用、会员激励等营销策略，鼓励客户重复购买和口碑传播，增加客户黏性。

面对激烈的市场竞争，创业企业还需要准确定位市场细分，瞄准特定的目标客户群。利用自身的灵活性和创新能力开发差异化的产品或服务，找到与行业巨头不同的切入点。同时，创业企业还可以通过与大型企业展开战略合作，实现优势互补，提升自身在细分市场的竞争地位。

（四）技术创新

在技术研发投入方面，创业企业需要谨慎评估研发预算，合理分配资金。虽然创新型技术的研发投入常常高昂，但创业企业通常资金较为有限，难以承担大规模的研发成本。因此，创业者需要根据企业发展阶段和技术路线图，合理制订研发计划和预算，既要保证关键技术的研发投入，又要兼顾企业整体的资金平衡。同时，创业企业还可以积极寻求政府补助、风险投资等外部支持渠道，以增强技术创新的资金保障。

在技术人才引进和培养方面，创业企业需要制定有竞争力的人才政策。

在将技术创新与市场需求有机结合方面，创业企业需要密切关注市场动态，充分理解用户需求。创业者需要持续关注行业发展趋势，深入了解客户痛点与需求变化，并将技术创新紧密结合到市场需求之中，提升技术产品的市场竞争力。

（五）政策法规

创业企业要密切关注相关政策法规的动态变化。由于很多创业企业在起步阶段都面临着资金、人才等瓶颈，但相关的政策扶持力度往往不足，因此创业企业需要时刻关注政府出台的各项支持政策，如补贴、税收优惠、创业贷款等，积极申请并争取获得政策支持，以拓宽自身的发展空间。

创业企业需要聘请专业的法律服务团队，为企业的合规运营提供指导。某些行业存在较为严格的市场准入和业务管制，相关法规也往往不太明确，监管不透明，容易带来法律风险。因此，创业企业必须严格遵守相关法律法规，聘请专业的律师团队为企业提供合规指导，确保业务运营符合法律要求，降低法律风险。

在知识产权保护方面，创业企业也需要采取积极措施。在激烈的市场竞争中，创新技术和商业模式容易遭到模仿和侵权，但知识产权保护体系不健全，创业企业难以有效维护自身权益。因此，创业企业应当尽早申请专利、商标等知识产权保护，并建立健全的知识产权管理体系，及时应对可能出现的侵权风险。

在人力资源管理方面，创业企业也需要严格遵守劳动用工法规。创业企业在招聘、薪酬、福利等用工管理方面，都需要遵守各种法律法规。创业企业必须充分了解相关法规要求，制定符合法律规定的用工制度，规范人力资源管理，降低合规风险，同时也能提高员工的工作满意度。

创业环境充满机遇与挑战。面对当前创业过程中面临的各种挑战，创业企业可以采取多元化融资渠道、提供有竞争力的薪酬福利、制订精准营销计划、合理安排技术研发投入、密切关注政策法规动态等应对措施。充分应对各类挑战，创业者才能在机遇与挑战并存的环境中突破瓶颈，最终实现创业梦想。

第二节　创业者的自我管理与成长路径

创业是一条充满挑战的道路，需要创业者具备良好的自我管理能力才能在复杂多变的环境中生存和发展。本节将探讨创业者如何通过自我管理与不断成长来提升创业实力，确保创业之路更加坦荡。

一、创业者的自我管理

（一）时间管理

设定明确的目标和时间计划：作为创业者，合理规划时间是实现目标的关键。首先需要明确自己的中长期发展目标，并将其细化为各项具体任务。接下来制订详细的时间计划，为每个任务分配适当的时间预算。这样不仅可以确保工作有条不紊地进行，还能为创业者留出充足的生活时间，从而维持身心健康。

合理安排工作和生活节奏：创业者常常面临工作任务繁重、时间紧张的困境。因此需要学会合理安排工作和生活的平衡。在工作时间内专注投入，利用高效的工作方法完成任务。同时留出足够的私人时间，进行锻炼、休息、娱乐等，以保证身心状态良好。

学会说“不”及时间分配：创业过程中，创业者往往需要接受各种邀约和任务。但过多的承诺会造成时间分散，影响既定目标的实现。因此创业者要学会明智地说“不”，根据自身情况和优先级合理安排时间，才能更好地集中精力完成关键任务。

（二）压力管理

识别压力源并采取应对措施：创业过程中，创业者经常会面临各种压力，如资金、市场、团队等方面的挑战。因此，第一步是要识别造成压力的主要因素。比如资金紧张可能会带来经营压力，市场竞争激烈则会产生业绩压力，团队管理不善则会导致人际压力等。

明确了压力源，创业者需要采取针对性的措施进行缓解和管理。比如通过融资、成本控制等方式化解资金压力，制定营销策略、拓展新市场以应对市场压力，加强团队建设、完善激励机制来处理人际压力。关键是要积极主动地应对，而不是被动地承受压力。

建立良好的工作—生活平衡：创业过程中，创业者容易过度投入工作，忽略了生活的平衡。这不仅会导致身心疲惫，还可能影响创业的长远发展。因此，创业者要学会合理安排工作和生活时间，确保在繁忙的工作中留出足够的休息和娱乐时间。比如可以制定规律的作息时间表，安排固定的运动时间，定期与家人朋友聚会等。通过建立良好的工作—生活平衡，创业者不仅可以缓解压力，还能保持积极乐观的心态，为创业注入持久动力。

（三）情绪管理

了解自身情绪状态并加以调节：创业过程中难免会遇到各种挫折和压力，这常常会引发创业者负面情绪的出现，如焦虑、沮丧、愤怒等。作为创业者，首先要学会及时觉察和认识自己的情绪状态，明确造成负面情绪的原因。接下来，要运用各种方法对自己的情绪进行调节。比如通过冥想、运动、与他人倾诉等方式来缓解负面情绪；或者采取自我激励、转移注意力等手段来调整心态。关键是要建立一套有效的情绪管理机制，在情绪失控前及时采取应对措施。

有效沟通和处理人际关系：创业团队的构建和维护是创业过程中的重点。作为创业者，需要与团队成员、合作伙伴、投资人等各方人士进行良好的沟通。一方面，要主动倾听他人的想法和诉求，表达自己的立场和诉求，达成共识。另一方面，要学会处理人际纠纷，化解矛盾，维持良好的人际关系。通过有效的情绪管理和沟通，创业者可以凝聚团队力量，共同推进创业事业。

培养乐观积极的心态：创业过程中难免会遇到各种困难和挫折，如果缺乏乐观积极的心态，很容易陷入负面情绪中而失去斗志。因此，创业者要主动培养乐观积极的心态，保持对创业事业的信心和热情。可以通过正念训练、设定小目标、与他人分享等方式来增强自我激励能力。同时要学会从失败中吸取教训，把挫折视为成长的机会，而不是放弃的理由。只有拥有乐观向上的心态，创业者才能在创业路上越走越远。

二、创业者的成长路径

（一）知识技能提升

持续学习和专业能力培养：创业是一个充满挑战和机遇的过程，要想在激烈的市场竞争中脱颖而出，创业者必须不断提升自身的专业知识和技能。

创业者要保持学习的热情和好奇心，持续关注所在行业的前沿动态，了解最新的技术、理念和趋势。通过阅读行业报告、参加培训研讨、观摩同行动态等方式，紧跟行业发展脉搏，不断充实自己的专业素养。

创业者要针对自身的业务需求，有针对性地提升专业技能。比如可以通过参加相关培训课程、寻求行业专家指导等途径，系统地学习产品研发、市场营销、团队管理等方面的专业技能。只有不断优化和完善自己的专业能力，创业者才能在瞬息万变的市场中保持竞争优势。

获取行业前沿信息和洞见：除了专业知识和技能的培养，创业者还需要保持对行业前沿信息洞见的敏锐把握。这不仅包括对技术、政策、市场等方面的趋势性了解，也要关注同行业动态、潜在竞争对手的举措等。可以通过订阅行业媒体、关注行业专家、参加行业交流活动等途径来获取这些信息和洞见。同时还要主动与业内人士沟通交流，倾听他们的第一手见解。只有紧跟行业最新动态，创业者才能及时调整自身战略，制定更精准的决策。

学习跨领域知识和技能：创业过程并非单一领域的专业工作，创业者需要具备跨领域的知识和技能。比如在产品研发中需要涉及技术、设计、市场等多个领域；在人才管理中也需要有良好的沟通、激励等人力资源管理能力。因此，创业者要主动学习跨领域的知识和技能，培养全面发展的综合素质。可以通过参加跨界培训课程、学习相关领域的理论知识、向专业人士请教经验等方式来拓展自己的学习视野。只有具备丰富的跨领域知识和技能，创业者才能更好地应对各种复杂局面，推动创业事业全面发展。

（二）资源整合与网络拓展

建立广泛的人际资源网络：创业的过程离不开各种资源的支持和协作，而人际资源网络的建立是关键。拥有广泛而优质的人际资源网络，可以为创业者带来更多的商业机会、资金支持、专业指导等，为创业事业的发展注入强大动力。

创业者需要主动拓展各方面的人际关系，包括潜在客户、合作伙伴、投资者、行业专家等。通过参加各类行业活动、主动联系目标人群、提供专业服务等方式，创业者可以不断扩大自己的人际关系。同时要注意保持良好的人际互动，培养互利共赢的合作关系，这有利于将人际关系转化为实际的业务支持。

善用各类资源支持创业发展：除了人际资源，创业者还要善于整合利用其他各类创业资源，如政策扶持、投融资渠道、创业服务平台等。通过整合利用各种创业资源，创业者可以有效补充自身能力短板，助力创业事业的持续发展。比如，了解当地政府针对创业企业的扶持政策，如税收优惠、项目补贴等，并积极申请相关资金支持。同时也要重视利用创业孵化器、科技园区等平台，获取场地、技术、管理等方面的支持服务。

此外，创业者还要主动寻找多元化的融资渠道，如天使投资、风险投资、银行贷款等，以提升创业资金实力。同时，要学会运用互联网众筹、经销商融资等创新性融资模式。

（三）自我反思与改进

定期评估现有状况和未来规划：定期的自我评估和未来规划，有助于创业者保持清晰的战略思维，及时调整和改进企业的经营管理，对于推动创业事业持续健康发展至关重要。

在评估现有状况时，创业者需要客观分析企业的经营情况、财务状况、团队建设、技术水平等各个方面，找出存在的问题和薄弱环节。同时也要审视自身的管理能力、决策水平、风险意识等，进行全面的自我诊断。

在规划未来发展时，创业者应当根据现有基础和行业趋势，合理设置企业的中长期发展目标。包括产品 / 服务的优化升级、市场拓展计划、团队建设方案、融资渠道等。制订出清晰的行动计划，并定期检视实施进度。

吸取经验教训并调整发展方向：创业路并非一帆风顺，关键在于创业者是否能够通过自我管理和持续成长不断增强创业实力，走向卓越。只有练好内功，创业者才能在复杂的创业环境中从容应对，推动事业不断前行。

面对失败，创业者不应灰心丧气，而要客观分析造成失败的原因。是市场判断有偏差、团队配合不默契、资金运营不善，还是自身管理能力有待提升等。通过深入剖析，创业者可以总结出宝贵的经验教训。

同时，创业者还要主动思考如何改正错误，优化发展策略。比如调整产品定位、优化团队结构、改进营销模式、寻求新的融资渠道等。针对问题制定切实可行的解决措施，并坚定地付诸实施。一次次的自我反思和改进，不仅可以帮助创业者避免重复犯错，更能增强其应变能力和风险意识，为创业事业的持续发展注入持久动力。

第三节 创业教育与创业生态的建设

只有把创业教育和创业生态的建设作为重点，并采取系统性的措施，才能为创新创业人才的脱颖而出提供坚实保障，推动地区经济社会向更高质量发展。这不仅关系到一个地区的创新活力和可持续发展，也关系到国家整体创新实力的提升。

一、创业教育的重要性

创业教育在当下已经成为高校人才培养的重要组成部分。它不仅有助于培养学生的创业精神和创新思维，提升其创业所需的专业技能，还能提升学生的综合素质和就业竞争力，从而为地方和国家经济发展做出积极贡献。

（一）激发创业意识

创业教育的首要目标就是培养学生的创业精神和创新思维。通过开设创业课程，邀请成功创业者分享经验，组织创业实践活动等，让学生了解创业的意义和价值，激发他们对创业的热情和兴趣。同时，创业教育还应培养学生的创新思维和解决问题的能力，让他们养成识别商机、把握市场趋势的敏锐触角。

（二）提高创业技能

创业教育不仅要激发学生的创业意识，更要帮助他们掌握创业所需的专业知识和实操技能。学校可以开设涵盖市场分析、项目策划、融资方案、团队管理等多个方面的课程，为学生提供系统的创业技能培训。同时，还可以组织创业实训、创业模拟等实践活动，让学生在模拟环境中检验和提升自身的创业能力。

（三）增强就业能力

创业教育还能提升其综合素质和就业竞争力。创业教育培养的独立思考、团队协作、风险管控等能力，都是现代就业市场所追求的核心素质。因此，创业教育可以为学生未来的职场发展奠定良好基础，无论他们最终选择创业还是受薪就业，都能从中获益。

（四）促进经济发展

大学生是国家和地方经济发展的重要力量。创业教育的开展，不仅能激发学生的创业热情，培养一批优秀的创业人才，从而为地方和国家经济发展注入新动能，创造更多就业机会。因此，加强高校创业教育对于促进经济转型升级具有重要意义。

创业教育在激发学生创业意识、提高创业技能、增强就业能力，以及促进地方和国家经济发展等方面发挥着不可或缺的作用。高校应该高度重视创业教育，持续完善创业教育体系，培养更多优秀的创业人才，为国家经济发展贡献力量。

二、创业教育的实施途径

（一）课程设置

在中小学阶段，创业教育应侧重培养学生的创新思维和创业意识，可开设如激发学生创新探索欲望的课程，以及介绍创业基础知识和组织实践活动的课程。到了高校阶段，课程内容应更加注重理论知识的传授和实践技能的培养，包括创业概论、商业模式设计、融资渠道、项目管理等方面。而针对有创业打算的在职人员，职业培训机构则可开设创业机会识别、创业计划编写、创业实操训练等专业培训课程。

总的来说，不同教育阶段的创业教育课程设置应紧跟时代需求，有针对性地培养学生的创新思维和创业能力，为创新创业事业注入新动能。

（二）实践项目

高校应大力鼓励并为学生提供丰富的创业实践平台。首先可以设立创业实验室和创业孵化器，为有创业想法的学生提供专门的空间和资源，让学生能自主组队发掘商机，设计商业模式，并得到导师指导实现创业项目的孵化和落地。其次，学校还可以组织创业大赛和创业模拟训练等活动，让学生亲身体验完整的创业过程，从创意设计到最终项目实施，全面锻炼创业所需的各项能力。此外，高校还可以邀请成功企业家担任导师，为学生提供一对一的创业辅导和咨询，帮助学生尽早克服创业过程中可能遇到的问题。

通过多种实践途径，高校不仅能培养学生的创新创业意识，还能锻炼他们的操作能力，为学生未来自主创业奠定基础。

（三）创新创业竞赛

在当今这个充满机遇与挑战的时代，大学生创新创业竞赛已成为推动高校创业教育、培养学生创新意识和实践能力的重要平台。自 2000 年北京大学举办首届创新创业大赛以来，这类竞赛已经历了二十多年的发展与完善。从最初的校内赛事，到如今的全国性甚至国际性比赛，大学生创新创业竞赛的规模和影响力不断扩大。例如，中国国际“互联网 +”大学生创新创业大赛，自 2015 年举办以来，已吸引了数百万大学生的参与，涌现出了一大批优秀的创业项目和团队。大学生创新创业竞赛作为高校创业教育的重要组成部分，对于培养学生的创新意识、实践能力和团队协作精神具有重要意义。

（四）师资培养

为了提高创业教育质量，高校还应建立教师创业培训机制，不断提升教师的创业教育能力。学校可邀请成功创业者和企业家担任兼职教师，系统传授创业实践经验，帮助专职教师掌握创业教学的方法和技巧。同时，学校也可以组织教师参加创业培训课程，学习创业理论知识、了解行业发展趋势，进而更好地设计创业教育课程，有针对性地培养学生的创新创业能力。

通过持续不断地教师培养，高校能够建立一支专业水平高、实践经验丰富的创业教育师资队伍，为学生提供更优质的创业教育服务。

（五）校企合作

高校应与企业建立深度合作，实现资源共享和优势互补。一方面，学校可安排学生参与企业的日常运营和项目实践，让学生亲身体验实际的创业环境，学习企业经营管理、产品研发、市场开拓等方方面面的实践经验；另一方面，企业也可以为学校提供创业咨询、导师指导等支持服务，分享自身在创业过程中积累的宝贵经验，帮助学生更好地把握创业机遇、规避创业风险。

通过校企深度合作，学校教育资源和企业实践资源得到有效整合，有利于学生创业技能的全面培养，为他们未来独立创业奠定坚实基础。

（六）创业孵化

高校应设立专门的创业孵化基地，为学生的创业项目提供全方位支持。创业孵化基地可以为有创业想法的学生提供专属的场地和办公空间，同时还可以向他们提供种子基金、创业贷款等初创资金支持，帮助学生顺利启动项目。此外，孵化基地还可以组织创业培训课程，邀请成功企业家分享创业经验，帮助学生系统提升创业所需的各项能力。毕业后，学生也可以继续在孵化基地内发展自己的创业项目，获得长期的孵化服务和产业资源对接，直到最终实现项目的独立运营。

通过创业孵化基地的全方位辅助，高校能够为广大学生创业者创造优良的创业生态环境，助力他们实现创业理想。

三、创业生态的建设

（一）政策支持

政府应出台针对创业的扶持政策和法规，为创业者提供税收优惠和资金支持等措施。例如，可以给予创业企业在前期发展阶段的税收减免，并设立创业基金或引导基金等，为创业者提供融资渠道。此外，政府还应完善创业相关法律法规，为创业活动营造良好的制度环境。

（二）金融环境

建立多元化的创业融资渠道至关重要。一方面，可以促进风险投资和天使投资的发展，为创业企业提供种子期、初创期的资金支持；另一方面，可以鼓励商业银行为创业者提供更加灵活的贷款服务，满足不同发展阶段的融资需求。同时，还可以探索股权众筹等新型融资模式，为创业者拓宽融资渠道。

（三）创新环境

营造有利于技术创新和产业升级的环境十分重要。政府应持续加大对科研院所和高校的投入，鼓励科技成果转化，为创新型企业提供创新资源和技术支持。同时，可以通过政府采购、产业园区建设等方式，支持创新型企业的产业化发展。

（四）社会氛围

营造尊重创新和创业的社会文化至关重要。一方面，可以通过媒体宣传、教育培训等方式提升公众的创业意识和参与度，让创业成为一种受到公众认可和尊重的职业选择；另一方面，还要重视创业失败的容忍度，建立失败可以重新启程的社会环境。

（五）创业服务体系

完善的创业服务体系是培育创业生态的基础。政府和社会应共同构建创业咨询、指导、培训、孵化等多层面的服务体系，为创业者提供全面的创业支持。同时，可以建立创业服务平台和网络，为创业者提供信息共享、交流合作等便利条件。

案例分析　国内外成功创业生态案例

1. 硅谷创业生态

硅谷地区是全球最成功的创业生态之一，其关键在于汇聚了优秀的人才、发达的风险投资市场、顶尖的研发实力以及开放创新的文化氛围。众多科技巨头如苹果、谷歌等都诞生于此，形成了良性循环的创新创业生态。

2. 中国特色创业生态

近年来，中国创业生态快速发展，形成了以北京、上海、深圳等为代表的创业高地。关键在于政府大力支持创新创业、发达的风险投资市场、兴起的互联网＋模式以及不断完善的创业服务体系。中国创业生态呈现出自身的特色和优势。

通过分析以上成功案例，可以总结出创建成功创业生态的关键因素包括：

（1）政府的政策支持和资金投入。

（2）发达的风险投资市场和多元化的融资渠道。

（3）高质量的人才集聚和技术创新能力。

（4）包容创新、鼓励创业的社会文化氛围。

（5）完善的创业服务体系和创业生态链。

这些经验需要结合自身实际情况，打造具有特色的创业生态体系。重点关注政策扶持、金融环境、创新氛围和服务体系的协调发展，为创业者营造有利条件，促进创新创业事业的蓬勃发展。

第四节　创业生态与合作伙伴关系

创业过程中，创业者需要积极融入创业生态，与各方合作伙伴建立良好关系，以获得更多资源和支持。这不仅有助于创业企业解决发展过程中面临的各种困难，也能为企业注入持续的动力与活力，推动其实现长期稳健的发展。具体来说包括以下几个方面：

一、政府部门

政府是创业生态中的重要参与者，为创业企业提供各种支持政策。创业者需要主动与地方政府部门建立联系，了解并利用各类政府扶持政策。比如，政府提供的财税优惠、融资渠道、法律咨询等支持，都能为创业企业的发展注入强大动力。创业者可以与相关政府部门积极沟通协调，及时获取最新政策信息，充分享受政策红利。

除此之外，创业者还要积极参与政府组织的各类创业活动，如创业大赛、路演展示等。这不仅能提高企业的知名度和社会影响力，也有助于增强政府的重视程度，获得更多政策倾斜和支持资源。通过主动融入政府支持的创业生态圈，创业者能够得到更多来自政府层面的扶持和关照。尤其对于大学生创业者来讲，每年地方政府或教育部会举办相当多的创新创业竞赛，例如 2024 年 3 月 22 日，中国高等教育学会高校竞赛评估与管理体系研究专家工作组发布《2023 全国普通高校大学生竞赛分析报告》，分析报告列入共 84 项赛事，并公布普通本科院校大学生竞赛榜单、高职院校大学生竞赛榜单、省份大学生竞赛榜单，其中便有着相当多的创新创业类竞赛，例如中国国际大学生创新大赛、“挑战杯”中国大学生创业计划大赛等。对于在这些竞赛中获奖的项目，相关机构或当地政府会给予相当大的政策支持，例如提供资金支持、低息贷款、办公场地等。

政府作为创业生态中不可或缺的重要力量，创业者应该主动与之建立良好合作关系，通过充分利用政府提供的各项支持政策和资源，创业者能够有效解决发展过程中的各种困难，获得持续的政策支持和资金支持，从而推动企业实现更好的发展。

二、投资机构

投资机构是创业生态中不可或缺的重要合作伙伴。对于初创企业而言，投资机构不仅可以提供急需的资金支持，还能给予宝贵的经验指导和资源链接。创业者应该主动建立与投资机构的良好合作关系，充分利用其在资金、渠道、管理等方面的优势，推动企业快速发展。

创业者要主动与各类投资机构建立联系，了解其投资偏好和决策流程。通过持续关注和主动沟通，创业者可以及时掌握投资机构的最新动态，发现合作机会。同时，创业者还要精心准备融资方案，深入阐述自身的市场定位、发展战略等，增强投资机构的投资信心。一旦获得投资机构的青睐，创业者应该积极配合投资机构的尽职调查和后续管理。投资机构通常会派驻专业团队参与被投企业的管理决策，为创业者提供专业建议和资源支持。创业者应该主动与投资机构保持密切沟通，认真听取其意见建议，共同推动企业健康发展。

此外，创业者还可以利用投资机构广泛的行业资源和人际关系网络，拓展企业的合作伙伴关系。投资机构往往与产业链上下游企业保持密切联系，可以为创业企业牵线搭桥，帮助其获得更多的业务机会和发展资源。

三、产业联盟

产业联盟也是创业生态中重要的合作伙伴。对于创业企业来说，加入产业联盟不仅能获得同行业内其他企业的支持和协作，还可以获得更多的行业资源和市场渠道。创业者应主动与产业联盟建立良好关系，充分利用其在行业生态、产业链、市场渠道等方面的优势，推动自身企业更好发展。

创业者要主动关注并了解本行业内的各类产业联盟组织，如产业协会、产业联盟等。通过深入参与联盟活动，创业者不仅可以掌握行业动态，还能与行业内其他企业建立广泛的人际关系网络。这些联系有助于创业企业获取行业资讯、开拓市场渠道等。

创业者要积极投入到产业联盟的合作项目中，充分参与联盟内部的各类协作活动。比如，联盟可能组织行业标准制定、产品研发、市场推广等方面的合作，创业企业借此不仅能提升自身的行业影响力，还能获得同行业其他企业的支持和资源共享。

创业者还要注重发挥自身的专业优势，主动承担联盟内的重要角色和责任。通过在联盟内部发挥核心作用，不仅能进一步提升企业的行业地位，也有助于建立与其他成员企业的深厚合作基础。同时，这也有助于获得联盟内部更多的资源倾斜与政策支持。

通过与产业联盟建立良好的合作关系，创业企业能获得同行业内更多的支持和协作，提升自身在行业内的地位和影响力。

四、高校科研机构

对于创业企业而言，高校和科研机构无疑是创新创业生态中至关重要的参与者。这些机构为初创企业提供了丰富的技术资源和人才支持，创业者可以充分利用其在技术研发、人才培养等方面的优势，从而助力自身企业的创新发展。

创业者要密切关注高校和科研机构所开展的各类科技成果转化、产学研合作等活动，主动与相关团队取得联系。通过参与这些项目，创业企业不仅能获取前沿的技术资源，还能发掘潜在的技术合作伙伴。比如，可以与高校实验室共同开展技术攻关，或与科研机构研发团队进行联合研发，以此获取更多创新资源。

创业者可以主动招揽高校和科研机构的优秀人才加入自己的团队。这些高素质人才不仅具备扎实的专业技能，还往往拥有前沿的技术视野和丰富的实践经验。创业企业可以通过灵活的薪酬机制和良好的职业发展空间，吸引高校和科研机构的优秀人才加盟，为企业创新发展注入持久动力。

创业者还可以充分利用高校和科研机构的公共服务平台，如各类孵化器、加速器、实验室等，获取更多的政策支持和资源倾斜。这些平台不仅能提供场地、设备等硬件支持，还能为创业企业提供专业的指导服务，帮助其快速成长。

创业成功离不开创业者主动融入丰富多元的创业生态，建立与各类合作伙伴的密切关系。这个广泛的合作网络，是创业者获取资源支持、提升企业竞争力的关键所在，也是推动创业事业持续健康发展的根本保障。创业者要以开放、主动、协作的精神，积极构建起多方共赢的生态圈，才能在激烈的市场竞争中脱颖而出，实现创业梦想。

思考题

1. 在创业过程中，资金筹集是许多初创企业面临的重要挑战。请结合本书内容，分析创业企业可以采取哪些多元化的融资渠道和策略来解决资金筹集的问题，并举例说明每种融资方式的优缺点。

2. 创业者的自我管理能力对创业成功至关重要。请从时间管理、压力管理和情绪管理三个方面，结合书中的建议，制订一份创业者自我管理的改进计划，并说明如何通过具体的行动来提升自我管理能力。

3. 创业教育在培养学生的创业精神和技能方面发挥着重要作用。请根据本书内容，设计一套针对大学生的创业教育方案，包括课程设置、实践项目、师资培养和校企合作等方面，并阐述每个部分的关键要点和实施方法。

4. 在创业生态的建设中，政府、投资机构、产业联盟和高校科研机构各自扮演着重要的角色。请结合本书中的案例，分析这些合作伙伴如何为创业企业提供支持和资源，并探讨创业企业如何与它们建立有效的合作关系以实现共赢发展。

5. 面对创业过程中的各种挑战，如资金筹集、人才招聘、市场拓展、技术创新和政策法规等，请综合运用本书中的应对策略，为一家初创企业制定一份全面的创业挑战应对方案，并详细说明每项策略的具体实施步骤和预期效果。

参考文献

[1] 德鲁克. 创新与企业家精神［M］. 蔡文燕，译. 北京：机械工业出版社，2009.
[2] 陈奎庆，彭伟. 创业管理［M］. 北京：高等教育出版社，2017.
[3] 李新春. 创业管理案例集［M］. 广州：中山大学出版社，2014.
[4] 雷军. 小米创业思考［M］. 北京：中信出版社，2022.
[5] 苗苗，蒋玉石，周静. 创业管理［M］. 北京：中国人民大学出版社，2019.
[6] 奥斯特瓦德，皮尼厄. 商业模式新生代［M］. 王帅，译. 北京：机械工业出版社，2010.
[7] 斯晓夫. 创业管理教程［M］. 杭州：浙江大学出版社，2016.
[8] 张玉利. 创业学教程［M］. 天津：南开大学出版社，2015.
[9] 张秀娥. 创业管理［M］. 2版. 北京：清华大学出版社，2023.
[10] 波特. 竞争战略［M］. 陈丽芳，译. 北京：华夏出版社，2016.
[11] 克里斯坦森. 创新者的窘境［M］. 胡建桥，译. 北京：中信出版社，2017.
[12] 科特勒，阿姆斯特朗. 市场营销原理［M］. 楼尊，译. 北京：中国人民大学出版社，2019.
[13] 姜彦福，张帏. 创业管理学［M］. 北京：中国人民大学出版社，2005.
[14] 蒂蒙斯. 创业管理：过程、逻辑与实践［M］. 王伟光，译. 北京：机械工业出版社，2018.
[15] 蒂蒙斯. 创业学［M］. 高玉芳，译. 北京：清华大学出版社，2016.
[16] 卡特姆，华莱士. 创新公司：皮克斯的创意启示录［M］. 靳婷婷，译. 北京：中信出版社，2018.
[17] 蒂尔. 从0到1［M］. 高玉芳，译. 北京：中信出版社，2015.
[18] 奥斯特瓦德. 商业模式设计［M］. 黄涛，译. 北京：人民邮电出版社，2016.
[19] 刘润. 用户思维：产品设计与运营的用户视角［M］. 北京：机械工业出版社，2017.
[20] 西奥迪尼. 影响力［M］. 闾佳，译. 北京：中国人民大学出版社，2017.
[21] 斯拜罗. 创业融资［M］. 王勇，译. 北京：中国人民大学出版社，2016.
[22] 罗斯，威斯特菲尔德，杰富. 公司理财［M］. 吴世农，沈艺峰，王志强，译. 北京：机械工业出版社，2017.
[23] 圣吉. 第五项修炼［M］. 张成林，译. 北京：中信出版社，2016.
[24] 库泽斯，波斯纳. 领导力：如何在组织中成就卓越［M］. 徐中，周政，王俊杰，译. 北京：机械工业出版社，2013.
[25] 王明文. 创业政策解读与实践指南［M］. 北京：中国财富出版社，2018.
[26] 王振宏. 创新设计思维［M］. 北京：机械工业出版社，2017.
[27] 肖星. 财务报表分析［M］. 3版. 北京：中国人民大学出版社，2019.
[28] 陈建明，张文妍. 创业管理：理论、实务与案例分析［M］. 2版. 北京：清华大学出版社，2017.
[29] 黄奇帆. 中国经济的数字化转型：理论与实践［M］. 上海：上海人民出版社，2020.
[30] 张瑞敏. 人单合一：海尔模式的全球化实践［J］. 管理学家，2019（1）：24-29.
[31] 王兴山，张鹏. 数字化转型：企业发展的新引擎［J］. 财务与会计，2020（6）：14-17.
[32] 钟朋荣. 论企业家精神［J］. 中国工商管理研究，2018（5）：5-10.
[33] 马化腾. 产业互联网：腾讯的实践与探索［J］. 中国经济报告，2019（2）：30-35.
[34] 陈春花. 组织协同：数字化时代的管理新思维［J］. 中国管理信息化，2020（7）：12-15.